TRAMA MATEMÁTICA:
PRINCÍPIOS E NOVAS PRÁTICAS NO ENSINO MÉDIO

CB009936

Márcio Barreto

TRAMA MATEMÁTICA:
PRINCÍPIOS E NOVAS PRÁTICAS NO ENSINO MÉDIO

PAPIRUS EDITORA

Capa: Fernando Cornacchia
Coordenação: Ana Carolina Freitas
Copidesque: Lúcia Helena Lahoz Morelli
Diagramação: DPG Editora
Revisão: Daniele Débora de Souza,
Isabel Petronilha Costa e
Maria Lúcia A. Maier

Dados Internacionais de Catalogação na Publicação (CIP)
(Câmara Brasileira do Livro, SP, Brasil)

Barreto, Márcio
  Trama matemática: Princípios e novas práticas no ensino médio/Márcio Barreto. – Campinas, SP: Papirus, 2012.

Bibliografia.
ISBN 978-85-308-0969-0

1. Matemática (Ensino médio) I. Título.

12-12607   CDD-510.7

Índice para catálogo sistemático:
  1. Matemática: Ensino médio 510.7

1ª Reimpressão
2013

DIREITOS RESERVADOS PARA A LÍNGUA PORTUGUESA:
© M.R. Cornacchia Livraria e Editora Ltda. – Papirus Editora
R. Dr. Gabriel Penteado, 253 – CEP 13041-305 – Vila João Jorge
Fone/fax: (19) 3272-4500 – Campinas – São Paulo – Brasil
E-mail: editora@papirus.com.br – www.papirus.com.br

SUMÁRIO

ÍNDICE DAS FIGURAS

PREFÁCIO

O Márcio, quando muito jovem, foi professor de física de meus filhos, na Escola Comunitária de Campinas. Desde então, tenho acompanhado sua vida profissional e seu reingresso na vida acadêmica.

Obteve seu mestrado pela Faculdade de Educação (FE) e seu doutorado pelo Instituto de Filosofia e Ciências Humanas (IFCH) da Universidade Estadual de Campinas (Unicamp), com trabalhos originais de excelente qualidade. Hoje, como docente concursado na área de língua, linguagem e discurso, participa do projeto inovador de implantação da Faculdade de Ciências Aplicadas (FCA) da Unicamp.

Como quando o conheci, na então recém-criada Escola Comunitária de Campinas, Márcio continua exercendo suas atividades docentes, agora na Unicamp, com dedicação e competência. Seu brilhantismo didático, sua criatividade e seu entusiasmo por ensinar, cativam os estudantes e os seduzem no gosto pelo aprender, pelo conhecer, pela ciência, pela filosofia e pela arte.

Ao começar a ler esta *Trama matemática*, mesmo tendo eu certeza que o texto só poderia ser muito bom, fui tomada pelo encantamento. O conteúdo matemático emerge no texto, surpreendentemente e de forma intrigante, da história de Pedro, personagem central da narrativa que o leitor acompanha nas páginas do livro.

Pedro, estudante do ensino médio, tem fascínio pela matemática, quer entendê-la como linguagem e desvendar seu significado, pela possibilidade que ela lhe abre de "traduzir o mundo em um código diferente do habitual".

Outros personagens importantes na narrativa são seu Olavo, economista aposentado que se mudara de São Paulo para o interior, a família do marceneiro que mora em frente à casa de Pedro, o jovem Professor que vive em cômodos nos fundos da casa do marceneiro, e a menina argentina Alejandra, por quem Pedro se enamora; há, ainda, a presença subjacente e marcante do pai de Pedro. São agradáveis e instigantes os serões na calçada da rua, nos fins de tarde.

O jovem Pedro, o Professor e, de certa forma, o Seu Olavo, em suas características, anseios, sonhos, devaneios e complexidades, apresentam-se, para mim, como faces complementares do Márcio, e parecem caracterizar, na unidade de seu todo, a própria identidade do Márcio e seu amor pelo conhecimento, pela ciência e pelo ensinar.

Nesta obra são desenvolvidos os temas centrais de matemática para o ensino de nível médio, contemplando a teoria de conjuntos, álgebra e geometria. O livro contém uma introdução à teoria de conjuntos, com um capítulo específico sobre funções em geral; funções trigonométricas; análise combinatória e probabilidades; uma seção sobre geometria descritiva e um capítulo sobre geometria analítica.

Os conceitos e resultados fundamentais são introduzidos com o formalismo e o rigor lógico-matemático necessários. Exemplos e exercícios são apresentados de forma original e criativa, selecionados de questões de exames vestibulares de universidades brasileiras.

Este livro de Márcio Barreto viceja no solo fértil da literatura e da matemática. Com recursos da literatura e da linguagem lógico-matemática, apela por uma apreensão intuitiva e fundamental da matemática.

Nesse entrelaçamento de história e conteúdo matemático rigoroso, são belíssimas as citações de pensadores, artistas, filósofos, matemáticos, físicos, historiadores e filósofos da ciência. Estão muito bem incorporadas ao texto questões relativas à história da ciência, em especial da física e da matemática, e questões contemporâneas relevantes referentes ao desenvolvimento tecnológico, em especial da tecnologia informacional.

Nas poéticas palavras do próprio autor, pretende ele fazer ressoar "as melodias subjacentes às operações algébricas ou geométricas que a matemática nos apresenta, pois, ao compreendermos a coerência lógica que rege o desenvolvimento de uma equação algébrica, um encanto se revela pela maneira como aquela dança de símbolos dá a nossas habilidades cognitivas um sentido inesperado".

Recomendo, fortemente, aos professores de matemática do ensino fundamental ao universitário, aos estudantes, e ao leitor interessado em lógica, matemática e ciência dedutiva em geral, que percorram esta *Trama matemática*.

Que o estudante possa aprender e perceber a beleza da matemática e suas conexões com múltiplas dimensões da vida.

Que possa o leitor mergulhar na aventura matemática de Pedro e encantar-se no suspense desta *Trama* de Márcio Barreto!

*Itala M. Loffredo D'Ottaviano**

---

* É responsável (2009-2013) pela Coordenadoria de Centros e Núcleos Interdisciplinares de Pesquisa (Cocen) da Unicamp e presidente (2011-2013) da Sociedade Brasileira de Lógica (SBL). É membro eleita da Académie Internationale de Philosophie des Sciences (Aips). Atua nas áreas de lógica e fundamentos da matemática, história e filosofia da ciência, álgebra de lógica, lógicas não clássicas, lógica universal, teoria da auto-organização e sistêmica

APRESENTAÇÃO

À primeira vista, literatura e matemática se distinguem pelas naturezas das suas linguagens: enquanto as palavras de um romance conseguem abrir um leque de significados na mente do leitor, pode parecer que os símbolos matemáticos dispensam qualquer lastro semântico.

Privilegiando a "sintaxe" que norteia o encadeamento dos símbolos, a linguagem matemática demonstra elegante beleza na pura abstração. Aparentemente fechada em si mesma, a matemática, ainda que passível de aplicações práticas e de interpretações de significados, pode se apresentar como um jogo regrado pela coerência, pela validade lógica e nada mais.

No entanto, em "Intuição e lógica matemática", primeiro capítulo de seu livro *O valor da ciência*, o matemático Henri Poincaré declara que

> (...) é impossível estudar as obras dos grandes matemáticos, e mesmo dos que não o foram, sem reparar e sem distinguir duas tendências opostas, ou melhor, duas espécies de espíritos completamente diferentes: uns preocupam-se acima de tudo com a lógica; ao ler suas obras, somos tentados a acreditar que eles só progrediram passo a passo, sem deixar nada ao acaso (...). Outros deixam-se conduzir pela intuição e, a um só golpe, fazem rápidas conquistas, ainda que por vezes precárias (...). (1995, p. 13)

Por meio da literatura, podemos exceder o tempo e o espaço em que acreditamos estar inseridos e nos entregar aos sabores do devaneio, enquanto as sentenças matemáticas parecem nos prender ao firme solo da análise. Porém, ao instaurar em nós uma sequência de operações mentais, a linguagem matemática permite a experiência de captar, num só golpe intuitivo, a essência de sua narrativa, o que dela emana para além das operações entre seus símbolos.

Para o filósofo Henri Bergson, o ato intuitivo significa apreensão imediata da realidade por coincidência com o objeto. Em outras palavras, é a realidade sentida e compreendida absolutamente de modo direto, sem utilizar a análise ou qualquer "ferramenta lógica". Não haveria essa possibilidade de apreensão intuitiva da matemática? Quando uma figura geométrica é imaginada em sua forma ideal e dela podemos visualizar tantos cortes, relações de simetria e propriedades quanto desejarmos, não estaríamos lançando, por um instante que seja, um lampejo intuitivo que precede a análise lógica desta figura? Quando uma longa sequência de sentenças matemáticas logicamente encadeadas leva o estudante à solução de complexa equação, não haveria no ímpeto que faz esse estudante arvorar-se na resolução do seu problema uma entrega à sua intuição, como diria Poincaré? Ou ainda, neste último caso, ao chegar à solução da equação, um ato único da intuição que, no sentido de Bergson, não permitiria ao estudante captar o movimento indivisível que aparentemente se divide em sentenças logicamente encadeadas?

Não haveria, portanto, no solo comum em que literatura e matemática se confundem, mais afinidades do que estranhamentos entre elas? Se é verdade que posso captar a essência do personagem de um romance por meio de minha capacidade de com ele coincidir, de incorporar sua alma, por assim dizer, é igualmente certo que posso fazer ressoar em mim as melodias subjacentes às operações algébricas ou geométricas que a matemática me apresenta. Lemos um romance analisando logicamente os personagens e suas relações, mas a magia deste está naquilo que vai além dessa somatória de elementos fornecida pelo escritor; analogamente, ao compreendermos a coerência lógica que rege o desenvolvimento de uma equação algébrica, um encanto se revela pela maneira como aquela dança de símbolos dá às nossas habilidades cognitivas um sentido inesperado.

Pedro, personagem central da narrativa que o leitor encontrará nas páginas deste livro, opera frequentemente esse deslocamento entre a compreensão lógica e a intuitiva. Sua afeição pela matemática é facilitada por sua aptidão à linguagem simbólica, mas é a magia que a intuição revela nos interstícios das operações algébricas ou na harmonia das formas geométricas que o arrebata.

A narrativa se desenvolve oscilando entre a história da vida desse rapaz durante o ensino médio e axiomas, teoremas e corolários matemáticos pertinentes a esse mesmo período. A passagem da narrativa ao conteúdo da disciplina não perde seu fio condutor ao fluir da história para a geometria, para a álgebra, para a teoria dos conjuntos etc. Em muitos capítulos, as operações matemáticas são descritas em longos períodos, estimulando a imaginação do leitor antes de serem traduzidas em linguagem matemática. É nesse exercício de transição entre a narrativa e os símbolos que reside a principal virtude deste livro.

Obviamente de natureza interdisciplinar, o texto que alinhava os capítulos não se restringe à tentativa de dissolução de fronteiras entre a matemática e a literatura, mas se derrama também entre esta e as ciências naturais, a filosofia e a sociologia.

Os exercícios que acompanham cada capítulo foram criteriosamente selecionados com o objetivo de enriquecer a narrativa matemática. O leitor poderá exercitar os conceitos aqui introduzidos da maneira que melhor lhe convier. O texto pretende abrir horizontes, pois a quantidade de exercícios propostos e resolvidos disponíveis na internet e em livros didáticos tradicionais permitirá que o leitor escolha um conjunto de questões adequadas aos seus objetivos.

A principal finalidade deste trabalho é oferecer ao aluno do ensino médio uma entrada diferente da habitual para a matemática, uma porta que se abre pela compreensão da essência dos temas aqui propostos.

O leitor tem em mãos uma obra inovadora na abordagem da matemática do ensino médio, mas que não pretende ensiná-lo a pensar ou dar-lhe uma receita de como acolher essa disciplina tão importante, e sim encorajá-lo a perceber o vasto espectro de sentidos que o estudo da matemática é capaz de revelar.

INTRODUÇÃO

Amando acima de tudo as ciências que têm por objetivo o
estudo da natureza, determinei-me a estudar
matemática para melhor conhecê-las.
Joaquim Gomes de Souza, o "Souzinha" (1829-1864)

– Você é um amor –, disse a senhora ao garoto que lhe cedeu o lugar no ônibus. Pedro agradeceu, enquanto pensava: "você = 1 amor". A linguagem matemática o havia fascinado pela possibilidade que lhe abria de traduzir o mundo em um código diferente do habitual. Ele havia se mudado recentemente para o Chapadão, bairro que conhecia apenas de nome.

Ouvia seu pai dizer que três mudanças equivalem a um incêndio e já equacionava: 3 m = 1 i. Deduzia que 1 m = i/3 e que, portanto, sua recente mudança correspondia a um terço de um incêndio, metáfora com a qual se divertia imaginando a sala e parte da cozinha reduzidas a cinzas ou toda a casa flambada por o que seria a terça parte do fogo.

Pedro era dado a devaneios. Ficava pensando em seu nome como o masculino de pedra e perguntava a si mesmo por que alguns números tinham os respectivos femininos (um/uma, dois/duas, duzentos/duzentas) e outros não. Gostava de andar de ônibus, da condição de passageiro. Misturado às pessoas, encontrava-se. O caráter provisório da viagem possibilitava a percepção de que, no solo comum da vida, mais do que diferentes, somos igualmente passageiros; mas, ao mesmo tempo, possibilitava a percepção da maneira única como cada um vive suas experiências. Comunhão e diferenciação eram vividas nos quase 30 minutos do trajeto entre a escola e a nova casa.

Cedera o assento do ônibus àquela senhora por distração, momento em que se levantara por achar que estava próximo ao ponto onde desceria. Quando a mulher de olhar pegajoso rapidamente tomara seu lugar, ficara imaginando se ela receberia o calor que ele havia deixado no banco com repulsa ou regozijo.

Além de representar matematicamente frases simples como "você é um amor", costumava também fazer a decodificação no sentido inverso, ou seja, escrever "por extenso" o que estava compactado na linguagem simbólica da matemática. Para $\log 100 = 2$, gostava de escrever: "o logaritmo de 100 (na base 10) é igual a dois". E reparava que "o logaritmo de 100" é o sujeito, "é", o verbo de ligação, e "igual a dois", o predicado.

Queria entender a matemática como linguagem e desvendar, até onde pudesse, o seu significado. Para $\log 100 = 2$, entendia que "dois" era a potência, o expoente, que resultava, na base 10, o número 100. Isto é: $10^2 = 100$. Por isso, analogamente, $\log 1.000 = 3$, pois $10^3 = 1.000$; $\log 10.000 = 4$, pois $10^4 = 10.000$. Em outras palavras, o logaritmo nesses exemplos é igual ao número de zeros que acompanha o um.

Agora sim, chegara a hora de descer: *bye-bye* senhora, adeus motorista, olá Chapadão!

O pai de Pedro era bastante ligado à família e a ela se dedicava intensamente, mas era um sujeito que, ao menos em certos aspectos, não havia crescido direito; antes de bem amadurecer e de encontrar seu lugar exato neste mundo, adquirira a paternidade. Não que fosse jovem demais, mas alguma questão não bem resolvida em seu passado o mantinha emocionalmente prisioneiro. Por isso, em alguns momentos, se posicionava mal como pai, tratando Pedro como irmão, oscilando entre a camaradagem do *brother* e a competição – o que não é uma exceção no mundo contemporâneo: pais e filhos engatam nos artifícios que dão aos primeiros a ilusão do retrocesso do tempo e aos segundos a da aceleração, confundindo por vezes as posições de cada um.

A necessidade de um referencial masculino – diriam alguns para simplificar o caso – fazia Pedro adotar alguns substitutos para esse papel que o *brother*, embora tentasse, algumas vezes não conseguia exercer com naturalidade.

"A informação é o logaritmo de uma probabilidade", dizia com frequência seu Olavo, economista aposentado que se mudara de São Paulo para o interior após dolorosa separação. Morava na mesma rua para a qual Pedro e sua família haviam-se mudado e às vezes encarnava, para Pedro, o arquétipo de pai. A frase do seu Olavo instigava a criação de significados: se a informação é o que incrementa uma probabilidade, se ela fornece a sua potência, quanto mais informação, mais probabilidade. Se eu sair de casa com o endereço de alguém, terei maior probabilidade de encontrar a casa dessa pessoa se o endereço estiver completo; mas, se faltar informação – número da casa ou do apartamento, por exemplo –, as chances de êxito diminuem.

O quarto era novo, o bairro era novo, a família, a mesma, e a irmã, um mistério. Estava só. Entretinha-se com os amigos até onde eles podiam chegar; no plano mais íntimo, seus amigos eram os pensamentos que o divertiam e que também o traíam ardilosamente.

Na casa da frente à sua, morava uma família de cinco pessoas: três meninos, o pai e a mãe. O pai era marceneiro e trabalhava assentando portas e armários embutidos numa empresa do ramo; a mãe, dona de casa; e a escadinha de meninos tinha degraus duplos de idade. Nos fundos, numa casinha com entrada independente, vivia também, sozinho, um professor de física que lecionava em várias escolas.

A família da frente era pioneira no bairro. O pai mudara-se para lá quando não havia luz, nem água, nem asfalto. Construíra e morara na casa dos fundos durante alguns anos, enquanto erguia a casa da frente. Ele e os meninos faziam todo o tipo de trabalho de manutenção da casa e do automóvel. Guiados pelo pai, os meninos eram encanadores, pedreiros, eletricistas, marceneiros, mecânicos, funileiros, ferreiros, entre outras coisas.

Sabiam desmontar e montar desde motores de automóveis até eletrodomésticos. Os três estudavam em escolas públicas e faziam do quintal da casa um laboratório para os ofícios manuais. Não eram meninos sem complexidade. Ao contrário, transformavam conhecimento em sabedoria, usando em sinergia as práticas manuais e as divagações teóricas, ora aquietando a mente no giro de um parafuso que estava emperrado, ora estimulando-a para solucionar uma inadequação de bricolagem. Como cientistas do Renascimento, valorizavam a teoria e a prática. Como alquimistas medievais, tiravam do manuseio dos materiais a elevação do espírito.

O professor que morava nos fundos assistia a tudo isso das janelas e portas de sua casa, separada por um baixo muro do quintal onde os meninos, um vira-lata e um gato preto faziam o mundo girar. O mais velho dos filhos do marceneiro tinha 17 anos de idade e a única presença feminina ali era a da mãe.

O professor, que estava com 32 anos, formara-se havia pouco, pois hesitara durante algum tempo entre as aulas que dava para se sustentar e sua vida acadêmica. Ingressara logo depois num curso de mestrado em Educação, por conta do qual fizera um estágio de quatro meses na França, o que lhe consumira as economias e exigira muita habilidade para conseguir manter ao menos alguns de seus empregos. Tinha um carro velho e vermelho que servia de assento para a criançada nas noites quentes, quando todas as gerações da vizinhança saíam para a calçada e se recolhiam na seguinte ordem: primeiro os mais velhos, depois as crianças menores e seus responsáveis e, por último, os adolescentes ou quase adultos.

Morcegos das amendoeiras, gatos de muitos donos, cães e às vezes alguma barata entravam na cena das noites de verão. O professor gostava de compartilhar com Pedro alguns devaneios, como o provocado pela frase do seu Olavo. Numa dessas noites quentes, mostrara a ele um livrinho sobre a importância que a probabilidade e o tratamento estatístico da informação tinham para a ciência.

O pequeno livro de divulgação científica tratava, entre outros temas, da física quântica, ciência desenvolvida ao longo do século XX que introduzia a probabilidade no lugar das certezas absolutas, a margem de indeterminação no lugar do determinismo científico. No nível atômico e subatômico, é impossível determinar, ao mesmo tempo, a posição e a quantidade de movimento de uma partícula. As leis probabilísticas, nesses casos, se mostram mais eficazes do que os modelos clássicos.

A amendoeira deixou cair um fruto sobre o capô do carro vermelho, levantando uma das orelhas do cão que cochilava aos pés do professor. A rua já estava quase vazia.

1. CONJUNTOS

O mundo me é dado de uma só vez e não sob uma versão existente e outra percebida. O sujeito e o objeto não são que um só. Não podemos sequer dizer que a barreira entre eles foi rompida pela física moderna, pois esta barreira não existe.
Erwin Schrödinger (1887-1961)

Seu Olavo completou 54 anos. Vivenciou a aceleração tecnológica do século XX e, em meio ao seu entusiasmo com a tecnologia, sente, neste início de século, a vertigem diante da velocidade com que os objetos técnicos se transformam e vêm transformando nossa percepção do mundo e da vida. Teme sentir-se obsoleto, ultrapassado na via das inovações; vive comprando, de acordo com suas possibilidades, o que há de mais moderno, descartando modelos anteriores com uma ponta de inconformidade velada. A princípio, pensou ser alguma neurose de quem está envelhecendo, mas percebeu a mesma ansiedade em pessoas muito mais jovens do que ele.

A mãe de seu Olavo conta que ele nasceu pouco depois da primeira transmissão televisiva no Brasil. Até alguns anos antes do nascimento do menino, apenas o cinema reproduzia em grande escala as imagens em movimento. O pequeno Olavo cresceu junto com a multiplicação dos aparelhos de TV em todo o território nacional, assistindo aos festivais de música popular da TV Record e aos inícios da teledramaturgia e do telejornalismo brasileiros.

As TVs aceleraram a difusão das imagens e criaram mundos paralelos em seriados, novelas, *shows* e transmissões de eventos em "tempo real", trazendo personagens e celebridades para o imaginário popular e para os assuntos cotidianos de milhares de telespectadores, processo que já havia sido iniciado pelo rádio.

Diante de uma pintura ou de uma fotografia, podemos ser arrebatados pela força da arte que dissolve a fronteira entre o observador e a obra, confundindo a imagem que representa a realidade com a própria realidade. O cinema, com o recurso técnico do movimento da imagem, esculpe no tempo uma obra que opera em nossas retinas a fusão entre o mundo percebido na tela e o que está fora dela.

Com o desenvolvimento da informática, a imagem continua o processo de sua multiplicação e também de sua banalização, mas passa a permitir a interação entre ela própria e o espectador, consolidando a realidade virtual.

Quando seu Olavo leu a notícia de que no Japão um rapaz se casou com uma personagem de *videogame* e que na cerimônia jurou fidelidade a ela mesmo que uma nova versão do *game* surgisse, percebeu que, apesar dos seus esforços, sua capacidade de incorporar novas referências tinha limites.

Um homem que até os seus 18 anos viveu num mundo sem máquinas de calcular, que até os 39 se comunicava por cartas que levavam 15 dias para chegar às pessoas no exterior e que passou a maior parte da vida sem conhecer telefonia móvel, sentia-se surfando numa onda crescente de informação, cada vez mais atento aos movimentos do seu corpo para se equilibrar sobre a prancha.

Há pouco tempo, um alto funcionário do departamento europeu de patentes, Konstantinos Karachalios, revelou que se tomássemos a progressão tecnológica do ano 2000, ela corresponderia a um dezesseis avos de toda a evolução tecnológica do século XX. Dito de outra maneira, se o avanço tecnológico ocorrido ao longo do ano 2000 fosse uma unidade de referência, contaríamos apenas 16 unidades desta ao medirmos a evolução tecnológica ao longo do século XX inteiro.

Seu Olavo cresceu na época em que a propaganda massiva do cigarro mascarava os males que ele provoca à saúde. A duras penas, livrou-se do vício. Percebe hoje o fetiche da tecnologia embarcada nos aparelhos de telefonia celular. Os desejos de aceder a inovações tecnológicas pela via do consumo são insaciáveis, pois uma nova carência surge cada vez que um deles é satisfeito.

O tempo de que Olavo dispunha para devaneios era considerável. Por uma combinação de fatores na sua história de vida, aposentara-se aos 51 anos. Dedicava-se à meditação *yogui*, às práticas e à literatura *sufi* (corrente mística do Islã), flertava com o candomblé e de vez em quando ia a uma igreja católica para rezar como fazia na infância.

Embora fosse uma pessoa essencialmente generosa, planejava e controlava seus gastos com rigor. Complementava sua renda manobrando no mercado financeiro uma confortável soma de dinheiro que havia juntado, pois o valor da aposentadoria mal dava para cobrir seus gastos mensais básicos.

Ao lado do sincretismo religioso e de práticas esotéricas, cultuava a racionalidade em seus atos. Pensava e agia metodicamente. Era uma pessoa sistemática, mas não exageradamente, patologicamente. Sempre que possível, planejava nos menores detalhes suas ações, como passeios, compras, carreira e viagens.

Embora raramente os fatos se desenrolassem exatamente como previsto, argumentava que os planos não existiam para ser seguidos à risca, mas para ser adaptados a todo instante. Esta característica pessoal – metódico, mas flexível – o ajudava no mercado financeiro, ou talvez tenha sido lá, no jogo de apostar em previsões do futuro, que ele a adquirira ou a aprimorara.

A racionalidade no planejamento das ações não é um atributo exclusivo de seu Olavo, mas de toda a cultura ocidental. Desde a Grécia Antiga, um imenso e complexo edifício do pensamento fundamentado na lógica racional vem sendo construído. A inteligência humana, com sua capacidade de recortar, classificar, paralisar e relacionar os conjuntos que recorta, é a principal faculdade mental com que edificamos a matemática, a ciência e muitos aspectos de nossa organização social.

A ciência moderna incorporou o experimento ao conhecimento racional da natureza. Formulando hipóteses e submetendo-as à prova experimental capaz de refutá-las ou não, a ciência e a tecnologia tiveram um crescimento exponencial ao longo dos últimos séculos.

No início do século XX, o filósofo Henri Bergson propôs que a atividade inteligente "ocupa" quase toda nossa consciência, em cuja periferia permanece apenas uma franja do que ele chamou de "intuição". Para explicar um pouco do significado desse termo em Bergson, precisamos recuar na história da evolução da vida em nosso planeta.

A vida, ou melhor, o "elã vital", graças à sua capacidade criadora, dividiu-se em dois reinos: o vegetal, especializado em armazenar energia, e o animal, especializado na locomoção e, portanto, no espalhamento da vida. As plantas, imóveis e desprovidas de sistema nervoso, acumulam energia solar em suas folhas e frutos; os animais, consumindo a energia dos vegetais, se movimentam orientados por seus instintos e difundem as sementes de vida.

Segundo o filósofo, houve outra cisão do impulso vital, além daquela em dois reinos. No reino animal, a vida se dividiu entre vertebrados e invertebrados. Os vertebrados desenvolveram a inteligência que, no homem, em detrimento da atividade intuitiva, atingiu seu grau mais elevado.

A inteligência é capaz de calcular, prever e planejar uma ação. Agir racionalmente planejando o futuro e explicar o passado através de relações de causa e efeito (isto aconteceu assim por causa daquilo etc.) é atributo da inteligência.

Os outros animais vertebrados, com um cérebro menos desenvolvido que o dos humanos, possuem essa habilidade de agir analisando previamente a situação imediata em que se encontram, mas não tão apurada quanto a do homem, e se valem bastante de seus instintos. No ser humano, o cérebro atingiu um grau de complexidade que lhe possibilita, diferentemente do que ocorre com os outros animais, desprender-se da ação imediata e ocupar-se com o futuro distante ou com o passado remoto.

No ramo dos invertebrados, a inteligência atrofiou-se em benefício do instinto e da "intuição" (uma forma elevada do instinto, segundo Bergson). Provavelmente, foi entre as abelhas que a intuição atingiu seu maior grau de desenvolvimento: elas são capazes de uma incrível organização, que nós, humanos, só conseguimos com o uso da inteligência.

Apesar das duas divisões, Bergson aponta que sempre haverá um quê de animal no vegetal e vice-versa. Da mesma forma, ainda que frágil, a inteligência permanecerá na periferia da consciência onde predomina a intuição, e uma franja de intuição estará à espreita ao redor da inteligência humana, pronta a se manifestar quando a vida estiver em perigo.

A medicina, a astronomia, a engenharia, a ciência e a tecnologia foram construídas dentro de contextos históricos, políticos e econômicos, mas sempre edificadas em bases racionais tecidas pela inteligência. O triunfo do pensamento racional e seus benefícios para a humanidade são inegáveis, mas vivemos numa época em que o cerne da ação exclusivamente inteligente, ávida pelo avanço sobre a matéria, deve ser revisto, sob pena de termos um colapso ambiental. A inteligência tem o hábito de recortar e isolar um sistema de acordo com as variáveis necessárias para o planejamento de uma ação. Ao isolar sistemas, no entanto, a noção do todo fica nebulosa.

Até há pouco tempo, as questões ambientais não eram tratadas com a importância que merecem. Se alguém tivesse a ideia de abrir uma estrada no meio da floresta amazônica, tal estrada seria construída, pois não se levava em conta os impactos ambientais da obra. Essa preocupação não estava inserida no recorte feito pela inteligência racional no momento de planejar a empreitada. Hoje, tenta-se incluir os impactos ambientais no conjunto de variáveis envolvidas, mas a nossa equação vai se tornando complexa à medida que novos problemas surgem.

O bisturi da razão

O pensamento inteligente recorta, paralisa a cena e planeja a ação do corpo neste cenário. Tomemos uma variada paisagem: o mar, a montanha, o céu, as nuvens, os barcos, a praia, as pessoas, a mesa diante da qual estou sentado observando tudo isso segurando uma xícara com café.

Esses são alguns recortes que faço do cenário que observo, mas há outros possíveis. A mesa, por exemplo, pode ser percebida apenas como uma porção de madeira, sem o sentido que a organização das tábuas nos dá.

Pretendo agir nesse cenário: imediatamente o recorte que faço estará orientado pelo planejamento da ação. Se quiser sair do ponto em que estou para atingir o cume da montanha, pensarei em todos os obstáculos que terei que contornar, desde a mesa até o meu objetivo; se, no entanto, quiser ir pescar em alto-mar, meu recorte será outro, desfocando todos os elementos do cenário que não tiverem alguma importância para o meu plano de ação.

Minha percepção poderia ainda estar desvinculada de qualquer ação possível, o que me permitiria ver o cenário com recortes diferentes ou mesmo sem recortes. O importante é percebermos que tudo depende da maneira como separamos e agrupamos os elementos do mundo a nossa volta.

Culturas indígenas, por exemplo, pensam no homem como pertencente a terra. Daí a falta de sentido para eles na noção de propriedade de um pedaço de chão. No recorte dos colonizadores e de seus descendentes, a terra pertence ao homem que pagar por ela ou que conquistá-la por outros meios. Para os índios, o homem está contido no conjunto de bens da terra, mas as civilizações convencionaram que a terra está contida no conjunto de bens do homem. Nesse sentido, não é preciso observar muito para perceber que os índios são os que estabeleceram uma relação mais harmônica com o chão em que pisam.

Nos dias atuais, as culturas ditas primitivas e tradicionais devem ser preservadas e valorizadas e não exterminadas, como vem acontecendo há séculos, pois se, por um lado, o conhecimento formal triunfou com a ciência e com a tecnologia, outras formas de conhecimento, desprezadas até então, mostram-se bem-sucedidas quando se trata, para citarmos apenas um exemplo, da exploração sustentável dos recursos naturais.

O bisturi da razão recorta e classifica para agrupar elementos em conjuntos e subconjuntos. Num matadouro, o animal é morto e as partes de seu corpo são separadas segundo recortes predeterminados. Foi observando, num enorme galpão, pernas, peitos, vísceras e costelas metodicamente recortados dos corpos de grandes animais, pendurados ainda sangrando em ganchos que se estendiam por dezenas de metros, que Henri Ford se inspirou para criar a linha de montagem: se há uma "decomposição organizada", pensou Ford, pode haver uma "composição ordenada". A linha de montagem de automóveis revolucionou a indústria graças ao aumento de produtividade, ainda que isso tenha produzido no operário um grau de especialização que o aliena do processo produtivo.

Para diagnosticar uma doença, muitas vezes um médico precisa pensar apenas na parte do corpo que está enferma. Outras vezes, o conjunto que ele toma para analisar é o corpo inteiro do paciente e as relações entre seus órgãos. Poderá investigar também os hábitos do paciente, suas paixões e sua história. Trata-se de uma questão de recorte, de escolha do universo a ser considerado.

Às vezes somos traídos por uma espécie de vício do pensamento de classificar e agrupar em conjuntos. Olhamos uma pessoa, um objeto ou uma situação e tendemos a classificá-los, a colocá-los num conjunto de elementos semelhantes àquele que nosso juízo precipitado faz deles. Algumas vezes, esse preconceito tem implicações lamentáveis. Além disso, como nos adiantamos em classificar, perdemos os múltiplos devires que se esboçam na incipiente relação com aquela pessoa, objeto ou situação.

A noção de indivíduo também pode ser abordada como um recorte do "eu" dentro do mundo ao seu redor. Mas o recorte, feito, por exemplo, pela fronteira que a pele determina entre o corpo e o exterior, é um artifício, pois não existimos sem uma contínua relação com o meio em que estamos inseridos. Até nosso nome, que nos dá forte noção de identidade, vem de nossa relação com o "exterior", pois raras são as pessoas que escolheram seus próprios nomes depois de crescidas. Mesmo "do lado de dentro" dos nossos corpos habitam conjuntos de micro-organismos importantes para o nosso equilíbrio fisiológico e que fazem parte do que chamamos de "eu". O exercício de perceber-se como indivíduo e ao mesmo tempo indistinguível num complexo sistema de relações é uma espécie de exercício constante.

A percepção do outro e a alteridade dependem em parte do grau de severidade com que recortamos o "eu" do mundo exterior. O outro quase nunca é percebido como essencialmente igual a nós, pois nem sempre somos sensíveis a ele, nem sempre nos instalamos em seu ponto de vista. A pouca habilidade no manuseio do bisturi da razão pode nos levar a fazer recortes que nos mantêm egoisticamente fechados em nossos próprios referenciais. No extremo oposto, a falta de destreza no emprego do bisturi muitas vezes induz a diluição de nossa identidade nos referenciais de outras pessoas.

Como seres sociais, além do "conjunto unitário" que nos distingue, nos unimos a outros conjuntos. A maioria das pessoas gosta da sensação de pertencer a um grupo, de fazer parte de uma "tribo", de uma família, de um país, de um grupo religioso ou da torcida de um time de futebol. Nas ciências sociais, a questão do recorte é fundamental para as noções de indivíduo, fato social, relações associativas ou comunitárias etc. Os termos "conjunto", "subconjunto", "pertencer", "conter", "estar contido", "intersecção", "união", entre outros, estão na essência da nossa vida social, da linguagem matemática e da própria maneira como pensamos racionalmente.

Estudar a teoria dos conjuntos, de certo ponto de vista, é exercitar a habilidade de recortar, agrupar e reagrupar elementos segundo uma coerência lógica e partindo de um universo previamente estabelecido. Quando fazemos uma pesquisa na internet digitando uma ou mais palavras, a ferramenta de busca irá selecionar, recortar e agrupar, dentre o universo de informações de que dispõe, o conjunto de endereços relacionados com aquilo que digitamos. Quanto mais o *site* de buscas se alimenta de novas informações, maior fica o "conjunto universo".

Em estado de vigília, nosso cérebro recorta do conjunto de lembranças do nosso passado aquelas que nos serão úteis a uma ação que pretendemos realizar: se voltarmos a um lugar em que estivemos há um ano pela primeira vez, faremos um esforço para focalizar em nossa memória o trajeto que fizemos naquela ocasião. Isso facilita o planejamento do percurso atual, mas exige, ainda que por alguns segundos, que todas as outras lembranças que temos fiquem numa penumbra. Seria impossível executar uma tarefa se todas as nossas lembranças estivessem o tempo todo igualmente presentes em nossa consciência. O cérebro extrai do conjunto da memória os subconjuntos de lembranças úteis para as ações que planejamos.

Questões relevantes sobre os fundamentos da matemática levaram lógicos, filósofos e matemáticos, no início do século XX, à formalização da chamada "teoria de conjuntos", criada por Georg Cantor (1845-1918) no início do século XIX. Os conceitos matemáticos inovadores propostos por Cantor enfrentaram uma resistência significativa por parte da comunidade matemática da época, mas o matemático alemão David Hilbert (1862-1943), reconhecendo a força da obra de Cantor, declarou que "ninguém nos poderá expulsar do Paraíso que Cantor criou" (Hilbert 1926, p. 170).

Para começarmos a exercitar o "pensamento matemático", tomemos como exemplo o conjunto de 18 casas que ficam no trecho de rua ao qual pertence a atual moradia de Pedro. Esse será o nosso conjunto universo que, como se nota, já é um recorte do bairro, da cidade, do país etc. A rua que passa em frente à casa de Pedro é aberta ao resto da cidade. Por lá podem passar todos os fluxos que circulam pela cidade, mas aqui nós podemos isolá-la mentalmente. Um condomínio fechado é um conjunto de habitações fisicamente isoladas por um muro ou cerca, mas se resolvêssemos tomá-lo como nosso universo, haveria ainda um recorte artificial, pois mesmo sendo "fechado", o condomínio não existiria por muito tempo sem interagir com o exterior.

Em nosso conjunto universo, nove casas ficam do lado par da rua e outras nove do lado ímpar. Já temos aí dois subconjuntos: o das casas pares (A) e o das ímpares (B). Formemos agora o subconjunto (C) das dez casas que têm TV por assinatura.

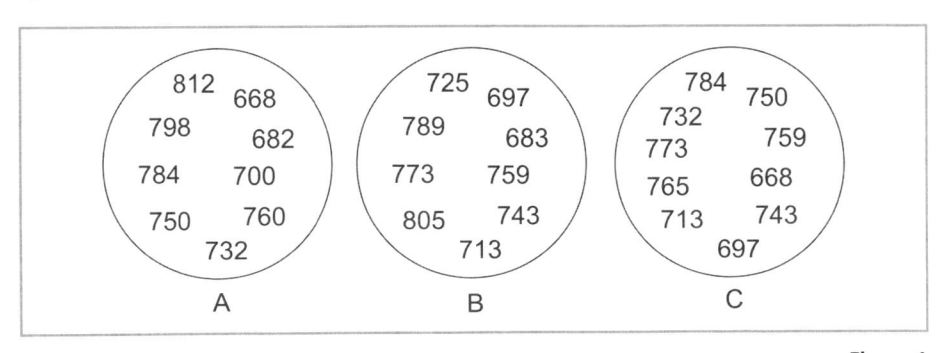

Figura 1

Vejamos alguns símbolos utilizados nos estudos sobre conjuntos:

{ } ou ∅	conjunto vazio
∀	para todo
∈	pertence
∉	não pertence
∃	existe
⊂	está contido
⊄	não está contido
⊃	contém
⇔	se e somente se
A ∪ B	união de conjuntos
A ∩ B	intersecção de conjuntos
A − B	diferença de conjuntos
I	tal que

- A intersecção dos conjuntos A e B, ou seja, o conjunto formado pelos elementos comuns aos dois conjuntos, é um conjunto vazio. A ∩ B = { }.
- A intersecção dos conjuntos A e C é o conjunto formado pelas casas pares com TV por assinatura.

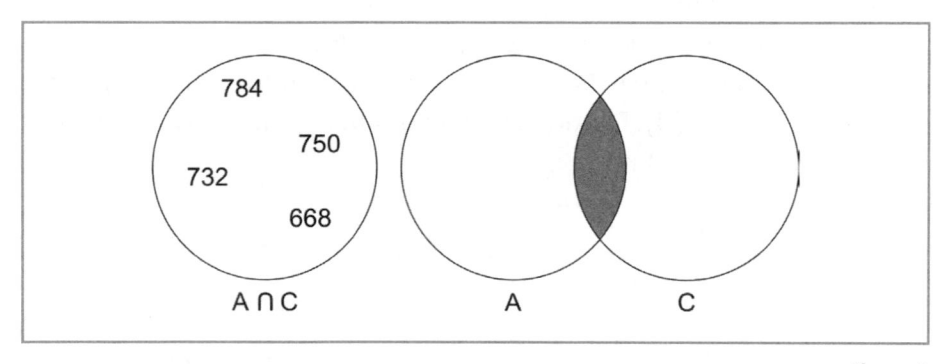

Figura 2

- O complementar de A em relação ao conjunto universo é o conjunto formado pelos elementos deste que não pertencem àquele. O complementar de A, neste caso, é o conjunto B.

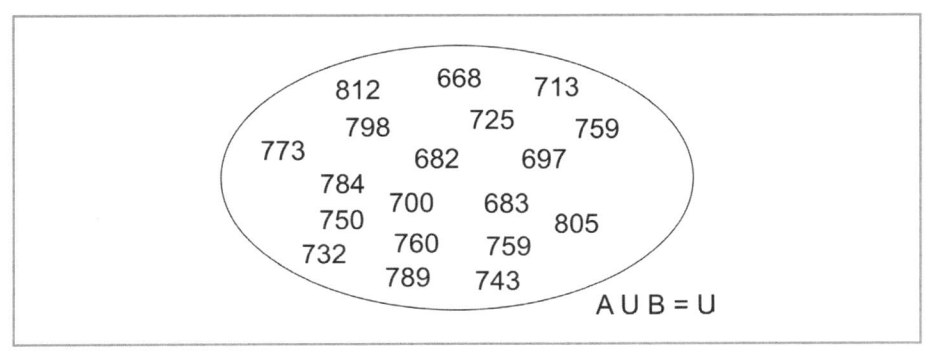

Figura 3

- A união entre os conjuntos A e B é o conjunto universo.

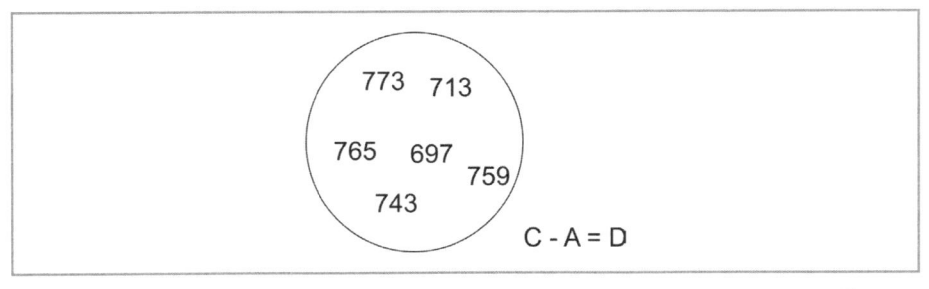

Figura 4

- Subtraindo-se do conjunto C o conjunto A, teremos o conjunto das casas ímpares que possuem TV por assinatura: C – A = S.
- S é formado pelos elementos de C que não pertencem a A.

773 713

765   697

759

743

C - A = D

Figura 5

Nos meses de junho, no dia de São João, a rua é fechada pelos moradores nos dois extremos da quadra para onde Pedro se mudou. Alguns cavaletes bloqueiam o trânsito e a rua vira um arraial. A prefeitura nem é notificada e uma festa acontece ali todos os anos com a conivência de motoristas, vizinhos e curiosos. Bandeirinhas coloridas, fogueiras e quitutes preparados ali mesmo são vendidos a preço de custo. Os brigadeiros feitos por dona Ifigênia são os mais concorridos, seguidos pelas empanadas que vêm da casa dos Suarez, família argentina que empresta à rua um ar cosmopolita.

No fim da tarde que antecede a grande noite, há sempre crianças vestidas a caráter, alguém procurando de última hora um substituto para o seu par na quadrilha e um frio que faz da fogueira a estrela do evento.

Os que trabalham na organização têm direito a até duas "fichas" que podem ser trocadas por salgados (S), doces (D) ou bebidas (B). Os que mais trabalham ganham duas fichas diferentes uma da outra, e pequenas contribuições são premiadas com uma única ficha. Antes de ir para o banho, cada uma das 33 pessoas que colaboraram pega as fichas a que tem direito. A distribuição das pessoas que ganharam fichas foi a seguinte:

S .... 8 pessoas pegaram uma ficha de salgado.
D .... 20 pessoas pegaram uma ficha de doce.
B .... 16 pessoas pegaram uma ficha de bebida.
S e D .... 9 pessoas pegaram uma ficha de salgado e uma de doce.
D e B .... 8 pessoas pegaram uma ficha de doce e outra de bebida.
S e B .... 4 pessoas pegaram uma ficha de salgado e outra de bebida.
Nenhuma pessoa pegou duas fichas iguais.

Repare que as informações acima são sobre agrupamentos, recortes, conjuntos. "S" representa o número de pessoas que pegaram fichas de salgadinhos; dentre elas, estão aquelas que pegaram uma só ficha de salgado e também as que pegaram uma de salgadinho e outra de bebida ou doce. Cada uma das nove pessoas do grupo "S e D" pegou uma ficha de salgado e outra de doce: é outro recorte, outro subconjunto.

Com base nessas informações e exercitando nosso raciocínio, nossa capacidade de "recortar", podemos saber, por exemplo, quantas pessoas pegaram apenas uma ficha de doce. Vejamos: sabemos que ninguém pegou duas fichas idênticas e que 20 pessoas pegaram fichas de doce, mas temos que subtrair desse número as 8 pessoas que pegaram fichas de doce e de bebida e as 9 que pegaram fichas de salgado e doce; portanto, apenas 3 pessoas pegaram apenas uma ficha de doce.

Vejamos agora o exemplo de uma questão de vestibular da Pontifícia Universidade Católica de Campinas.

Numa comunidade constituída por 1.800 pessoas, há três programas de TV favoritos. Esporte (E), Novela (N) e Humorístico (H). A tabela seguinte indica o número de pessoas que assistem a esses programas:

Programas	Número de telespectadores
E	400
N	1.220
H	1.080
E e N	220
N e H	800
E e H	180
E, N e H	100

De acordo com esses dados, qual o número de pessoas da comunidade que não assistem a nenhum dos três programas?

Vejamos uma solução possível:

Nos 400 que assistem a E, estão incluídos os 220 que assistem a E e N e os 180 que curtem E e H. Assim, *não há alguém que assista exclusivamente aos programas de esporte (E)*.

Entre os 1.220 que gostam de N, estão os 800 que assistem a N e a H e os 220 que assistem a N e a E. Assim, *há 200 pessoas que assistem apenas a N*.

Nos 1.080 que curtem H, estão os 800 que gostam de N e H e os 180 que curtem E e H; há, portanto, *100 pessoas que gostam apenas de H*.

Devemos somar agora as quantidades de pessoas que assistem exclusivamente a cada um dos programas com as que curtem dois deles e as que curtem três deles. Teremos, assim, o número de pessoas que assistem a esses programas: 0 + 200 + 100 + 220 + 800 + 180 + 100 = 1.600 pessoas. Como nosso universo é de 1.800 pessoas, concluímos que *200 delas não assistem a qualquer um desses programas*.

Pode haver outros caminhos para essa conclusão, talvez até mais simples, mas seria assim que seu Olavo resolveria, com os hábitos dos seus pensamentos que não são idênticos aos de todas as pessoas. Não houve incoerência alguma no encadeamento de raciocínios de seu Olavo, de modo que o resultado final está correto.

Conjuntos numéricos

A abstração do pensamento racional pode retirar toda materialidade dos conjuntos e generalizar os elementos que os constituem em símbolos, em linguagem puramente matemática.

Podemos pensar no conjunto das sete frutas que estão sobre a mesa da cozinha: mamão, pera, limão, laranja, manga, abacaxi e banana. Representamos este conjunto entre chaves: {mamão, pera, limão, laranja, manga, abacate e banana}. Podemos retirar daí um subconjunto: o das frutas cítricas que estão naquela fruteira, {limão, laranja}.

Tomemos outro conjunto de sete elementos, agora formado pelos dias da semana: {domingo, segunda, terça, quarta, quinta, sexta e sábado}. O subconjunto formado pelos dias do fim de semana é {sábado e domingo}.

Podemos representar os elementos de um conjunto apenas genericamente, sem lastros substantivos como nos dois exemplos anteriores. Por exemplo, os conjuntos A= {a,b,c,d,e,f} e B = {a,b,i}.

Avancemos nessa generalização para definirmos a intersecção de dois conjuntos, A ∩ B.

A ∩ B = {x | x ∈ A e x ∈ B} "xis tal que xis pertence a A e xis pertence a B".

Ou seja, x é um elemento desse conjunto se e somente se pertencer ao conjunto A e também ao conjunto B. Se A= {a,b,c,d,e,f} e B = {a,b,i}, então A ∩ B = {a,b}.

Vejamos a união: A ∪ B = {x | x ∈ A ou x ∈ B}.

Os números também podem representar elementos genéricos de um conjunto qualquer, mas, mais do que isso, os conjuntos numéricos fundamentam a própria matemática.

Geralmente, o conjunto numérico que primeiro nos vem à cabeça é o dos números "naturais", $\mathbb{N}$.

$\mathbb{N} = \{0,1,2,3,4,5,6,7,8,9,10,11,12,13\ldots\}$.

O conjunto dos números "inteiros", $\mathbb{Z}$, incorpora os números negativos (e "inteiros") ao conjunto dos naturais.

$\mathbb{Z} = \{\ldots-13,-12,-11,-10,-9,-8,-7,-6,-5,-4,-3,-2,-1,0,1,2,3,4,5,6,7,8,9,10,11,12,13\ldots\}$.

Não é difícil perceber que o conjunto dos naturais está contido no conjunto dos inteiros. $\mathbb{N} \subset \mathbb{Z}$. Ou ainda: $\mathbb{Z} \supset \mathbb{N}$.

O conjunto dos inteiros não admite frações.

O conjunto dos números "racionais" ($\mathbb{Q}$) incorpora números "quebrados" ao conjunto dos inteiros. Assim, entre 0 e 1, por exemplo, há infinitos números racionais: 1/2, 3/4, 7/10, 1/20, enfim: qualquer número menor do que 1 e maior do que 0 que possa ser escrito na forma "racional", quer dizer, na forma de uma fração.

$\mathbb{Q} = \{\ldots-4\ldots-7/2\ldots-3\ldots-5/2\ldots-2\ldots-3/2\ldots-1\ldots-1/2\ldots0\ldots1/2\ldots1\ldots3/2\ldots2\ldots5/2\ldots3\ldots 7/2\ldots\}$.

Os inteiros também podem ser pensados na forma dos racionais. O número 3, por exemplo, pode ser escrito na forma 6/2 ou 12/4, e de muitas outras formas racionais. Portanto, os inteiros são racionais e o conjunto dos inteiros está contido no conjunto dos racionais. $\mathbb{Z} \subset \mathbb{Q}$.

Generalizando: $\mathbb{Q} = \{x \mid x = a/b, \text{ com } a \in \mathbb{Z}, b \in \mathbb{Z} \text{ e } b \neq 0\}$

De bermuda e chinelos, seu Olavo costumava sair de casa ao entardecer para conversar com os vizinhos que se reuniam nas calçadas. Alguns iam chegando do trabalho, outros da escola, e ia se formando um ambiente de troca de experiências de vida.

Dona Ifigênia, que aos 81 anos fazia um brigadeiro imbatível acrescentando uma colherzinha de mel de flor de eucalipto e um pouco de café forte à receita tradicional, morava sozinha e não saía para a calçada naquele horário.

Tinha os cabelos azulados e gostava de Agatha Christie, Hilda Hilst, Clarice Lispector e Alfred Hitchcock. No verão, depois do seu banho, colocava um vestido leve de estampas delicadas como avencas e ia para a varanda da sua casa compartilhar com as samambaias a brisa do anoitecer.

O muro da frente de sua casa era baixo. Emoldurada pelo arco aberto da varanda, sob uma imagem de Nossa Senhora da Conceição embutida na parede, ficava ouvindo as conversas e vendo o movimento das pessoas. Ao mesmo tempo observava no morro que subia em seu horizonte as luzes das casas acendendo, uma a uma, num ritmo crescente. Quando o morro estava suficientemente iluminado, era hora da novela. Também era hora de ligar a lampadinha que timidamente iluminava Nossa Senhora, deixando a varanda numa penumbra onde a luz difusa da TV tinha efeito estroboscópico.

Enquanto ainda havia luz natural – e às vezes noite adentro – os meninos colocavam dois tijolos em cada extremo do campinho de futebol imaginário que se estendia por três casas, bem no meio da quadra. Entre um carro que passava e outro, às vezes gente conhecida, às vezes gente meio perdida por ali, o jogo era momento de fortalecimento dos laços entre eles e, não raramente, entre meninos e meninas.

Às vezes o professor participava da farra e com ele levava os mais velhos da rua para a brincadeira. Outras vezes o jogo ganhava ares de seriedade e o sonho de estar numa cancha oficial tomava conta dos Ronaldos, Pelés, Martas e Maradonas daquele pedacinho do bairro.

O campinho improvisado era em frente à amendoeira da casa de Pedro, onde se concentravam as conversas quando o Sol forte projetava o contorno de sua copa no chão com riqueza de detalhes.

O marceneiro, pai de três filhos, era o interlocutor predileto de seu Olavo. Adoravam falar sobre a seleção brasileira de futebol campeã no México em 1970, quando invariavelmente se lembravam do único gol do Brasil na difícil vitória sobre a Inglaterra.

Gostavam de conversar sobre ferramentas, estratégias para consertos de móveis, carros e canos furados. Seu Olavo aprendia bastante, pois sempre mais alguém se juntava ao papo e acrescentava seus conhecimentos de como agir em caso desta ou daquela pane no carro, dos cuidados que se devem tomar antes de subir num telhado, ou ainda alguém aparecia lá com um motor de máquina de lavar que estava dando trabalho para consertar, pois faltava improvisar uma peça, hora em que todos se mobilizavam para criar uma solução.

Seu Olavo havia lido *Zen e a arte de manutenção das motocicletas*, de Robert Pirsig, sucesso de vendas dos anos 1970, em que a tecnologia é discutida na forma de romance com uma importante abordagem filosófica que desnuda as múltiplas relações que estabelecemos com este ícone da modernidade. Ele se interessava pelo modo como aqueles homens do bairro expressavam um conhecimento técnico complexo sobre seus objetos de trabalho e pela intimidade que tinham com eles enquanto suas mãos, olhos, faces e pensamentos operavam as ferramentas, o que lhe trazia à mente a indistinção entre homem e máquina explorada no livro de Pirsig.

Com a chegada de Pedro ao bairro, seu Olavo pouco a pouco foi abrindo outra frente de interesse nas conversas de fim de tarde. Nas primeiras palavras que trocaram, o tom já foi estabelecido.

Com um grifo na mão, o marceneiro apertava a porca do cano de água que entrava em sua casa.

"Tem que dar mais aperto, senão vaza, mas não sei se a rosca aguenta", calculou o marceneiro.

"Gira mais", disse seu Olavo.

"Mais um pouco, até o grifo ficar reto."

Observando aquilo, Pedro, que tinha chegado à roda havia pouco e não conhecia bem os que ali palpitavam sobre o conserto do cano, exclamou meio sem querer: "90 graus!".

Seu Olavo notou a maneira como o menino trouxera para a rua sua matemática escolar em busca de um eco ou de um eventual encontro. Esperou o grifo ficar reto e observou o relaxamento dos músculos nas faces dos envolvidos naquele conserto. A cena lembrava uma equipe de cirurgiões retirando luvas e máscaras após cumprir com êxito uma difícil intervenção.

Voltou-se então para o menino e, meio sem querer e sem muita relação com o que ele havia dito, disse que os parafusos ou torneiras "fecham" quando são girados no sentido horário e "abrem" se girados no sentido oposto. Naquele dia, não trocaram mais nenhuma palavra.

Habitualmente, quando seu Olavo saía para a rua e não se encontrava com o marceneiro sentado na banqueta sob a amendoeira, conversava com outros moradores, mas não se demorava em longas prosas. Num desses dias, estava lá Pedro, sentado no capô do carro do professor e conversando com o próprio.

Seu Olavo se aproximou e descobriu novos interlocutores na rua. Gostava de falar sobre matemática, mas não tinha aberto até então esse canal de diálogo com o professor que, sendo afeiçoado com a física, seria um parceiro em potencial. Os "90 graus" que Pedro pronunciara no dia do conserto do cano não só tinham inaugurado a amizade entre ele e seu Olavo, mas também haviam catalisado a reação que abriu o diálogo entre este e o professor.

Não demorou muito para conversarem sobre matemática. Sobre os números naturais, seu Olavo contou que, a princípio, o número 0 não fazia parte do sistema de numeração da Grécia Antiga.

"Os gregos temiam o 'nada'", disse, em tom eloquente.

"Foram os árabes que trouxeram o 0 da Índia e o introduziram na Grécia. Na Índia, ao invés de temido, o 'nada' é cultuado, pois a prática da meditação busca 'zerar' o pensamento."

Contou ter lido isso num livro do professor Mario Schemberg, um dos mais importantes físicos brasileiros.

Divagou ainda sobre o conjunto vazio e sua representação: { } ou $\emptyset$. Fez questão de alertar que $\{\emptyset\}$ não era o conjunto vazio, mas um conjunto unitário, o conjunto de um único elemento que é o conjunto vazio.

O professor admirou a referência a Schemberg e lembrou que o "nada" da cultura indiana fora importante também para a concepção de um conceito central na física, o de "campo".

Sobre os racionais, seu Olavo fez uma provocação: a dízima periódica 0,99... é "igual" a 1,00 ou "aproximadamente igual" a 1,00?

Numa reação imediata, Pedro disse que era "aproximadamente igual" a 1,00.

Era o que seu Olavo queria para poder explicar:

0,99... = 0,33... + 0,66...

Ora, 0,33... é uma dízima periódica obtida da operação 1/3 e 0,66... é o mesmo que 2/3.

Assim, 0,99... = 0,33... + 0,66... = 1/3 + 2/3 = 3/3 = 1,00.

Portanto, 0,99... é "igual" a 1,00 e não "aproximadamente igual" a 1,00.

O professor abriu a porta do carro, pegou uma caixinha de madeira que continha giz branco e cuja tampa era um apagador de lousa. A caixinha estava coberta por nomes de alunos e alunas que haviam deixado ali suas marcas.

O giz serviu para desenhar no chão a reta imaginária dos números reais. Fizeram uma marca na reta e acordaram que ali ficaria o 0. Com base nesse referencial, marcaram os inteiros, -1, -2, -3, -4, à esquerda, e, à direita, 1, 2, 3, 4. Marcaram também alguns números racionais entre 0 e 1, entre -4 e -3 e entre 2 e 3. Observaram que, entre dois números inteiros quaisquer, nem sempre há outro número inteiro, mas entre dois racionais sempre é possível encontrar outro racional.

Fracionando-se infinitamente a reta imaginária dos números reais, a tendência é concluirmos que todos os números estariam nela contemplados e que a reta estaria completamente preenchida, com cada um dos seus pontos correspondendo a um número.

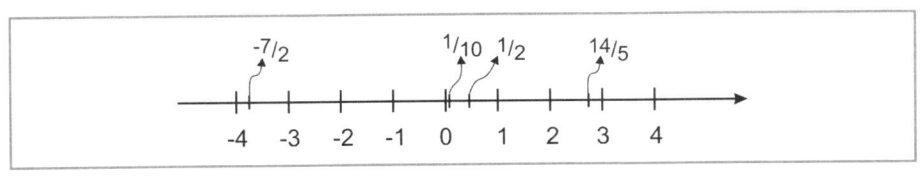

Figura 6

No entanto, há números que não são nem inteiros nem racionais, explicou o professor para sua seleta plateia que, nessa altura, além de Pedro e seu Olavo, contava com um cachorro que ali parara atraído pela sombra e pela vibração sonora da conversa.

Há números que não resultam da razão entre dois números. O número 1,55555..., por exemplo, pode ser obtido pela razão entre 14 e 9: 14/9 = 1,5555..., mas há aqueles que fogem à racionalização, que não podem ser expressos pela divisão de dois números inteiros, numerador e denominador (este, obviamente, diferente de 0). $\sqrt{2}$, por exemplo, é comprovadamente irracional. O teorema de Pitágoras nos leva a esse número quando temos um triângulo retângulo e isósceles e cujos catetos têm o número 1 como medida.

Mais uma figura no chão gastava impiedosamente o giz.

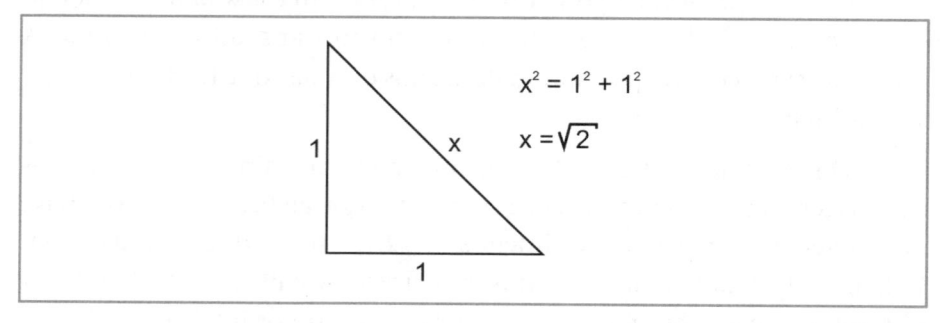

$\sqrt{2}$ = 1,41421356237309504880... não pode ser obtido por meio da razão entre dois números inteiros. Portanto, é "irracional". O mesmo ocorre para $\sqrt{3}$ e muitos outros. O número π, obtido da razão entre o comprimento da circunferência e o respectivo diâmetro, também é irracional. π = 3,1415926535...: o número de casas é aparentemente infinito. Mesmo que o escrevamos com tantas casas decimais quantas conseguirmos, jamais a divisão do comprimento pelo diâmetro da circunferência resultará numa decimal exata ou numa dízima periódica. Mesmo com modernos computadores empenhados no cálculo, isto não ocorre.

Os números irracionais (ou transcendentais) estão fora do conjunto dos números racionais e, portanto, fora do conjunto dos números inteiros, que é um subconjunto dos racionais. Se juntarmos o conjunto dos racionais ($\mathbb{Q}$) ao dos irracionais ($\mathbb{I}$r), teremos os números reais ($\mathbb{R}$).

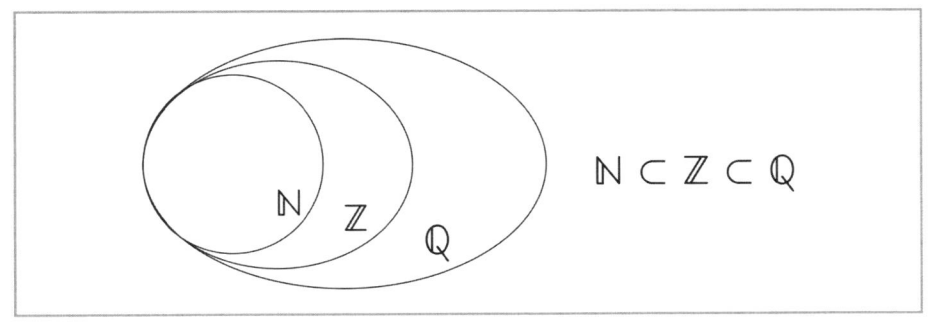

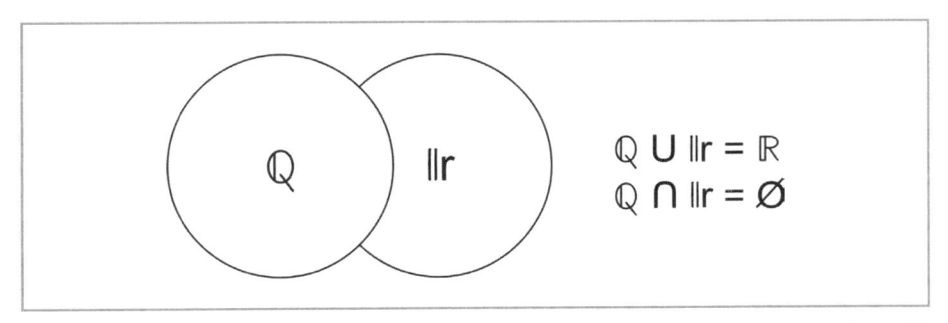

A reta que representa os números reais está completa, com seus infinitos pontos associados aos infinitos números reais. A não enumerabilidade da reta, no entanto, é uma questão complexa. Cantor dedicou sua vida a ela. Provou que os conjuntos infinitos não têm todos a mesma "cardinalidade", a mesma "potência". Em linguagem pouco precisa, diremos que ele propôs que há conjuntos infinitos que são "maiores" do que outros conjuntos infinitos.

Cantor demonstrou que o conjunto dos racionais ($\mathbb{Q}$) é "enumerável", ou seja, seus elementos podem ser "contados" um por vez, mesmo que a contagem nunca termine. Um conjunto "enumerável" (ou contável) é aquele no qual cada elemento pode ser associado a um número natural; em outras palavras, um conjunto enumerável tem a mesma cardinalidade de um subconjunto dos números naturais. Se o conjunto dos números racionais é enumerável, o conjunto dos reais ($\mathbb{R}$), demonstrou Cantor, é "contínuo" (quer dizer, "não enumerável") e, portanto, "maior" do que o dos racionais.

Além dos números reais, há outros que constituem um conjunto que contém o dos reais. São os números "complexos". A simples equação $x^2+1=0$ dá início à discussão. Procuramos aí um número (x) que, elevado ao quadrado e somado com 1, resulte em 0.

O único número que somado com 1 resulta 0 é o seu oposto, -1. Então aquele x^2 tem que ser -1. Mas nunca haverá, entre os reais, um número que elevado ao quadrado (ou seja, multiplicado por ele mesmo) seja igual a -1.

Em outras palavras, nosso "x" deve ser igual a $\sqrt{-1}$. Esse fator imaginário agregado aos números reais cria o conjunto dos números complexos (C). Podemos dizer que os números reais são também complexos, mas sem a parte imaginária dada por $\sqrt{-1}$. O conjunto dos números complexos contém o conjunto dos reais.

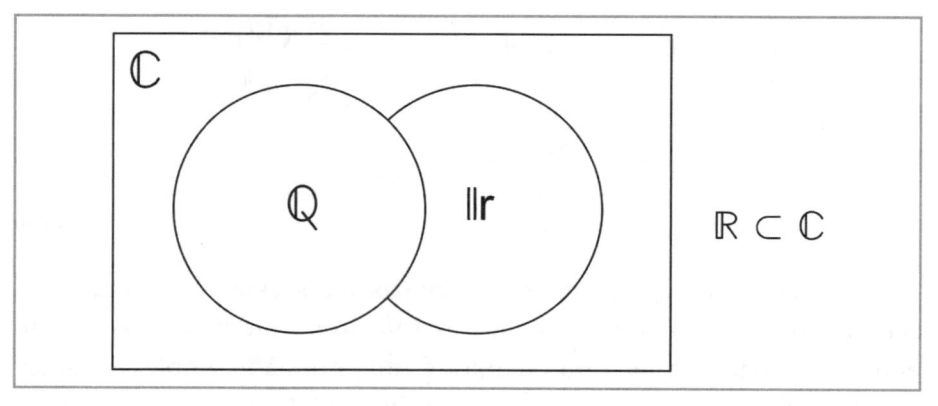

Figura 9

A linguagem matemática é muito rica. Podemos determinar um conjunto com uma sentença: A = $\{x \in \mathbb{N} \mid x > 5\}$. Entenda-se: x pertence ao conjunto dos números naturais tal que x é maior do que 5. Assim, A = $\{6, 7, 8, 9, 10, 11, 12...\}$. Tomemos um conjunto B: B = $\{x \in \mathbb{N} \mid x \leq 9\}$. Ou seja, x pertence ao conjunto dos números naturais tal que x é igual ou menor do que 9: B = $\{...-3, -2, -1, 0, 1, 2, 3, 4, 5, 6, 7, 8, 9\}$. A intersecção dos dois conjuntos é: A $\cap$ B = $\{x \in \mathbb{N} \mid 5 < x \leq 9\}$, ou seja, o valor de x deve ficar entre 6 e 9. A $\cap$ B = $\{6, 7, 8, 9\}$.

A união dos dois conjuntos contempla todos os números naturais. A $\cup$ B = $\mathbb{N}$.

Tomando o conjunto dos números reais, podemos representar as sentenças matemáticas acima no espaço com o auxílio de retas que representam "intervalos". Os intervalos podem ser abertos ou fechados nas suas extremidades e ainda limitados ou ilimitados.

A = {x ∈ R | x > 5} =]5,∞[: intervalo aberto no lado esquerdo e ilimitado à direita. Também pode ser chamado de semirreta à direita aberta na origem 5. O número 5 não faz parte deste conjunto, desta semirreta.

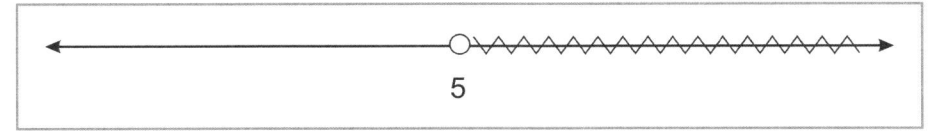

5

Figura 10

B = {x ∈ R | x ≤ 9} =]∞, 9] : intervalo ilimitado à esquerda e fechado na extremidade à direita. O número 9 faz parte deste intervalo ou desta semirreta.

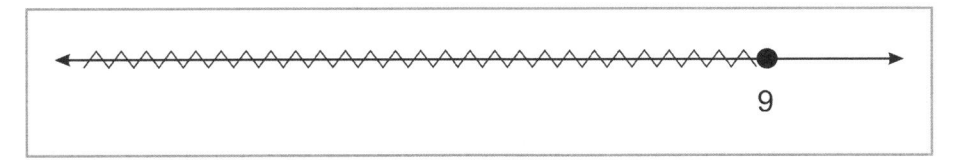

9

Figura 11

A ∩ B = {x ∈ R | 5 < x ≤ 9} =]5,9] = intervalo limitado dos dois lados, mas fechado.

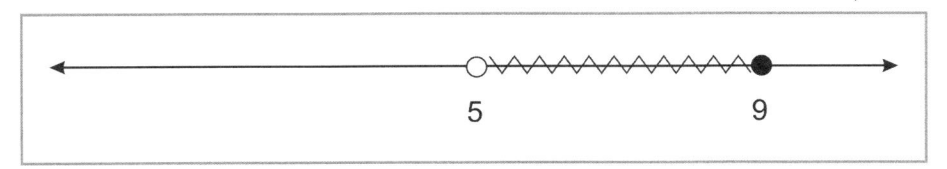

5   9

Figura 12

Os fins de tarde na calçada daquela quadra ficariam na memória de todos que deles assiduamente participavam. Era possível enxergar desnudas ali as manias e as incoerências de comportamento dos outros e relativizar assim as manias e incoerências que adquirimos e praticamos ao viver, restabelecendo o próprio equilíbrio no espelho do outro. Podiam-se também contar vantagens, competir vaidosamente e encontrar espaço para fofocas que se diluíam na relativa privacidade da vida comunitária.

Tudo isso era novidade para Pedro, que vinha de um bairro no qual a calçada não era frequentada pela vizinhança, e os moradores não sabiam sequer o nome dos vizinhos e mal reconheciam seus rostos. Ali, num bairro que misturava moradores antigos de poucas posses com outros nem tão antigos e aburguesados nos padrões de consumo, as luzes dos postes rodeadas de insetos nas noites de verão reproduziam em cima a excitação das pessoas embaixo.

O universo de Pedro, antes limitado pela porta da frente da antiga casa e pelo enorme portão de ferro da escola, se expandira muito, levando-o a perceber estrelas nos frequentes "apagões" de energia do bairro e a maravilhar-se com sua presença na imensidão do cosmo.

A amizade com seu Olavo era instigante, pois ele tinha idade para ser seu pai, mas não era sequer do seu meio familiar. Seu gosto pela linguagem racional da matemática encontrara mais eco no seu Olavo do que nos seus pais ou nos seus colegas de turma.

O refúgio que buscava no conforto dos axiomas matemáticos e na coerência da linguagem simbólica equilibrava o poder dos "fantasmas" que, em maior ou menor escala, assolam a mente de quem vive a passagem para a vida adulta. Como lidar com a força dos apetites do corpo que se misturam à racionalidade, aos afetos, às amizades e às frustrações? Como lidar com as intensidades do prazer e da paixão que ora libertam o corpo, ora aprisionam a alma e vice-versa?

O tempo ajuda a percebermos melhor o lugar das coisas, mas também torna um pouco nebulosas as lembranças das primeiras vezes em que fomos tocados por impulsos de vida tão intensos e tão arrebatadores.

Bergson dizia que o prazer é um artifício imaginado pela natureza para obter do ser vivo a conservação da vida. Já a alegria anuncia sempre que a vida teve êxito, que ganhou terreno, que alcançou uma vitória.

Para seu Olavo, cujos "fantasmas" não eram exatamente os mesmos, a atenção interessada de um garoto muitas gerações à frente da dele produzia sentido à sua vida na medida em que suas ideias e seus pensamentos eram veiculados para alguém que já havia nascido num "mundo tecnológico". Sua sensação de obsolescência se dissolvia na importância que suas palavras tinham para a novíssima geração.

Quando conversavam, porém, essas sutilezas da relação entre eles eram apenas pano de fundo. A diferença entre gerações era uma luz de emergência, que se acenderia caso houvesse perda total dos referenciais. A força da amizade deixava em segundo plano tudo o que não fosse mais importante do que a experiência de viver o aqui e o agora.

Pedro estava na mesma escola fazia quatro anos. Tinha amigos por lá. Tinha também amigos em redes sociais. O conjunto dos amigos da escola e o conjunto dos que estavam nas redes tinham elementos em comum. A intersecção dos dois conjuntos não era o conjunto vazio. Agora, com a nova vizinhança, outro conjunto de amigos entrava em sua vida.

Na rede social, havia amigos próximos, seja porque compartilhavam momentos também fora do ambiente virtual, seja porque cultivavam intensamente a amizade eletrônica. Além desses, sempre surgiam outros, adicionados ao conjunto de amigos porque eram amigos comuns a outros conjuntos de outros amigos, mas cujas amizades muitas vezes não evoluíam.

Na rua, haverá também os amigos mais próximos e os que apresentam um potencial aprofundamento da amizade em estado latente. Seu Olavo está no primeiro subconjunto. Quando ele mostrou a Pedro um *soroban* (instrumento de contas criado na China há milênios) e nele fez complexas operações que só uma calculadora faria tão rapidamente, Pedro percebeu a força da cultura milenar se atualizando no manuseio daquele instrumento, um curto-circuito entre o passado e o presente despertando a amizade entre duas pessoas de diferentes gerações.

2. FUNÇÕES

A matemática não estuda os objetos, mas as relações entre eles. A substituição desses objetos por outros lhe é indiferente, uma vez que as relações não mudam. A matéria não lhe interessa, mas apenas suas formas.
Henri Poincaré (1854-1912)

Alejandra Suarez, filha do casal argentino, nascida em Córdoba e criada em Buenos Aires, era um ano mais nova que Pedro. Trazia no giro falso do seu português o fascínio de um canto longínquo. Fazia apenas um ano que ela se mudara para aquela rua.

Seu pai trabalhava numa empresa multinacional que o transferira para o Brasil. A família decidira que Alejandra estudaria na Escola Americana, onde poderia apurar seu inglês já bastante avançado graças ao ano que haviam passado nos Estados Unidos.

Nos fins de semana, a família ia para o Clube de Golfe, espaço fora do perímetro urbano frequentado por executivos estrangeiros de empresas do porte daquela em que trabalhava o pai de Alejandra. A maioria dos sócios do clube era composta de norte-americanos, mas havia também alemães, coreanos, japoneses e pouquíssimos brasileiros.

Os hábitos no clube eram americanizados. As bebidas, como água, chá gelado, refrigerante ou suco de fruta industrializado, eram servidas em enormes copos de vidro com pedras de gelo até a boca, entre as quais o colorido dos líquidos era despejado. A língua que mais se ouvia era o inglês. Durante as conversas, o som de gelo mastigado fazia o coro dos que não estavam com a palavra.

Ao longo dos 18 buracos do campo de golfe, para qualquer lado que o olho virasse, o verde se estendia até a linha do horizonte, onde fazia fronteira com o azul. Árvores altas, bancos de areia e caprichos do relevo constituíam os obstáculos que os jogadores enfrentavam para colocar a pesada bolinha branca num buraco a 200 metros de distância com o menor número de tacadas.

Durante os primeiros meses de Brasil, a garota tratou de adaptar-se. Havia deixado em Buenos Aires seus amigos e nesse período ficava mais conectada com o pessoal de lá do que tratando de fazer novas amizades por aqui. Aparecia pouco na rua. Alejandra fez amizade com os colegas da escola. A maioria deles também frequentava o Clube de Golfe nos finais de semana.

Passado quase um ano, a rua começou a atraí-la. Já havia notado a movimentação, mas inicialmente se sentira pouco inclinada a se aproximar daquele amontoado de gente que se reunia caoticamente nas calçadas.

Graças ao seu pequeno cão, que adorava ser levado por ela até a praça do bairro, Alejandra encontrou o caminho que a levaria a fazer novas amizades. Nessa praça, que ficava a duas quadras de sua casa, conheceu duas garotas, duas irmãs que moravam em frente à praça. As meninas eram enturmadas com o pessoal da rua, e Alejandra não demorou muito para se misturar aos demais sob a amendoeira, abrindo outra janela para seu novo país.

Numa noite de Carnaval, antes de ir para uma festa acompanhada pelos pais, Alejandra juntou-se a Pedro, às duas irmãs que moravam em frente à praça e aos três filhos do marceneiro. Mais ou menos ao acaso, tendo saído à rua para assuntar o que quer que fosse perto da amendoeira, essas pessoas foram chegando e se reunindo no rancho do quintal dos três meninos, onde estava servida uma canjica preparada pela dona da casa.

Os meninos haviam descoberto, entre as quinquilharias amontoadas num quartinho conjugado ao rancho, alguns discos antigos de Carnaval, e fazê-los tocar foi o desafio da noite. Acordaram a velha radiola Sonata de um sono de décadas trocando o fio que a conectava à tomada. Após alguns momentos de hesitação, o prato começou a girar.

Ao som das marchinhas que traziam ventos do tempo do "entrudo",[1] Alejandra enrolava sem pressa uma serpentina que havia se desmanchado. Volta após volta, a longa tira de papel ia retomando seu formato de caracol pelas mãos firmes e cuidadosas da distraída moça.

Alejandra, que usava vestido florido e sandálias baixas cujas tiras de couro subiam até as canelas, logo se foi. As outras meninas saíram em seguida. Pedro ficou com os meninos.

A conversa se prolongou com a chegada do marceneiro e de sua esposa. O casal se lembrava dos bailes que haviam frequentado numa cidade do sul de Minas Gerais, onde tinham se conhecido e vivido até completar 19 anos. Haviam-se casado poucos anos depois que o marceneiro saíra da cidade e se instalara na pequena casa de fundos onde atualmente morava o professor.

Os três filhos que haviam gerado pareciam ter chegado ao mundo sabendo exatamente a que tinham vindo. Não aparentavam o menor desconforto em relação às condições que haviam encontrado desde seus nascimentos e pareciam trilhar seus caminhos como se estivessem ligados a fios condutores que lhes asseguravam os sentidos de suas marchas.

Horas se passaram e a madrugada já havia instaurado os mistérios do seu silêncio. A voltagem da conversa caíra pelo cansaço dos que restavam sob o rancho, mas a Sonata ainda girava, esquecida, sem disco algum, apenas pela alegria de ter renascido. A lembrança do caracol de serpentina sendo enrolado por Alejandra também persistia em ficar viva na consciência de Pedro, que se despediu dos anfitriões, atravessou a rua e voltou para sua casa.

Luz, irmã de Pedro, havia saído com o namorado, mas parecia ter se desentendido com ele, pois voltara para casa mais cedo do que o esperado. Um pouco mais velha do que Pedro e, portanto, mais próxima da vida adulta, namorava um rapaz de 25 anos. Tendo entrado em casa quase junto com o irmão, encontraram-se na cozinha, onde conversaram até o dia insinuar sua chegada. Falaram sobre namoro e amizade. Luz divagou sobre a manipulação dos ímãs da paixão que os amantes operam durante

---

1. Antiga manifestação carnavalesca introduzida pelos portugueses no Brasil.

um relacionamento e defendeu a ideia de que a amizade facilitava mais a entrega despretensiosa ao outro do que o amor. "Entre os amantes", disse, "apesar de toda irracionalidade inerente às paixões, há a mediação racional do cálculo de perdas e danos pelo envolvimento emocional, enquanto nas relações de amizade profunda a importância dada aos balancetes do dado e do recebido parece que não é quantificada, medida ou calculada".

O tom melancólico de sua fala sobre o amor estava ligado a seu estado de espírito naquele momento, abalado pela disritmia que acometera seu namoro naquela noite. Lembrou-se de quando moravam em outro bairro e sua mãe não fazia outra coisa a não ser ficar doente. Começara com uma conjuntivite; depois, crises intermitentes de enxaqueca que haviam durado quase um ano, e quando a depressão parecia ter tomado conta de seus atos, o pai tivera uma pedra nos rins que o derrubara num só golpe.

Diante da fragilidade do marido, a mãe curara-se repentinamente de seus males e uma forte mulher entrara em cena. De frágil, ela passara a ser expressão de força naquele cenário. Não que ela estivesse fingindo estar deprimida ou com enxaqueca, mas a mudança na configuração externa provavelmente alterara os humores das reações químicas em seu corpo, como se costuma dizer, ou simplesmente ela descobrira uma força que não supunha existir em si mesma. "O que somos", concluiu Luz, "em muitos aspectos é função dos vínculos que estabelecemos".

Finalmente foram dormir. Ainda com o quarto escuro, deitado na cama ouvindo o primeiro pássaro timidamente anunciar o dia, Pedro ficou pensando na última frase da irmã sobre os vínculos que estabelecemos com as pessoas e como eles são determinados por comportamentos que se cristalizam e se transformam em hábitos, como se fossem leis a serem seguidas.

Embriagado de sono, deixou-se levar pela imaginação de uma relação com Alejandra que se reduzisse à simplicidade de uma função matemática, uma sentença que determinasse a felicidade, tal como decretou Chico Buarque na canção "João e Maria": "Pela minha lei, a gente era obrigado a ser feliz".

A ideia de uma lei intermediando uma relação humana era complexa demais, mas atraente para quem gostava de pensar nas fronteiras da linguagem matemática. Começou a construir, entre um cochilo e outro, sentenças matemáticas por mera diversão, como se estivesse a contar carneirinhos para dormir.

Criou leis simples. Por exemplo: cada vez que ele piscasse o olho direito para ela, receberia dela dois calorosos beijos. A lei obrigaria que ela agisse de acordo com a ação dele. Assim, uma piscada, dois beijos; duas piscadas, quatro beijos; três piscadas, seis beijos; quatro piscadas, oito beijos. No décimo beijo, adormeceu.

Acordou tarde. Pelas frestas da janela reparou que a luminosidade não era cristalina como a das manhãs, mas carregada de um escaldante e preguiçoso amarelo de 2 horas da tarde. Ficou deitado na cama sentindo o corpo e a mente despertarem. Veio-lhe à mente o joguinho imaginário dos beijos e das piscadas, a lei que havia estipulado pouco antes de adormecer.

Pensava em Alejandra, mas neste momento interessava-lhe exclusivamente a tradução matemática da lei, ficando ele próprio e Alejandra restritos a personagens genéricos da função. Equacionou mentalmente com os olhos ainda pouco abertos: número de beijos = 2 vezes o número de piscadas: $b = 2p$.

Se $p = 1$, então $b = 2$; se $p = 2$, então $b = 4$; se $p = 3$, então $b = 6$.

No século XIX, alguns filósofos positivistas acreditavam ser possível encontrar leis para o funcionamento da sociedade, tal como se obtém uma lei da física que descreve um fenômeno da natureza. O sucesso da lei de Newton da atração gravitacional (publicada em 1687), capaz de equacionar o movimento dos planetas numa única fórmula, fomentou a hipótese de que todos os fenômenos, não apenas os naturais, mas também os sociais e comportamentais, eram passíveis de uma formulação matemática ou algo parecido. Pedro parecia levar essa hipótese a sério, criando uma função que balizasse a relação entre duas pessoas, mas estava apenas aquecendo o pensamento de vigília após horas de sono.

Imaginou uma pequena mudança na sua "lei". Em vez de $b = 2p$, passou a imaginar como seria a relação se a lei fosse $b = p^2$. Neste caso, se $p = 1$, $b = 1$; se $p = 2$, $b = 4$; se $p = 3$, $b = 9$. Imaginou ainda que outras variáveis poderiam entrar na "lei", de modo que todas as situações em que ele e Alejandra estivessem envolvidos seriam previstas e "amarradas" pela equação que, obviamente, seria de uma complexidade imensa. Pedro logo percebeu que seu pensamento estava se tornando insano e sua brincadeira foi perdendo a graça à medida que despertava e à medida que o dia (ou o que ainda restava dele) o chamava para a vida.

Uma função estabelece uma relação especial[2] entre dois conjuntos. Na brincadeira mental de Pedro, o conjunto dos beijos de Alejandra estava atrelado ao conjunto das "piscadas" de Pedro. Galileu, ao estudar a queda livre dos corpos, percebeu uma relação entre o tempo de queda e a distância percorrida pelo corpo durante esse tempo, e estabeleceu uma função entre o conjunto das medidas de comprimento da queda e o conjunto de medidas do tempo.

Considerado pai da ciência moderna por muitos autores, Galileu observou que a distância percorrida na queda é "proporcional ao quadrado dos tempos". Muito aproximadamente, podemos escrever a função que relaciona a distância percorrida pelo corpo em queda livre em função do tempo da seguinte forma:

distância = 5.tempo^2

$d = 5t^2$

Assim, se um corpo cair durante 1 segundo, terá percorrido 5 metros. Se a queda, no entanto, durar 2 segundos, ele percorrerá 20 metros, ou seja, o quádruplo da distância anterior. Para 3 segundos de queda, a distância seria de 45 metros.

Podemos generalizar as funções sem pensarmos em piscadas e beijos ou em distâncias e tempos. Podemos pensar em funções de variáveis genéricas, como "y" e "x", e construir funções diversas como $y = 2x$ ou $y = 5x^2$. Nestes casos, como em inúmeros outros, "y" é função de "x": y = f(x).

---

2. O termo "especial" é aqui empregado porque nem toda relação entre dois conjuntos pode ser considerada uma função. Como veremos logo a seguir, a "função" existe quando todos os elementos de um dos conjuntos, chamado de "domínio", têm um e apenas um correspondente no outro conjunto, chamado de "contradomínio". Outras relações entre conjuntos que não satisfaçam essa condição não são consideradas funções.

Tomemos a função y = 2x, ou seja, f(x) = 2x.

O valor de "y" "depende" do valor de "x", ou seja, o valor de "y" é dado "em função" do valor de "x". Os valores de "x" constituem um conjunto chamado de "domínio da função" e os valores de "y" pertencem a outro conjunto chamado de "contradomínio". Para cada valor de "x" do domínio, haverá um único valor de "y" correspondente no contradomínio chamado de "imagem" de "x". *As imagens de x reunidas formam o "conjunto imagem", que pode ser o próprio contradomínio ou estar nele contido.*

Ao escrevermos *y = 2x*, estamos relacionando dois conjuntos. Precisamos definir quais são esses conjuntos. Admitamos, por exemplo, que o "conjunto domínio" (onde estão os valores de "x") seja o dos números naturais e o contradomínio seja o conjunto dos números inteiros. Isso significa que os valores de x podem ser 0, 1, 2, 3, 4, 5, 6,... e que os valores de y compreendem estes e também os valores negativos (... -4, -3, -2, -1, 0, 1, 2, 3, 4...). Ao relacionarmos os dois conjuntos pela função *y = 2x*, teremos o "conjunto imagem" formado pelos seguintes elementos do contradomínio: 0, 2, 4, 6, 8, 10, 12...

Na função de "y" em "x", *y = 2x*, também expressa por *f(x) =2x*, temos:

domínio (D) = $\mathbb{N}$

contradomínio (CD) = $\mathbb{Z}$

conjunto imagem (Im(f))= {0, 2, 4, 6,...}

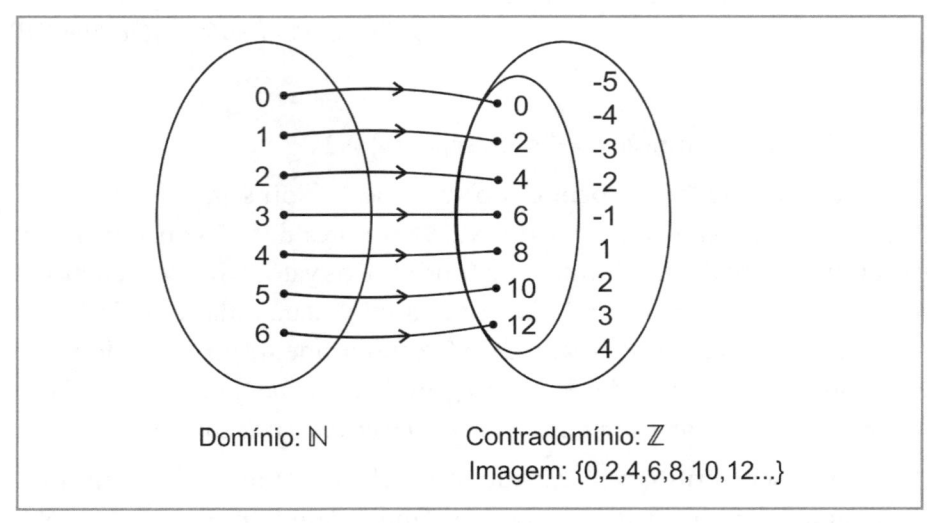

Domínio: ℕ   Contradomínio: ℤ
                    Imagem: {0,2,4,6,8,10,12...}

Figura 13

Matematicamente falando, a função existe quando TODOS os elementos do conjunto domínio têm um e apenas um correspondente no contradomínio. *Se tivéssemos escolhido os inteiros (ℤ) como domínio e os naturais (ℕ) como contradomínio,* $y = 2x$ não seria uma função, pois haveria elementos "sobrando" no domínio.

Em geral, na função $y = 2x$ ou $f(x) = 2x$, o conjunto dos números reais é tomado tanto como o domínio quanto como o contradomínio. De acordo com essa função, para qualquer número real "x", haverá um único número real "y" tal que $y = 2x$.

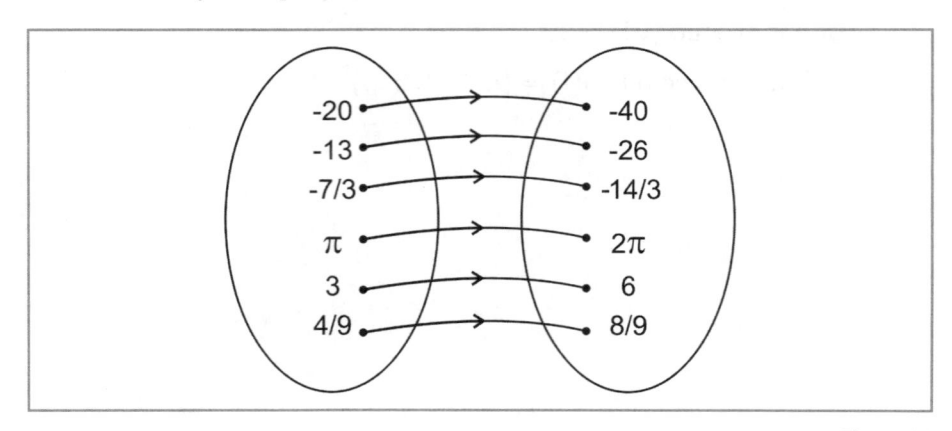

Figura 14

Retomemos a reta que representa os números reais, tal como vimos no capítulo anterior.

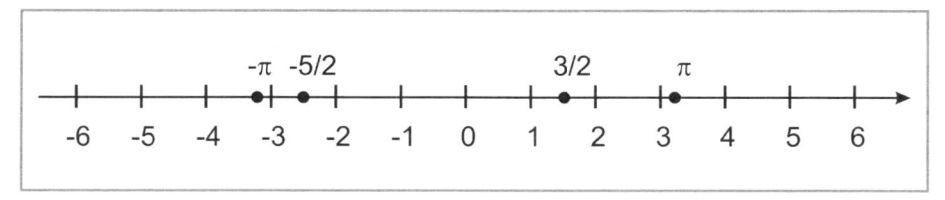

Figura 15

Podemos relacionar dois conjuntos por meio de um sistema de eixos perpendiculares entre si que definem o chamado "plano cartesiano". Os eixos serão retas onde estão representados os números reais. Podemos obter pares ordenados (x, y) que compõem o plano cartesiano. São infinitos pontos, tais como (1, 2), (-3, -2), (1/2, 4), (3, -π),... Se os eixos ortogonais são retas "completas", então o plano cartesiano é preenchido com os infinitos pares ordenados.

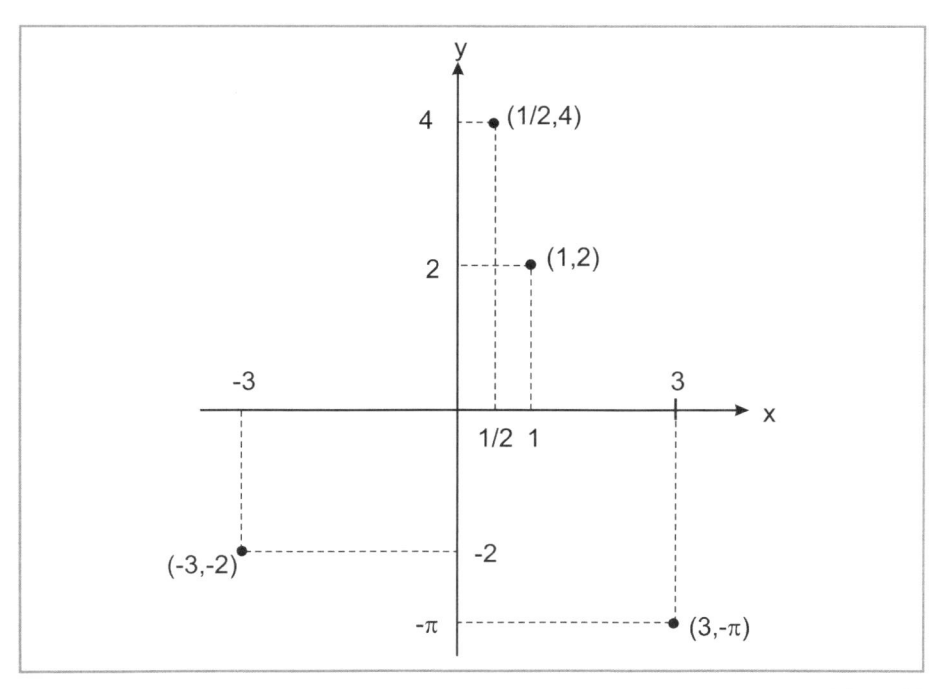

Figura 16

No eixo horizontal, eixo das abscissas, colocaremos os valores de "x", e o eixo das ordenadas (vertical) representa o contradomínio, onde estarão os valores de "y", ou seja, onde estará o conjunto imagem.

Quando estabelecemos um relação do tipo $y = 2x$ entre os dois conjuntos representados nos eixos, selecionamos do plano apenas os pontos (pares ordenados) que satisfazem a condição imposta pela função, ou seja, os pares ordenados nos quais o valor de "y" é o dobro do de "x": $(0, 0)$, $(1/2, 1)$, $(1, 2)$, $(2, 4)$, $(5/2, 5)$, $(-\pi, -2\pi)$.

Apenas os pontos de uma reta são destacados do plano cartesiano para representar a função $f(x) = 2x$.

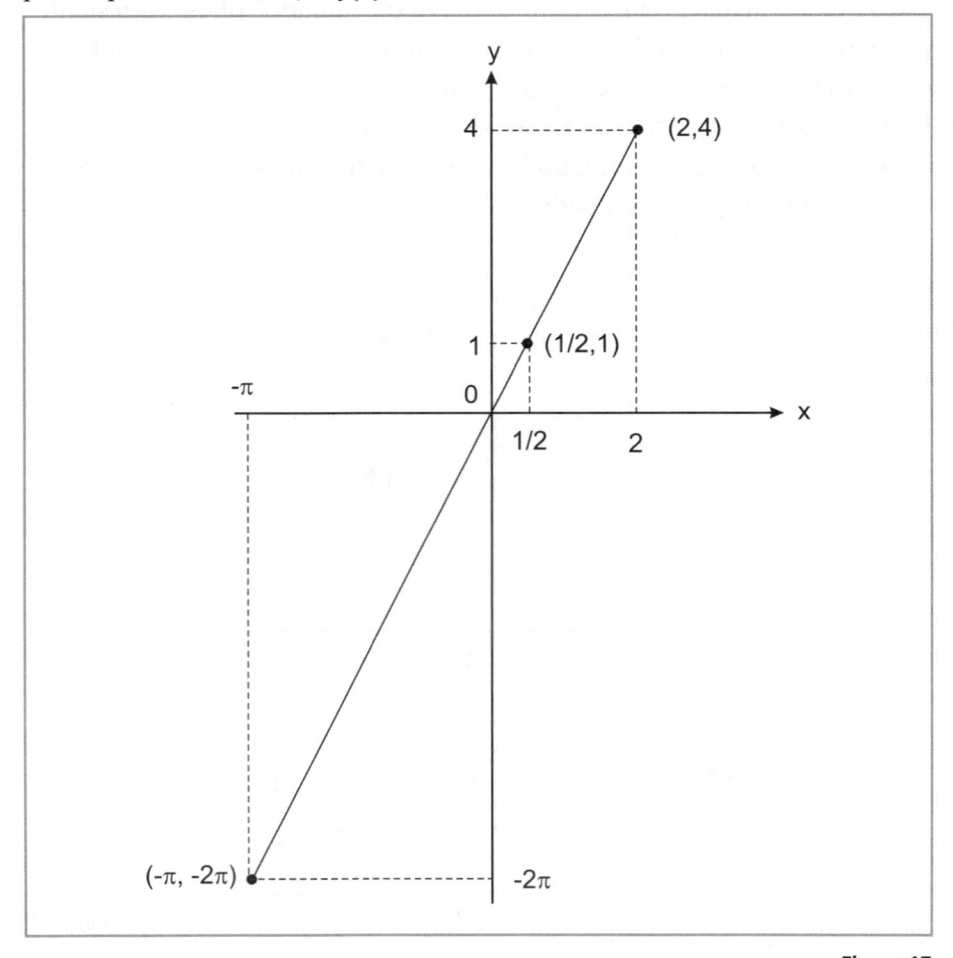

Figura 17

56 Papirus Editora

Repare que para cada valor de x há um único valor de y correspondente, o que determina a reta do gráfico. Não há dois elementos do domínio que correspondam ao mesmo elemento do contradomínio. Se x = 2, y = 4; se x = -2, y = -4 (Figura 18a). Mas se, por exemplo, a função fosse $y = 5x^2$, "y" teria o mesmo valor para x = 2 e também para x = -2: y = 20 (Figura 18b).

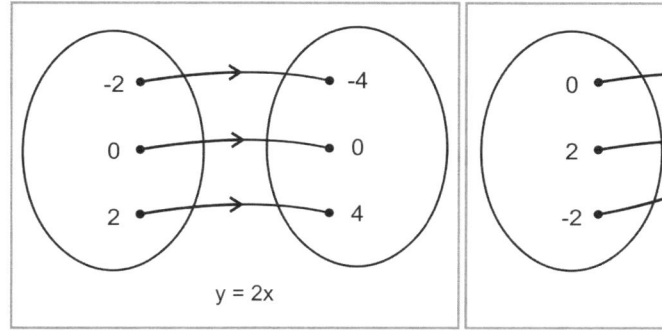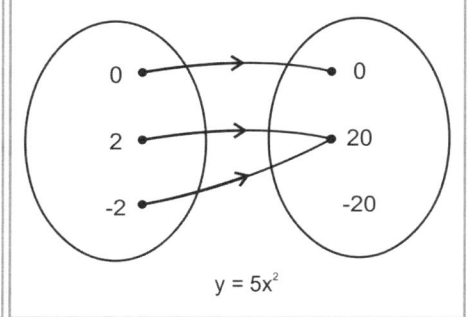

Figuras 18a e 18b

Quando, numa função, o conjunto imagem é igual ao contradomínio (Figura 19a), essa função é chamada de "sobrejetora" ou "sobrejetiva". Quando cada elemento do domínio corresponde a um elemento diferente do contradomínio, ela é chamada de "injetora" ou "injetiva" (Figura 19b).

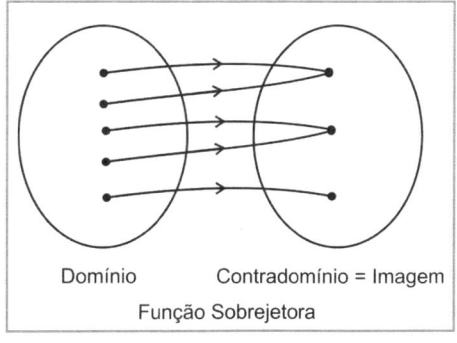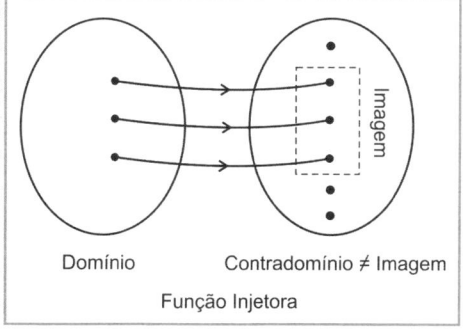

Figuras 19a e 19b

Quando, numa função, cada elemento diferente do domínio tem um único e diferente correspondente no contradomínio, e quando o próprio contradomínio é o conjunto imagem, ou seja, quando a função é ao mesmo tempo injetora e sobrejetora, ela é chamada de "bijetora" ou "bijetiva".

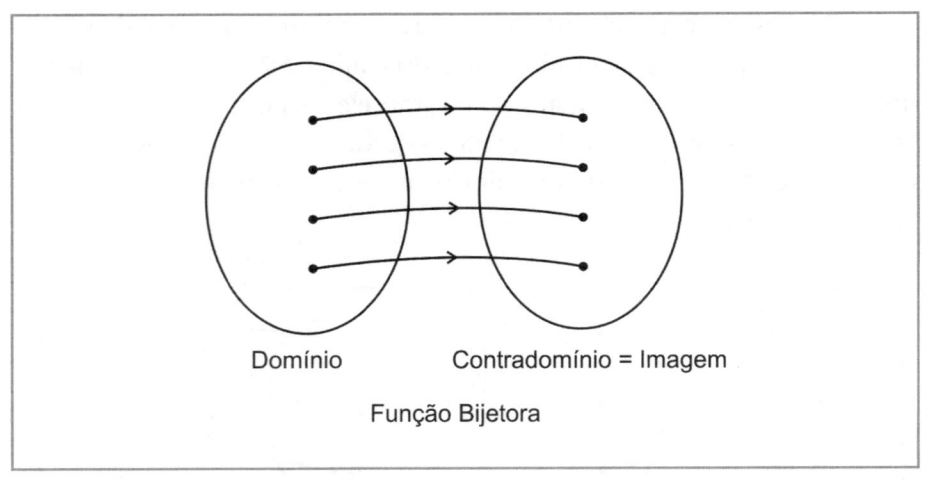

Domínio   Contradomínio = Imagem

Função Bijetora

Figura 20

É o que acontece com $y = 2x$. Ela é bijetiva: para qualquer valor de x, haverá um único y correspondente. Nenhum valor de y corresponde a mais de um valor de x. O conjunto imagem será, portanto, formado por todos os pontos do eixo y, ou seja, será o próprio contradomínio.

Vejamos o que acontece com a função $y = 5x^2$:

Temos aqui, novamente, uma relação entre dois conjuntos. Podemos dizer que temos uma função de A em B, onde "A" é o domínio e "B" é o contradomínio. Adotemos o conjunto dos números reais como o conjunto A e também como o conjunto B. Genericamente, é uma função de A em B e, neste caso, como em muitos, uma função de $\mathbb{R}$ em $\mathbb{R}$. Quer dizer que nos eixos "x" e "y" podemos contar com qualquer ponto das retas, pois elas contêm os números reais. E também podemos contar com qualquer ponto do plano cartesiano, dado que os pares ordenados que o preenchem são combinações de pontos dessas retas.

Se $y = 5x^2$, não haverá valores negativos no conjunto imagem. Então, só parte do conjunto imagem coincide com o contradomínio. Além disso, como vimos há pouco, haverá dois elementos do domínio (um positivo e seu oposto) para um mesmo elemento do conjunto imagem.

$x \in \mathbb{R}$	$y \in \mathbb{R}$
0	0
1	5
2	20
3	45
-1	5
-2	20
-3	45

A tabela acima apresenta apenas alguns valores, mas "x" poderia ser, por exemplo, igual a π ou $-\pi$: nesses dois casos, "y" seria igual a 5 π^2.

Vejamos, de todos os pontos do plano cartesiano, quais são os pares ordenados que representam a função $y = 5x^2$:

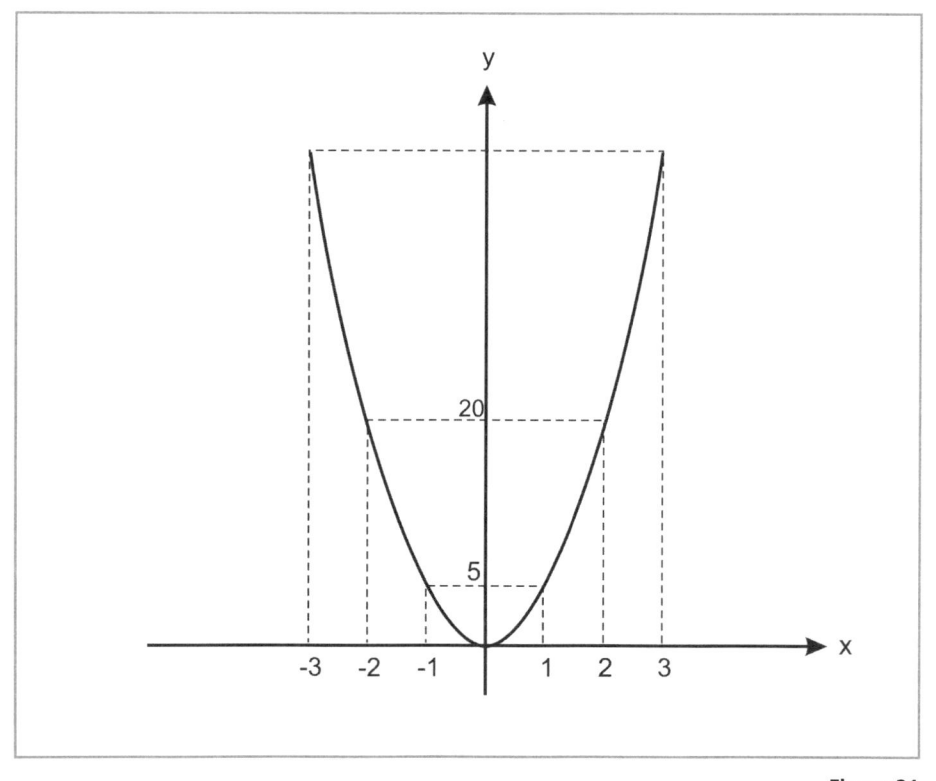

Figura 21

Tomemos outra lei, outra função: $y = 1/x$.

Novamente, o valor de "y" depende do valor de "x", ou seja, "y" é "função" de "x".

Se $x = 1$, $y = 1$; se $x = 2$, $y = 1/2$; se $x = 3$, $y = 1/3$; se $x = 1/5$, $y = 5$.

Mas o que aconteceria se o valor de "x" fosse igual a 0? Neste caso, "y" seria $1/0$, o que "não existe". Num certo sentido (no limite da aproximação de "x" do número 0), dividir um número qualquer por 0 resulta em infinito. O argumento é que quanto mais o denominador se aproxima de 0, mais o resultado tende ao infinito. Por exemplo, $1/0,01 = 100$; $1/0,001 = 1.000$; $1/0,0001 = 10.000$; $1/0,00001 = 100.000$. Repare que o resultado cresce à medida que o denominador se aproxima de 0, o que leva a crer que, se prolongarmos indefinidamente este processo, a divisão por 0 será, no limite, igual ao infinito. Mas a divisão por 0, a rigor, não é admitida.

Isso cria um problema no domínio: os valores de "x" podem pertencer aos números reais, por exemplo, mas, para que a função exista, o 0 não pode estar no conjunto domínio (não pode "sobrar" elemento algum no domínio). Então, o domínio desta função pode ser $R - \{0\}$. Outra notação possível é $\mathbb{R}^*$ (o asterisco indica que o 0 está excluído do conjunto).

Tomemos a função $y = 2/(5 - x)$.

O valor de "x" pode ser 0, pois, neste caso, $y = 2/5$. Mas se "x" for igual a 5, teremos novamente uma divisão por 0, pois "y" seria igual a $2/0$, o que não nos é permitido. Assim, o domínio desta função é $\mathbb{R} - \{5\}$.

As funções dificilmente representarão relações entre pessoas ou entre pessoas e animais. São relações complexas e de incontáveis variáveis. Talvez um ou outro aspecto dessas relações possa ser matematicamente expresso em condições especiais. Um cão adestrado que dá duas voltas em torno de si para receber um biscoito do seu dono apresenta um comportamento previsível e, portanto, representável pela função $b = v/2$, onde "v" é o número de voltas e "b" é o número de biscoitos.

Como "não vale" dar uma volta para ganhar meio biscoito, nem dar frações de volta, nem voltas "negativas", vamos restringir o conjunto domínio aos números naturais pares. Para o contradomínio, adotemos os naturais. Assim, se v = 0, b = 0; se v = 2, b = 1; se v = 4, b = 2; se v = 6, b = 3; e assim por diante. Repare que a variável dependente é "b" e quem "decide" quantos biscoitos quer ganhar é o cão, pelo menos durante o período em que seu dono aceitar a "brincadeira" para a qual adestrou seu cão.

Admitamos que o número de voltas do cão pudesse variar de 0 até infinito e que, também com infinita paciência, seu dono pudesse premiar o animal com infinitos biscoitos. Por isso consideramos que o domínio, o conjunto dos números de voltas dadas pelo cão, será composto pelos números naturais pares, e que o conjunto imagem, composto pelos números de biscoitos conquistados pelo animal, será representado pelo conjunto dos números naturais.

Repare que haverá uma correspondência biunívoca entre os elementos do domínio e os elementos do conjunto imagem (naturais). Em outras palavras, a função é bijetora. Portanto, para cada elemento dos naturais pares, há um único elemento correspondente no conjunto dos naturais e vice-versa. Ora, isso implica que há tantos números naturais pares quanto números naturais, ou seja, os dois conjuntos têm a mesma "cardinalidade".

Função inversa

Luz tinha dito a Pedro que, no momento em que o pai deles ficara subitamente fragilizado por uma pedra nos rins, sua mãe saíra de um período de depressão em que se encontrava havia bastante tempo. Os papéis tinham se invertido a partir daquele momento e ela se tornara a fonte de força, enquanto o pai necessitava de cuidados. Luz dizia isso como exemplo de como as relações humanas às vezes se cristalizam em padrões de comportamento e de como esses padrões se evidenciam quando perturbados por algum motivo.

As relações entre as pessoas não podem ser expressas em funções matemáticas, mas vícios de comportamentos por vezes sugerem essa possibilidade. Nesse exemplo dado por Luz, podemos dizer metaforicamente que foi um caso de "função inversa": havia um padrão de comportamento na relação entre seus pais que mudou repentinamente, mas não foi uma mudança qualquer e sim uma inversão no modo de funcionamento desse padrão.

A função inversa é aquela na qual, dada uma função que relaciona um conjunto A a um conjunto B (função de A em B), onde A é o domínio e B é o contradomínio, uma inversão é operada de modo que B passa a ser o domínio e A, o contradomínio. A relação se mantém, mas no sentido inverso.

Na função inversa, os papéis de "x" e "y" ficam invertidos. A variável independente (x) fica no lugar da variável dependente (y) e vice-versa, como na interpretação de Luz sobre o caso de seus pais, em que as figuras do forte e da frágil se invertem, mas mantendo a relação entre força e fragilidade.

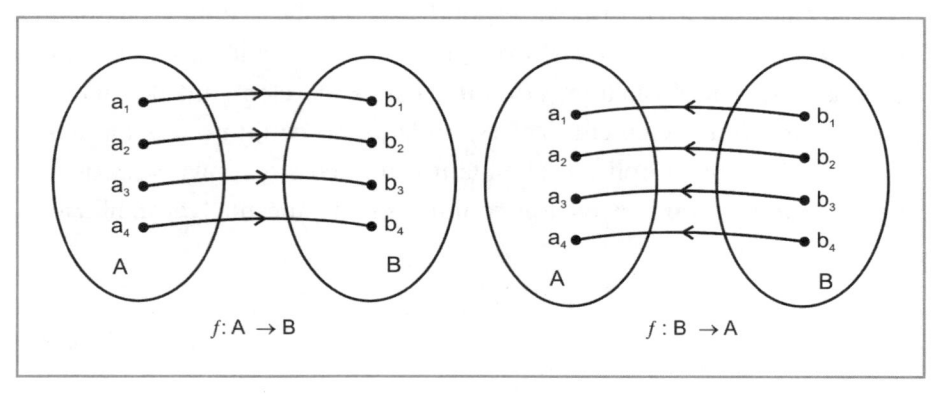

Figura 22

Pela figura acima, é possível perceber que, para que haja a "função inversa" é preciso que a função original seja "bijetiva".

Há pouco, vimos que a função $y = 2x$, tendo o conjunto dos números reais no domínio e no contradomínio (f: $\mathbb{R} \rightarrow \mathbb{R}$), é bijetiva (ou bijetora). Vamos propor a função inversa, na qual o "x" vira "y" e o "y" vira "x".

$y = 2x$. Troquemos as variáveis, colocando "y" onde houver "x" e vice-versa:

$x = 2y$.

Ou seja, isolando y, teremos: $y = x/2$. Eis aí a função inversa de $y = 2x$.

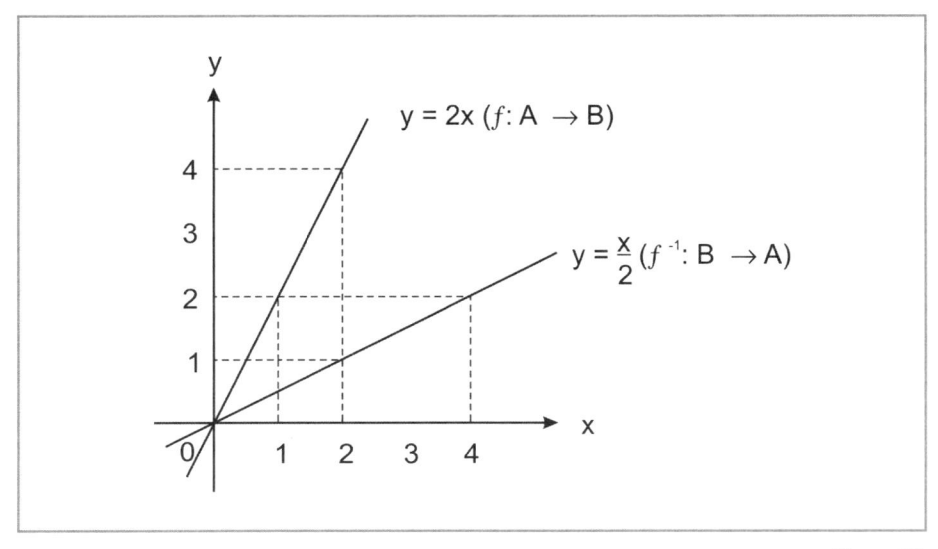

Figura 23

A função $y = 5x^2$, como vimos, não é bijetora quando consideramos f: $\mathbb{R} \to \mathbb{R}$, pois há sempre dois valores de "x" que correspondem ao mesmo valor de "y" (por exemplo, y é igual a 20 para x = 2 e para x = -2). Além disso, não haverá valores negativos para "y", de modo que o conjunto imagem não coincide com o contradomínio (todos os valores negativos do eixo "y" não têm um valor correspondente de "x"). Por não ser bijetiva, a função $y = 5x^2$ não admite a função inversa.

No entanto, podemos tornar esta função bijetiva se, ao invés de considerarmos o conjunto dos reais como domínio, considerarmos apenas os reais "positivos" ($\mathbb{R}_+$). Obviamente isso não se aplica a todas as funções, mas, neste caso, retiramos do domínio todos os valores negativos de "x", o que resolve o problema de termos dois "x" para o mesmo "y". Se considerarmos também apenas os reais positivos como contradomínio, a outra parte do problema está solucionada; se o contradomínio for $\mathbb{R}_+$, então o conjunto imagem será ele próprio.

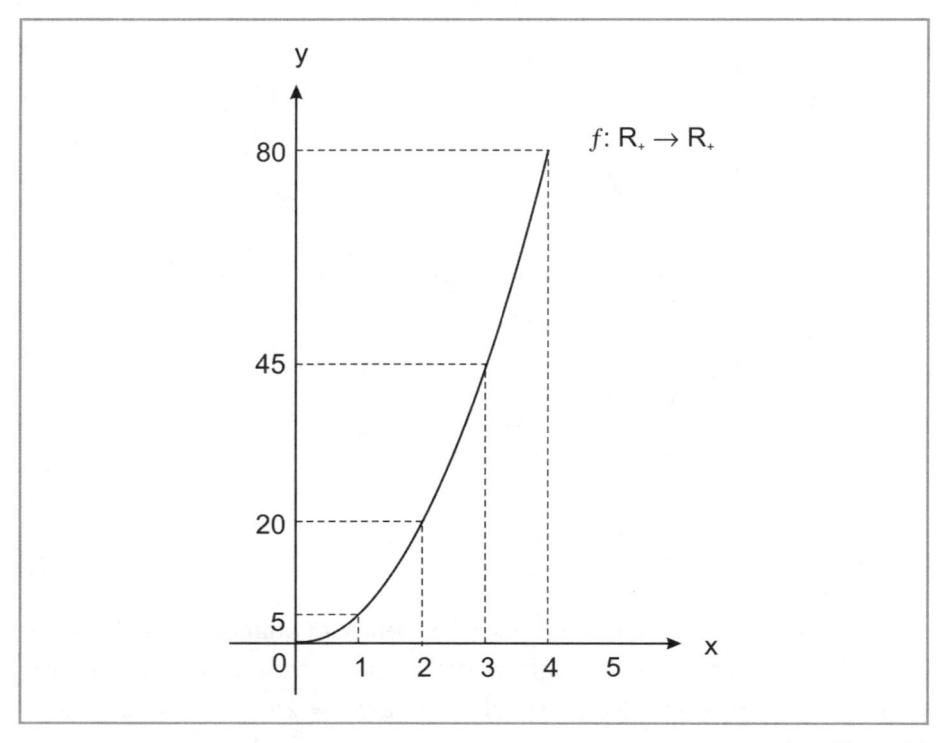

Figura 24

Redefinidos o domínio e o contradomínio, agora a função é bijetiva e admite a inversa dentro dos limites estabelecidos pelos conjuntos que se relacionam.

Para determinarmos a inversa (f^{-1}), basta invertermos os papéis das variáveis: onde está "x", colocamos "y", e, no lugar do "y", colocamos "x".

f: $y = 5x^2$

f^{-1}: $x = 5y^2$ assim, $y = \sqrt{x/5}$

Vejamos como fica o gráfico da função inversa $y = \sqrt{x/5}$:

Valores de "x" $(\mathbb{R}_+)$	Valores de "y" $(\mathbb{R}_+)$
0	0
20	2
45	3
80	4

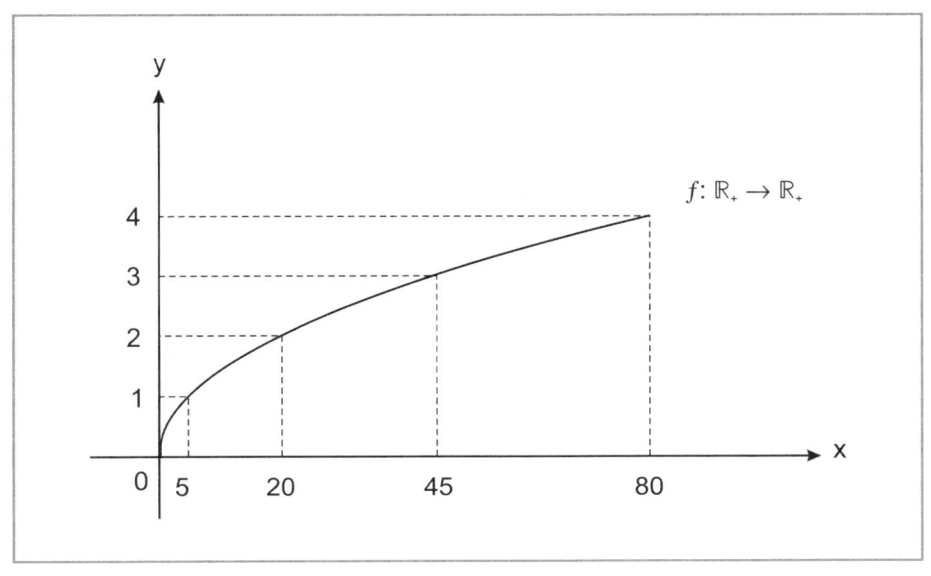

Figura 25

Proporcionalidade e funções crescentes e decrescentes

Numa função, as variáveis "x" e "y" são chamadas de "variável independente" e "variável dependente". Em geral, "x" é a variável independente. No exemplo, $f(x) = 2.x^2 - 1$ ou $y = 2.x^2 - 1$, o valor de "y" "depende" do valor de "x". Se x = 0, y = -1; se x = 3, y = 17; e assim por diante. É como se "x" variasse livremente dentro do domínio, mas "y" tivesse que acompanhar o movimento de "x".

As funções podem descrever fenômenos mais concretos, digamos assim, quando as variáveis deixam de ser genéricas, abstratas, como "x" e "y", e passam a ter significados precisos, como beijos e piscadas de olho (na imaginação de Pedro) ou, no estudo do movimento dos corpos, "t" e "S", designando tempo e espaço, respectivamente. A queda livre dos corpos sem velocidade inicial e sem resistência do meio pode ser representada em termos de "tempo" e de "espaço percorrido" medidos a partir do ponto inicial da queda. A função $S = 5t^2$ é uma boa aproximação para esta descrição, sendo

"S" a posição do corpo na queda (medida em metros) e "t" o instante (em segundos) que determinará o valor de "S".

No instante t = 1s, o corpo terá caído 5 metros e, em dois segundos de queda, ele já terá percorrido 20 metros; em t = 1,2s, 7,2 metros. Em 3 segundos, sua posição medida em relação ao ponto inicial da queda será de 45 metros. Podemos determinar a posição do corpo em qualquer instante da queda. "S" é a "variável dependente", pois seu valor dependerá do valor "t".

Temos aqui uma "função crescente", pois o valor de "S" cresce quando o valor de "t" cresce. Se $t_1 > t_2 \Rightarrow S_1 > S_2$.

A função de $\mathbb{R}^*$ em $\mathbb{R}$ (f: $\mathbb{R}^* \to \mathbb{R}$), y = 1/x, é uma função "decrescente", pois o valor de y diminui à medida que o de "x" aumenta. Uma função é decrescente quando $x_1 > x_2 \Rightarrow y_1 < y_2$.

Retomemos a função crescente $S = 5t^2$. Façamos t = 1, t = 2, e t = 3: obteremos S = 5, S = 20 e S = 45, respectivamente. Repare que "t" e "S" crescem, mas em proporções diferentes. Quando o valor de "t" dobra, por exemplo, o valor de "S" quadruplica. Assim, "t" e "S" não são proporcionais. Já, por exemplo, na função S = 5t, podemos observar uma "proporcionalidade direta" entre "t" e "S" (t = 1, S = 5; t = 2, S = 10; t = 3, S = 15...).

A função decrescente y = 1/x revela uma "proporcionalidade inversa" entre "y" e "x" pois a taxa de crescimento de "x" é a mesma do decrescimento de "y". Fazendo x = 1, x = 2 e x = 3, obtemos y = 1, y = 1/2 e y = 1/3, respectivamente. Repare que quando, por exemplo, o valor de "x" dobra, o de "y" se deduz à metade. Se o valor de "x" triplica, o de "y" se reduz à terça parte.

Algumas funções indicam a proporcionalidade entre duas grandezas físicas. Nas ciências da natureza, uma "lei" consiste na relação entre grandezas. Algumas delas são "diretamente proporcionais"; outras, "inversamente proporcionais".

A cinemática é o ramo da física que estuda os movimentos expressos por funções matemáticas. As "funções horárias" tomam o espaço, a velocidade ou a aceleração de um móvel "em função do tempo".

É como se a função fosse o "código" do movimento, como se ela contivesse a descrição do movimento. Por exemplo, o movimento de queda (sem velocidade inicial) de um corpo no vácuo, nas proximidades do solo terrestre, pode ser descrito no sistema internacional de unidades aproximadamente pela função $v = 10t$. Essa função descreve, antes mesmo do início da queda, o que acontecerá com a velocidade (v) do corpo em cada instante (t) do movimento.

Velocidade e tempo são aqui grandezas "diretamente proporcionais", pois variam com a mesma proporção. Em outras palavras, se duas grandezas são "diretamente proporcionais, a relação entre elas é constante". Isto é o que ocorre com a função $v = 10.t$, pois $v/t = 10$. Quaisquer que forem os valores de v e t ao longo da queda, a relação entre eles será uma constante ($k = 10$).

Genericamente, duas grandezas, "a" e "b", são "diretamente proporcionais" se $a = k.b$ (ou $a/b = k$), onde k é uma constante de proporcionalidade.

Força e aceleração, de acordo com a segunda lei de Newton, também são diretamente proporcionais: $F = m.a.$ $F/a = m$, onde a massa (m) é a constante de proporcionalidade entre "F" e "a".

A "pressão" e o "volume" de um gás ideal a "temperatura constante" são grandezas "inversamente proporcionais":

$P.V = n.R.T$, onde "n" (número de mols), "R" (constante universal dos gases) e "T" (temperatura) são constantes, não variam numa transformação gasosa isotérmica.

Quando duas grandezas (no caso, pressão e volume), são "inversamente proporcionais, o produto entre elas é constante". Se a pressão sobre o gás aumenta, o volume diminui na razão inversa, de modo que o produto P x V não se altera.

Genericamente, duas grandezas, "a" e "b", são inversamente proporcionais se

$a.b = k$, onde "k" é constante.

A lei de Newton da gravitação universal descreve o movimento dos planetas ao redor do Sol com incrível precisão. Basicamente, a lei propõe que a força de atração entre dois corpos é inversamente proporcional ao quadrado da distância entre eles:

$F = G.m_1 m_2 / d^2$. Sendo $m_1 m_2$ o produto das massas dos corpos e G a constante gravitacional universal, o produto $G.m_1 m_2$ é constante.

Assim, $F. d^2 = G.m_1 m_2 = constante.$

Ou seja, F e d^2 são inversamente proporcionais.

Pedro finalmente se levantou para ver se encontrava algo para comer. O domingo de Carnaval estava bastante quieto no Chapadão. Estava só em casa. Comeu um pedaço de pão com manteiga que havia sido deixado sobre a mesa, bebeu um pouco de leite com café e resolveu que iria olhar seu livro de matemática do ano anterior, quando estudara "funções".

A ideia de que as funções são relações de interdependência entre duas ou mais variáveis havia despertado nele o interesse pelo assunto. Imaginava poder estender sua analogia entre as relações matematicamente equacionadas e as relações entre pessoas.

Lá estava o livro. As páginas do início estavam mais amarrotadas e sujas do que as do final. Ao abri-lo, Pedro deixou cair uma porção de papéis que estavam entre as páginas do livro. Eram algumas de suas provas do ano anterior. Uma delas era sobre funções e composta por questões extraídas de exames vestibulares. Um mergulho nessa prova nos permitirá uma exploração maior do terreno das funções matemáticas.

Função afim

Questão 1 – (Unicamp-SP) – O custo de uma corrida de táxi é constituído por um valor inicial Q_0, fixo, mais um valor que varia proporcionalmente à distância "D" nela percorrida. Sabe-se que, em uma corrida na qual foram percorridos 3,6 km, a quantia cobrada foi de R$ 8,25 e que em outra corrida, de 2,8 km, a quantia cobrada foi de R$ 7,25.

a) Calcule o valor inicial Q_0.

b) Se, em um dia de trabalho, o taxista arrecadou R$ 75,00 em 10 corridas, quantos quilômetros seu carro percorreu naquele dia?

Podemos transformar em linguagem matemática o primeiro período no enunciado da questão: O custo de uma corrida (C) é constituído (=) por um valor inicial (Q_0) mais (+) um valor que varia "proporcionalmente" à distância ($k.D$).

$C = Q_0 + k.D$, onde "k" é uma constante de proporcionalidade.

Neste caso, se D é medido em quilômetros, "k" é o valor cobrado por quilômetro rodado. Ou seja, o valor da corrida (C) será dado pela soma de Q_0 com o número de quilômetros rodados multiplicado pelo preço de cada quilômetro.

C é função de D.

C = f(D).

Na questão da prova, quando D = 3,6 km, C = R$ 8,25; e se D = 2,8 km, C = R$ 7,25.

$C = Q_0 + k.D$

$8,25 = Q_0 + k. 3,6$

$7,25 = Q_0 + k. 2,8$

Podemos resolver este sistema de equações fazendo:

$Q_0 = 8,25 - k. 3,6$ (i)

$Q_0 = 7,25 - k. 2,8$ (ii)

como (i) = (ii), temos que: $8,25 - k. 3,6 = 7,25 - k. 2,8$

Donde encontramos k = 1,25. Ou seja, o quilômetro rodado custa R$ 1,25 e "D" indica o número de quilômetros rodados.

Substituindo o valor de k em qualquer uma das equações, encontramos Q_0.

Tomemos a equação (i): $Q_0 = 8,25 - k. 3,6$

$Q_0 = 8,25 - 1,25. 3,6$

$Q_0 = 3,75$

Portanto, o valor inicial Q_0 é R$ 3,75.

Para resolvermos a outra pergunta desta questão, temos que considerar que as 10 corridas renderam, de saída, R$ 37,50 ao motorista (10 x Q_0 = 10 x 3,75 = R$ 37,50). Como o ganho total foi de R$ 75,00, concluímos que a diferença (75 - 37,5 = 37,5) representa o ganho com os quilômetros rodados. Como calculamos que o quilômetro rodado custa R$ 1,25, facilmente encontramos quantos quilômetros foram rodados.

Em outra linguagem, podemos fazer:

$C = Q_0 + k.D$

$75 = 37,5 + 1,25.D$

$D = 37,5 / 1,25 = 30$

Assim, o carro percorreu 30 quilômetros naquele dia.

$C = Q_0 + k.D$: se trocarmos C por "y" e D por "x", podemos escrever:

$y = Q_0 + k.x$ $y = 3,75 + 1,25.x$

Vejamos a tabela com alguns valores de x e y

Valores de "x"	Valores de "y"
0,0	3,75
1,0	5,00
2,8	7,25
3,6	8,25
5,0	10,00

A título de ilustração, esbocemos o gráfico cartesiano para esta função. Como se trata de uma função afim, obteremos uma reta.

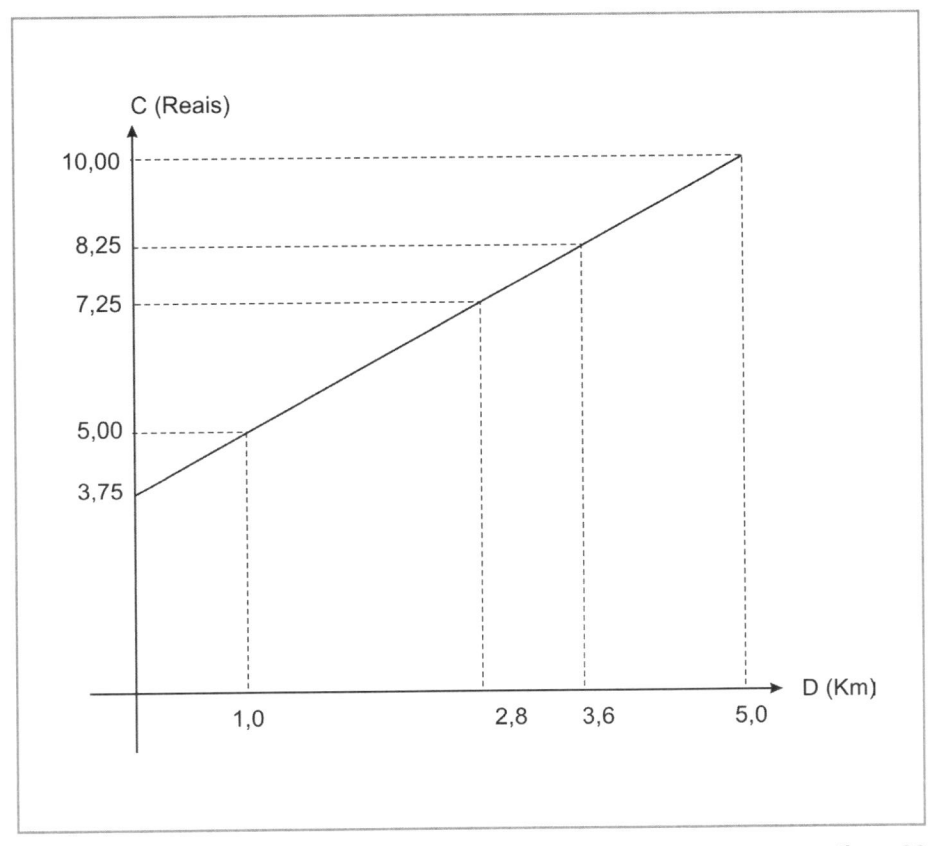

Figura 26

Repare que estamos admitindo que o custo da corrida (y) é calculado precisa e continuamente, qualquer que seja o valor de x. Quando andamos de táxi, percebemos que o taxímetro não tem essa precisão, ou seja, o valor indicado "salta", muda, em intervalos definidos do percurso. Não há uma atualização contínua do valor do taxímetro. Ele marca um valor fixo durante um intervalo de tempo para depois "saltar" para outro. A rigor, trata-se de uma "função escada", embora o enunciado do problema não a trate assim, mas como uma função contínua. Tentando nos aproximar mais da situação real do taxímetro, e admitindo que a cada quilômetro rodado o valor marcado nele dê um "salto" de R$ 1,25, teríamos o seguinte gráfico:

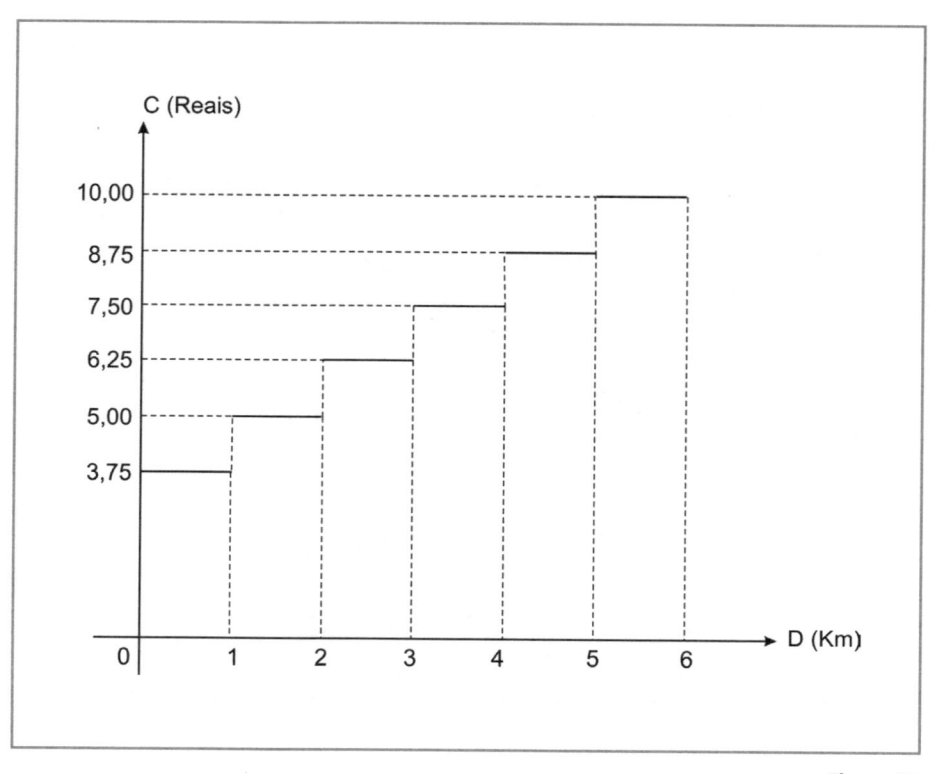

Figura 27

Voltemos à função tal como ela foi tratada anteriormente, ou seja, como uma função contínua.

$C = Q_0 + k.D$ ou $y = Q_0 + k.x$, ou ainda, generalizando: $y = 3,75 + 1,25.x$.

Esse tipo de função é chamado de "função afim", ou "função polinomial de primeiro grau".

Uma função afim é do tipo $y = ax + b$ $(a \neq 0)$. No caso do exercício da prova, "b" é o genérico de Q_0 e "a" é o genérico de k.

Alguns exemplos de funções de $\mathbb{R}$ em $\mathbb{R}$ que são desse tipo:

$y = 2x + 1$ $(a = 2 \text{ e } b = 1)$

$y = -3x + 9$ $(a = -3 \text{ e } b = 9)$

$y = 4x - 100$ $(a = 4 \text{ e } b = -100)$

$$y = x \qquad (a = 1 \text{ e } b = 0)$$
$$y = -x \qquad (a = -1 \text{ e } b = 0)$$
$$y = 4\,x^0 \qquad (a = 4 \text{ e } b = 0)$$

Tomemos, por exemplo, a função, $f: \mathbb{R} \to \mathbb{R}$ tal que $f(x) = x$, ou seja, a função $y = x$. Ela é chamada de "função identidade", por razões evidentes. Esta função é bijetora, pois para cada valor de "x" há um único "y" correspondente e o conjunto imagem é o próprio contradomínio. Ela também é classificada como função crescente: conforme o valor de "x" aumenta, o de "y" também cresce (se $x_1 > x_2 \Rightarrow y_1 > y_2$). A função $y = -x$ é classificada como decrescente (se $x_1 > x_2 \Rightarrow y_1 < y_2$).

Embora, por definição, a função $y = 4\,x^0$ não seja uma função afim ($y = ax + b$, com $a \neq 0$), podemos escrevê-la da forma $y = 4$ (sendo $a = 0$ e $b = 4$), pois para todo valor de x, $x^0 = 1$. Esta será uma "função constante". Para todo valor de x, $y = 4$.

Passemos a alguns exemplos em que podemos aplicar uma função afim.

Um movimento retilíneo e uniforme pode ser expresso por meio de uma função afim. Imaginemos um trecho retilíneo de estrada muito longo. Um carro passa pelo marco *km 10* desse trecho no instante em que disparamos um cronômetro. Consideremos de 40 km/h a velocidade desse carro; ou seja, após uma hora, esse automóvel percorrerá 40 km da nossa hipotética estrada reta e estará no marco *km 50* (40 km percorridos somados aos 10 km da sua posição inicial). Após duas horas, ele terá percorrido 80 km e estará no *km 90*. Após três horas no *km 130*, e assim por diante.

A posição do carro na estrada (o "quilômetro" ou o marco no qual ele se encontra) é em geral representada por "S"; a posição inicial (o "quilômetro" do qual ele partiu) é representada por S_0. A função que dá a posição do carro em função do tempo é: $S = S_0 + v.t$, onde "v" é a velocidade do carro (km/h) e "t" o instante (no nosso caso, medido em horas). Começamos a contar o tempo em $t = 0$, momento em que o cronômetro foi disparado.

$$S = 10 + 40t$$

"S" varia "em função" de "t". São variáveis, tais como "y" e "x". Em comparação com a forma genérica $y = ax + b$, "S_0" ocupa o lugar de "b", "v" ocupa o lugar de "a", "S" ocupa o lugar de "y" e "t" ocupa o lugar de "x".

"v" indica a taxa de variação do espaço "S" em função do tempo.

Vejamos o gráfico S x t para nossa função, $S = 10 + 40t$:

t	S
0,0	10
1,0	50
2,0	90
3,0	130

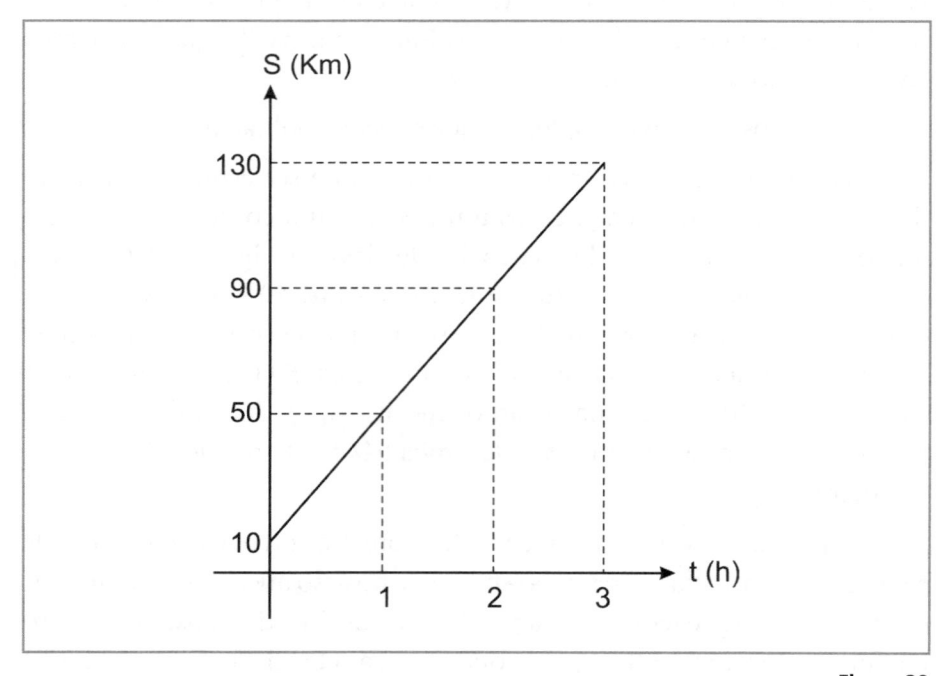

Figura 28

Se o carro tivesse uma velocidade maior, 80 km/h por exemplo, a reta do gráfico seria "mais inclinada". Neste caso, a função $S = 10 + 80\,t$ representaria o movimento.

t (medido em horas)	S (medido em metros)
0,0	10
1,0	90
2,0	170
2,5	210

[Sugestão: Construa o gráfico cartesiano correspondente à função S = 10 + 80t.]

Questão 2 – (UFPB) – Considere a função f: $\mathbb{R} \to \mathbb{R}$ definida por f(x) = 2x + b, onde b é uma constante. Sendo f^{-1} a sua inversa, qual o valor de b, sabendo que o gráfico de f^{-1} passa pelo ponto A (1, -2)?

f(x) = 2x + b ou y = 2x + b

Temos aí, novamente, uma função afim. Para determinarmos a função inversa, trocamos o "x" pelo "y" e vice-versa:

Ao invés de y = 2x + b,

escreveremos x = 2y + b, de onde concluímos que:

$y = (x - b) /2$ (aí está a função inversa).

Sabemos que o gráfico passa por (1, -2), o que significa que, para x = 1, y = -2. Vamos substituir esses valores na inversa:

y = (x – b) /2 $\Rightarrow$ -2 = (1 – b) /2 $\Rightarrow$ $b = 5$

Função quadrática

Questão 3 – (Vunesp) – O gráfico representa uma função f que descreve, aproximadamente, o movimento (em função do tempo t, em segundos) por um certo período de um golfinho que salta e retorna à água, tendo o eixo das abscissas coincidente com a superfície da água.

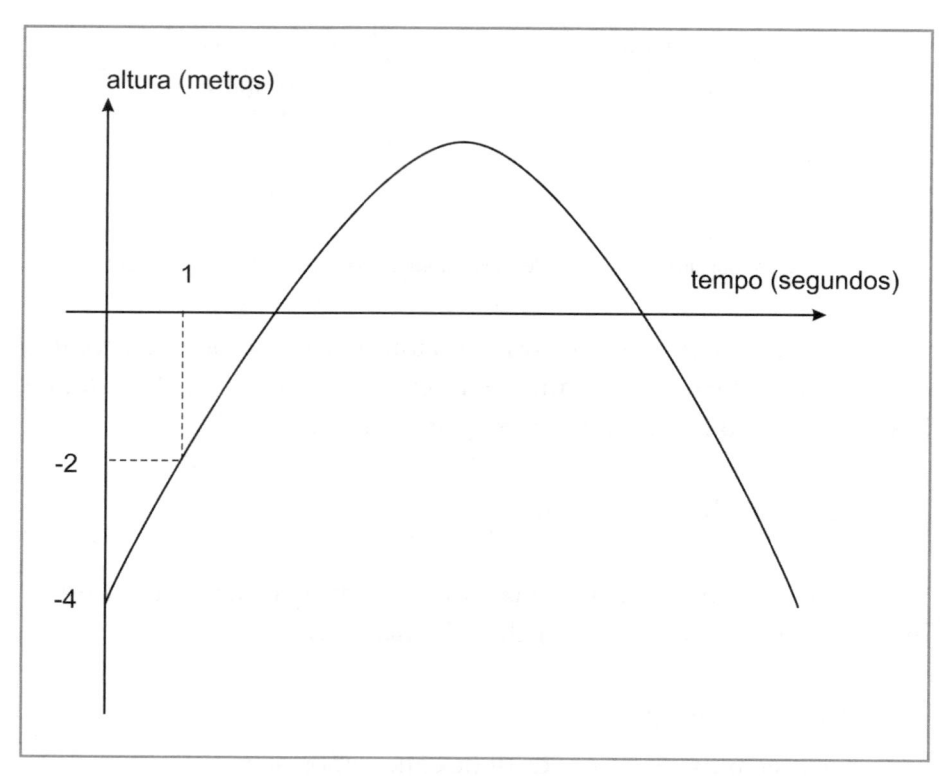

Figura 29

Sabendo que a "parte negativa" do gráfico de f é constituída por segmentos de reta, determine a expressão matemática de f nos instantes anteriores à saída do golfinho da água. Em que instante o golfinho saiu da água?

A parte positiva do gráfico de f é formada por parte de uma parábola dada por $f(t) = -3t^2/4 + 6t - 9$. Determine quantos segundos o golfinho ficou fora da água e a altura máxima, em metros, atingida no salto.

A reta da parte negativa do gráfico é um segmento e representa, portanto, uma função afim (ou polinomial de primeiro grau), tal como as das questões precedentes. Ou seja, temos novamente, neste trecho, uma função do tipo $y = ax + b$. No gráfico, observamos os pares ordenados $(0,-4)$ e $(1,-2)$. Quando $x = 0$, $y = -4$ e quando $x = 1$, $y = -2$.

$$-4 = a.0 + b$$

$$-2 = a.1 + b$$

Resolvendo este sistema de equações, obtemos a = 2 e b = -4. Com isso, temos a função: $y = ax + b \Rightarrow y = 2x - 4$.

Para sabermos o instante em que o golfinho saiu da água, basta fazermos $y = 0$, pois o eixo horizontal (das abscissas, "x") está no nível da água.

$$y = 2x - 4 \qquad 0 = 2x - 4$$
$$x = 2$$

Como o eixo x é o eixo do tempo (t), concluímos que o golfinho sai da água no instante t = 2 s.

Sabemos agora que, no instante t = 2 s, a altura do golfinho em relação à água é 0, e isso vale também para o trecho fora da água. No trecho fora da água, temos uma função quadrática. Se tomarmos a função $f(t) = -3t^2/4 + 6t - 9$, para $t = 2 s$, verificaremos $f(t) = 0$.

O que nos interessa, no entanto, é saber quanto tempo o golfinho ficou no ar, ou seja, precisamos descobrir em que instante ele retorna à água. Mas, ao retornar à água, sua altura em relação a ela volta a ser 0. Se fizermos $-3t^2/4 + 6t - 9 = 0$, encontraremos as raízes de uma equação de segundo grau. Um dos valores de t é, como vimos, 2. O outro, resolvendo a equação, é t = 6. Portanto, o golfinho sai da água no instante t = 2 s e entra nela em t = 6 s. Por isso, *o golfinho permaneceu no ar durante 4 segundos.*

Precisamos agora descobrir a altura máxima, dada pelo vértice da parábola. Não é difícil perceber que os pontos 2 e 6 do eixo das abscissas são simétricos em relação à vertical que passa pelo vértice. Em outras palavras, não é difícil perceber que o vértice desta parábola tem abscissa x = 4 (ponto médio entre 2 e 6). O golfinho está na altura máxima em t = 4 s. Substituindo este valor em $f(x) = -3t^2/4 + 6t - 9$, obteremos a altura.

$$f(x) = -3.4^2/4 + 6.4 - 9 = -12 + 24 - 9 = 3$$

O golfinho atinge a altura máxima de 3 metros.

Uma função do segundo grau, ou função quadrática, é definida pela forma geral,

$y = ax^2 + bx + c$ ou $f(x) = ax^2 + bx + c$

Na função $f(x) = -3t^2/4 + 6t - 9$, $a = -3/4$; $b = 6$; e $c = -9$.

O gráfico deste tipo de função será uma parábola, cujo vértice pode ser encontrado por meio de uma fórmula facilmente demonstrável:

A abscissa do vértice é dada por $x_v = -b / 2a$ e $y_v = -\Delta/4a$

Usando essas regras, chegamos a $x_v = -6/-1,5 = 4$ (instante da altura máxima) e

$y_v = -9/4(-3/4) = 3$ (valor da altura máxima em metros)

Entretanto, conseguimos calcular o valor da altura máxima sem fazer uso dessas fórmulas.

No gráfico da função quadrática, se $a > 0$ a parábola tem a sua concavidade voltada para cima; se $a < 0$, a concavidade é voltada para baixo.

A função em questão é crescente até o instante 4 s, tanto dentro quanto fora da água. A partir daí, ou seja, a partir da altura máxima que o golfinho atinge, a função é decrescente.

Questão 4 – (Uece) – Qual o valor de m para o qual o gráfico da função linear $g(x) = mx$ contém o vértice da parábola que configura a função quadrática $f(x) = x^2 - 6x - 7$?

Podemos descobrir o vértice desta parábola de outras maneiras, mas aqui é conveniente já ter em mente as fórmulas que vimos há pouco:

$x_v = -b / 2a$ e $y_v = -\Delta/4a$

$\Delta = b^2 - 4.a.c = 36 - 4.1.(-7) = 64$

Na função em questão, $a = 1$, $b = -6$ e $c = -7$

Assim, $x_v = -(-6) / 2.1 = 3$

e $y_v = -64/4.1 = -16$

De acordo com o enunciado, a reta do gráfico da função $y = mx$ passa por este mesmo ponto, de coordenadas (3, -16). Assim, também para esta função linear, se x = 3 $\Rightarrow$ y = -16.

f(x) = m.3

-16 = m.3

m = -16/3

Vejamos o gráfico das duas funções. [Classifique-as como crescente ou decrescente.]

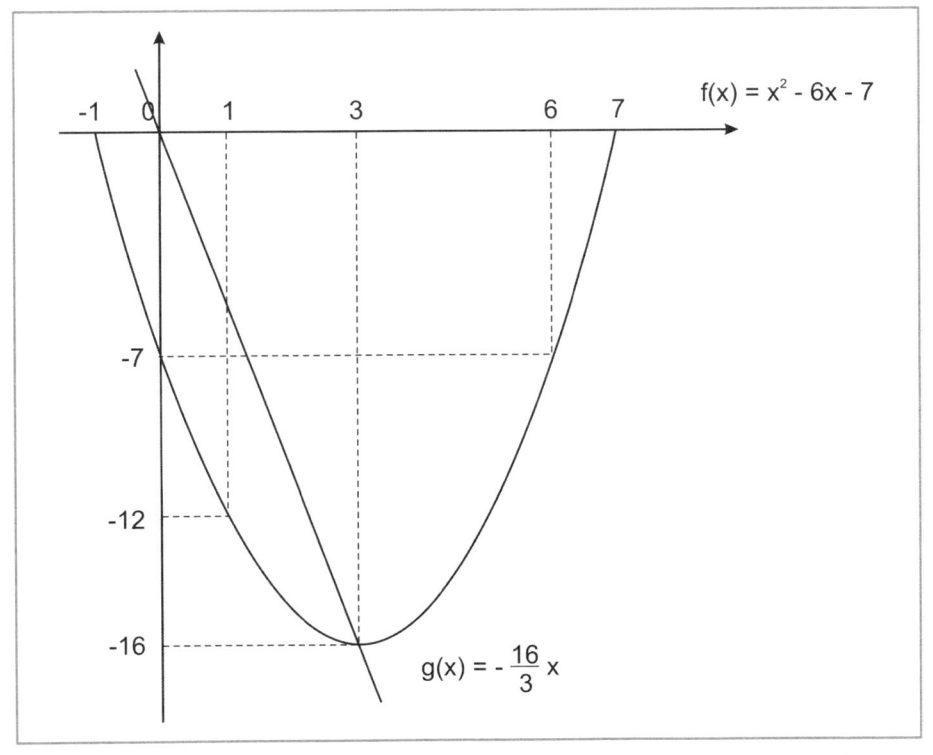

Figura 30

Questão 5 – (Vunesp) – Uma substância se decompõe aproximadamente segundo a lei $Q(t) = K.\ 2^{-0,5t}$, em que K é uma constante, t indica o tempo (em minutos) e $Q(t)$ indica a quantidade de substância (em gramas) no instante t.

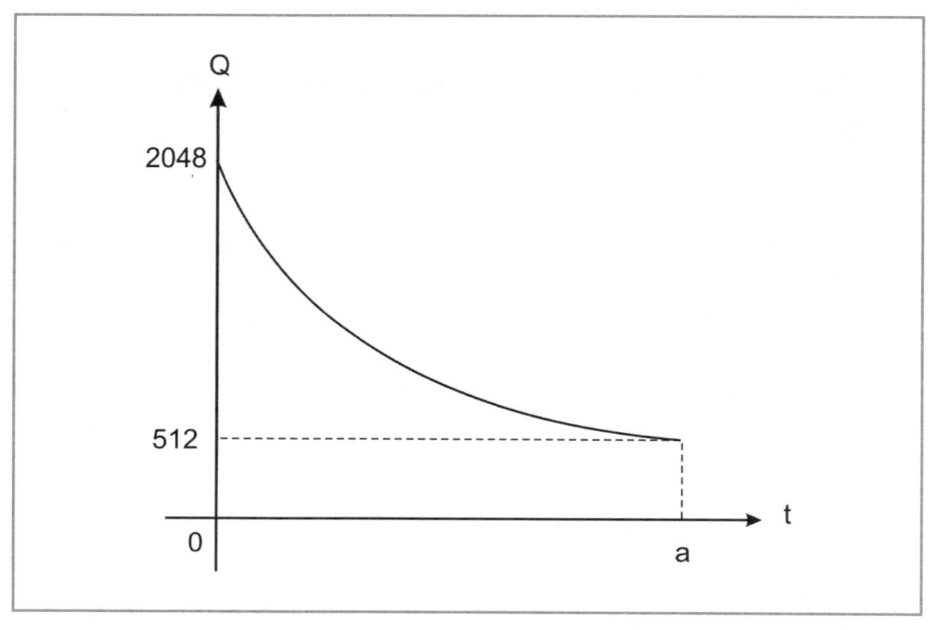

Figura 31

O gráfico da função corta o eixo vertical no ponto de coordenadas $(0, 2048)$. Isto indica que, para

$t = 0, Q = 2048.$

$Q(t) = K.\ 2^{-0,5t}$

$2048 = K.\ 2^{-0,5.0}$

$2048 = K.\ 2^{0}$

$K = 2048$

Para determinarmos o valor de "a", voltemos à função dada:

$$Q(t) = K. 2^{-0,5t}$$

O par ordenado (a, 512) pertence ao gráfico desta função. Assim,

$$512 = 2048. 2^{-0,5a}$$

Dividindo os dois lados da equação acima por 512, obtemos

$$1 = 4. 2^{-0,5a}$$
$$2^{-2} = 2^{-0,5a}$$
$$-2 = -0,5a$$
$$a = 4$$

A função $Q(t) = K. 2^{-0,5t}$ é uma "função exponencial", pois a variável t está no "expoente". Genericamente, uma função é exponencial quando $f(x) = a^x$, sendo "a" um número real positivo e diferente de 1. Apesar de demandar conceitos aprendidos no ensino fundamental, como potenciação, radiciação e equações exponenciais, a essência da função exponencial é a mesma: variáveis que têm entre si uma "lei" que determina a relação entre elas, que determina o modo como uma varia em função da outra.

Pedro pensou na possibilidade de uma função matemática traduzir a complexidade de um relacionamento entre duas pessoas, mas logo percebeu a dificuldade. Muitos cientistas que trabalham com inteligência artificial afirmam que, com o tempo, as máquinas serão capazes de simular todas as respostas que um ser humano dá aos estímulos que recebe, de modo que as relações mediadas por uma máquina estarão codificadas, mas equacionar numa função matemática a total complexidade de relacionamentos humanos é impossível.

A noite caiu. Era domingo de Carnaval. Os filhos do marceneiro se aprontavam para ir ao centro da cidade ver os blocos de foliões. Pedro aceitou o convite feito pelo menino mais velho. Da janela do seu quarto, acenou positivamente e num instante ganhou a rua para entrar no carro do marceneiro que os levaria para a festa.

Já no centro, saltaram do carro e desceram a pé pela Rua Presidente Vargas, onde a movimentação dos blocos é intensa. Entraram no primeiro bar que encontraram para comprar água. O estabelecimento era estreito, mas profundo e com um pé direito relativamente alto. Um longo balcão e uma única fila de mesas encostadas na parede oposta se estendiam paralelamente até um ponto infinito. A metade inferior das paredes era coberta de azulejos bem amarelos e a metade superior, pintada de um branco parcialmente coberto pela sujeira de anos. Ao fundo, pouco depois de onde terminava o balcão, uma porta estreita de madeira escura fazia supor que por ela se encontraria o caminho de um banheiro.

O amarelado preenchia a atmosfera do bar que, sem ventilação adequada, concentrava múltiplos odores. Logo na entrada, a tela convexa da televisão suspensa mostrava o desfile das escolas de samba do Rio de Janeiro. Um senhor sentado na segunda mesa a partir da entrada, com a camisa aberta e a barriga exposta, lançou por um instante seu olhar para os meninos, mas desistiu de fazer qualquer juízo.

Compraram a água e saíram para ver os blocos. O calor não dava trégua, mesmo à noite. No fundo escuro do céu, toda vez que uma serpentina era lançada sobre os blocos em desfile, vinha a Pedro a imagem de Alejandra enrolando uma dessas fitas coloridas de papel, como se ela tivesse gravado aquela cena da noite anterior em cada centímetro de todas as serpentinas que existem. Os outros meninos perceberam algo diferente no olhar distante de Pedro, que logo revelou a eles estar mesmo com a cabeça na argentina.

Um dos blocos que acompanhavam cantava pelas ruas um pagode composto especialmente para a folia daquele ano:

O tom dessa morena
Se espalhou pelo salão,
Acendeu uma fogueira
Dentro do meu coração.

No pagode dos meus sonhos seu balanço eu sei de cor
Quando ela entra na roda, o mundo gira ao seu redor.

Menina, seus lábios castanhos
Explodem a luz do seu sorriso
Em seu luar me banho
Ai que falta de juízo

No pagode dos meus sonhos seu balanço eu sei de cor
Quando ela entra na roda, o mundo gira ao seu redor.

Ao ouvir repetidamente o canto entoado pelo bloco, Pedro exclamou: "Love's in the air!". Isso rendeu muita gozação dos meninos, que, num "falso inglês *relax*", o chamavam de "Bob's in the hair".

– Lá vai o "Bob's in the hair"!

– Será que você pode me emprestar algum dinheiro, "Bob's"?

E até o final da noite foi essa a diversão dos filhos do marceneiro que, em momento algum, passaram dos limites a ponto de irritar Pedro. Ao contrário, Pedro sentia na referência que faziam ao que ele estava vivendo, uma espécie de eco da sua revelação, um espelho que reafirmava sua paixão.

Numa caminhada de quase uma hora madrugada adentro, voltaram a pé para o bairro, para a rua na qual eram vizinhos.

Era a primeira vez que Pedro considerava a amiga argentina com ternura, desejo e pavor. Ela já havia pensado em Pedro de um jeito especial. Todas as funções que eventualmente pudessem ser mentalmente estabelecidas entre os conjuntos de sentimentos de cada um deles e as próprias fronteiras desses conjuntos se dissolveriam com o calor que percorria o seu corpo, mais forte que o da noite de verão no Carnaval.

3. O CICLO TRIGONOMÉTRICO

*Jamais fui capaz de escolher entre minhas paixões pela
matemática e pela literatura.*
Sophie Kovalevskaya (1850-1891)

– Um.

– Um o quê?

– O raio do círculo trigonométrico é igual a um, à unidade.

– Pode ser um metro?

– Pode ser o comprimento de um cabo de vassoura, podem ser quatro metros, um centímetro, não importa. Qualquer comprimento que você escolha para o raio da circunferência trigonométrica será tomado como a unidade: um! Olha só: vamos pegar o cordão do meu sapato e, com esse pedaço de giz, traçar aqui no chão uma circunferência, cujo raio terá o comprimento desse cadarço esticado. Esse comprimento será a nossa unidade.

Pedro teve dificuldades em sua primeira aula de trigonometria na escola. E dificuldade maior em pedir ajuda ao pai, engenheiro afeiçoado com a linguagem matemática e interessado em compartilhar com o filho suas habilidades; no entanto, manifestações púberes de negação dos valores paternos impediam a sintonia entre Pedro e o pai, que, frustrado, perdia facilmente a paciência.

Fosse outra pessoa falando exatamente o que o pai lhe dizia, Pedro poderia se interessar pelo diálogo. É o que ocorria com o professor da casa da frente, que, mesmo não tendo o rigor de um matemático, acolheu a aflição do vizinho.

Desenhou a circunferência fixando no chão uma das extremidades do cordão e, mantendo o fio esticado, movimentou a outra junto com o giz. De cima de sua bicicleta, Pedro observava o movimento da linha branca sobre o cimento liso da laje que cobria a garagem. Após uma volta do giz, e sob o Sol galopante na manhã de verão de um sábado, estava dada a circunferência – bem ao lado da sombra da roda dianteira que, àquela hora, era uma elíptica.

O professor gostava de ensinar. Sabia mais ensinar do que propriamente aquilo que ensinava. Isso às vezes o preocupava, mas percebeu que seu papel consistia mais em colocar o aprendiz em sintonia com o movimento do conhecimento, com a rede de relações que se atualizam no tecido de significados das informações, do que em ser ele próprio um arquivo de informações.

Com o auxílio de dois eixos perpendiculares, dividiu a circunferência em quatro partes iguais. Chamou um dos eixos (x) de eixo dos cossenos; o outro (y), de eixo dos senos.

Marcou ainda um ângulo (θ) de 60° a partir do eixo x utilizando o próprio cadarço. Projetando o ponto P (pelo qual passou o giz) sobre os eixos, obteve dois valores: o seno e o cosseno de 60°.

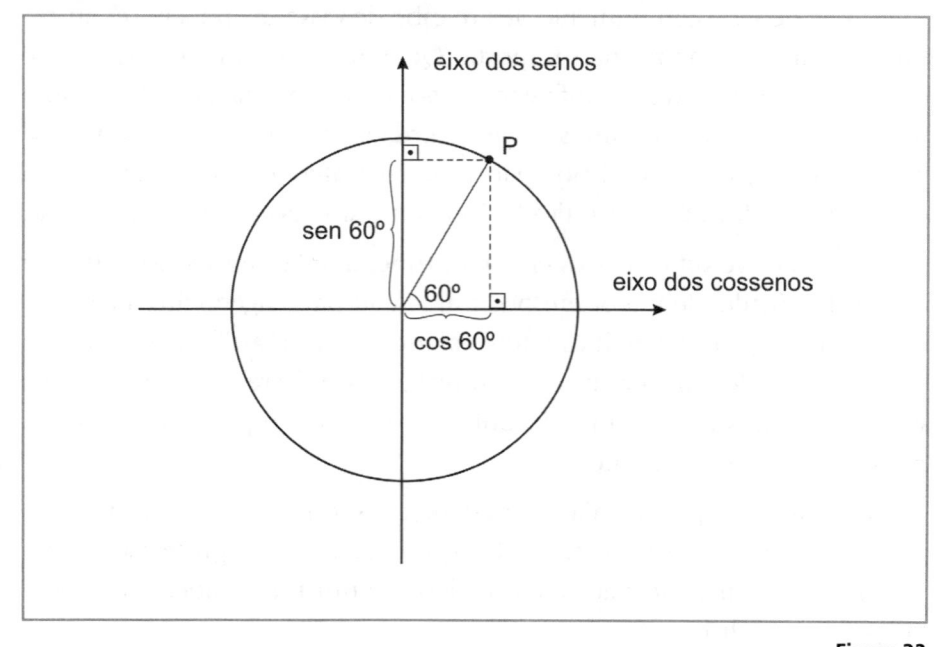

Figura 32

Dobrou então o cordão ao meio e mostrou a Pedro que o comprimento do cosseno de 60° media exatamente (descontadas as imperfeições da laje, do próprio cordão e dos efeitos óticos) a metade do comprimento daquilo que tinha sido usado como raio da circunferência, daquilo que havia sido tomado pela unidade. Ou seja, o cosseno de 60° era igual à metade de um. O cosseno de 60° é igual a meio ($\cos 60° = 0{,}5$).

Isso significa que a projeção do arco entre O e P sobre o eixo x quando o ângulo entre eles é de 60° tem metade do comprimento desse arco, ou seja, metade do raio da circunferência. O cos 60° mede 50% do raio.

O seno de 60° terá um comprimento de quase 87% do comprimento do raio; assim, o seno de 60° = 0,87 (valor aproximado de $\sqrt{3}/2$).

O ângulo θ está no interior de um triângulo formado pelo cadarço, pelo cosseno θ e pela linha tracejada do lado oposto ao θ. Essa linha tracejada corresponde, se observarmos bem, ao seno θ.

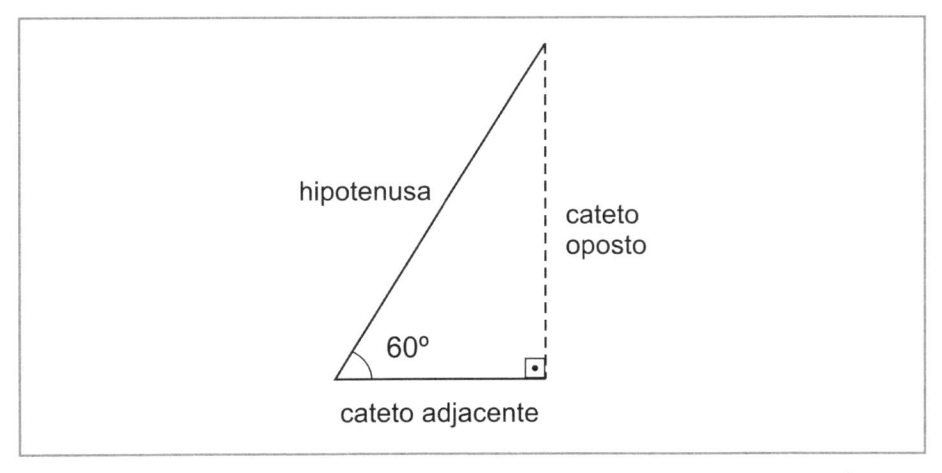

Demoremo-nos um pouco neste triângulo retângulo, em que a hipotenusa é o cadarço e os catetos são o seno θ e o cosseno θ. Quando dizemos que o cosseno θ é igual a meio (0,50), estamos dizendo que o cateto adjacente a θ é metade da hipotenusa. O cateto oposto a θ, neste caso, corresponde a aproximadamente 87% da hipotenusa ($\sqrt{3}/2$).

Já que temos aí um triângulo retângulo, podemos aplicar o teorema de Pitágoras:

$\operatorname{sen}^2 \theta + \cos^2 \theta = 1^2$: *relação trigonométrica fundamental.*
De fato, $(\sqrt{3}/2)^2 + (1/2)^2 = 1,00$

Pedro parecia acompanhar com atenção as palavras do seu vizinho e havia embarcado no movimento do mestre. Mas, em vez de dois movimentos (o do mestre que vai à frente e do discípulo que o segue), eles estavam num mesmo fluxo, lado a lado, em sinergia no deslocamento de seus pensamentos.

O giz fazia deslizar o ponto P sacrificando seu corpo no cimento rude enquanto o Sol começava a descrever sua circunferência no céu. Seu Olavo já estava voltando da feira livre, aonde ia semanalmente, bem cedo, comprar frutas da estação e ovos caipiras. Invariavelmente, comia um pastel de carne turbinado com bastante vinagrete e pimenta, hábito pessoal que havia trazido da capital.

Em algumas casas da vizinhança, sábado era dia de continuar uma reforma, de fazer pequenos reparos domésticos ou de se debruçar sobre o motor do carro para ajustar válvulas, trocar filtros, limpar velas etc., tarefas que poderiam durar até domingo antes do almoço. Em outras casas, a dedicação era às compras, ao passeio de cachorros ou ao jardim.

É bom reparar que o valor máximo do seno ou do cosseno é 1. E o menor é 0, se ficarmos apenas no primeiro quadrante. Se explorarmos os demais quadrantes, veremos que o seno e o cosseno assumem valores negativos simetricamente limitados. Em outras palavras, o seno e o cosseno têm valores que variam entre -1 e 1.

A partir de 0, no primeiro quadrante, conforme o valor de θ aumenta, o valor do seno aumenta, até atingir o valor máximo (1,00) quando $\theta = 90°$. A partir deste valor de θ, o seno começa a diminuir e, quando θ passa de $180°$, o valor do seno é negativo, atingindo o valor mínimo (-1,00) quando $\theta = 270°$. O seno volta a crescer quando θ varia deste último valor até $360°$.

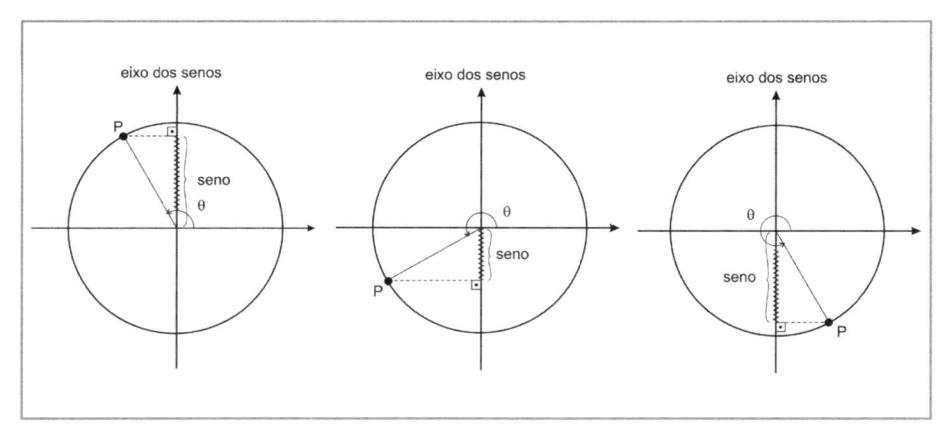

Figura 34

Com o cosseno, ocorre o oposto: seu valor começa máximo (1,00) quando θ = 0, decresce no primeiro quadrante até chegar a 0, quando θ = 90°. A partir daí, o cosseno assume valores negativos, atingindo o mínimo (-1,00) quando θ = 180°. Para arcos no segundo e no terceiro quadrantes, o cosseno é negativo. No quarto quadrante, o cosseno é positivo e cresce à medida que θ passa de 270° para 360°.

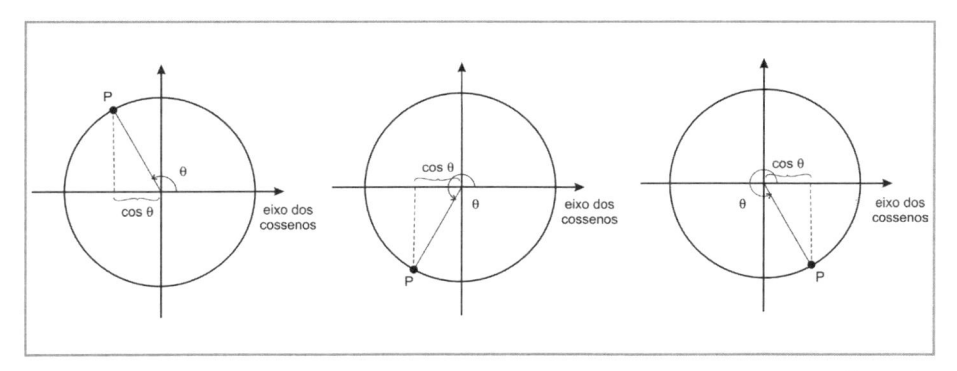

Figura 35

De "seno e cosseno" para "tangente e cotangente" foi um passo. O eixo das tangentes logo apareceu no cimento da laje, com o giz chegando à parte úmida do cimento sombreado pela amendoeira.

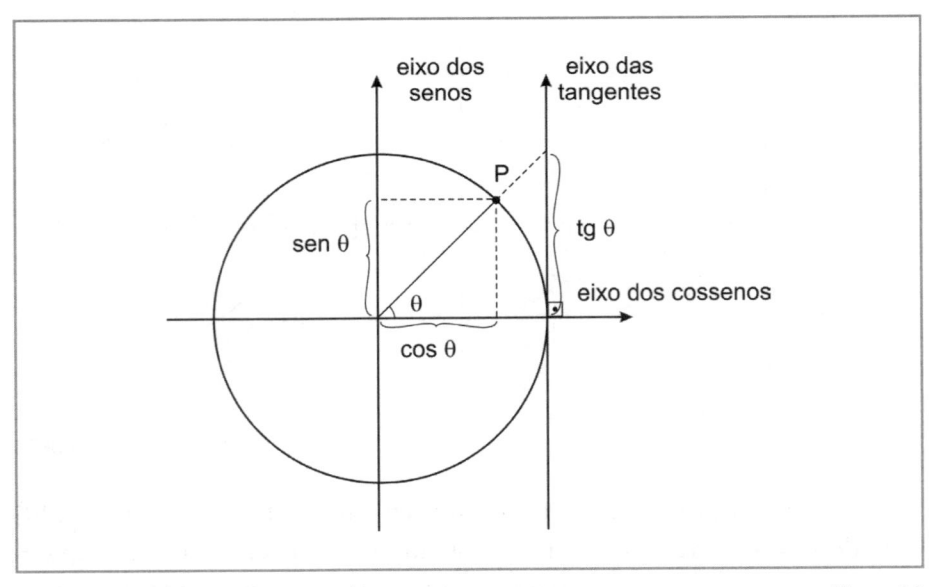

Figura 36

O valor da tangente de θ não está limitado entre os valores máximo (1,00) e mínimo (-1,00). Desde θ = 0, o valor da respectiva tangente cresce de 0 até um valor que tende ao infinito, conforme θ se aproxima de 90°. Quando θ passa de 90°, o valor da tangente "salta" do infinito positivo para o infinito negativo. As tangentes têm valores negativos para arcos do segundo e do quarto quadrantes e positivos para arcos no primeiro e no terceiro quadrantes.

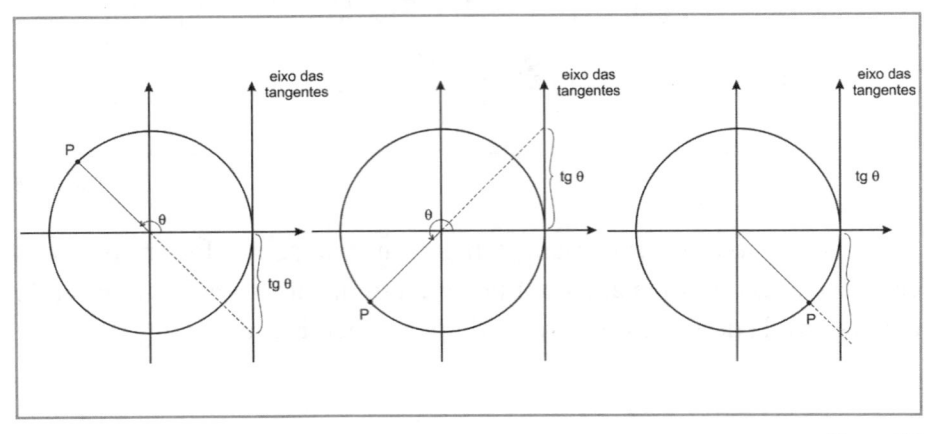

Figura 37

Pedro tinha deixado a bicicleta em pé, equilibrada num tijolo por um dos pedais, e rodeava o desenho no chão, vendo surgir, em múltiplas cores de giz, as relações entre arcos e suas projeções ortogonais.

A sombra da roda dianteira está bem menos oval. O professor sugere a Pedro que olhe uma tabela com os valores dos senos, dos cossenos e das tangentes de muitos ângulos e que pense sempre na circunferência trigonométrica de raio unitário para "interpretar" os valores da tabela.

Rapidamente, antes de sair para entrar na onda de afirmação da vida que enche as manhãs de sábado, o professor rapidamente traçou o eixo das cotangentes e ainda mostrou como medir geometricamente a secante e a cossecante, insinuando que havia muito a explorar no território da trigonometria.

Algumas considerações

1 – Num triângulo retângulo, o seno de um ângulo é dado pela relação entre o cateto oposto a ele e a hipotenusa. O cosseno é a relação entre o cateto adjacente a ele e a hipotenusa. A tangente é dada pela relação entre o cateto oposto e a hipotenusa, ou, como facilmente se demonstra, a relação entre os respectivos seno e cosseno. A cotangente é o inverso da tangente; a secante, o inverso do cosseno; a cossecante, o inverso do seno.

2 – As relações acima são observadas também na circunferência trigonométrica. Elas podem ser demonstradas e aprofundadas ou não, dependendo dos objetivos do leitor, que poderá aceitar o desafio de demonstrá-las neste momento ou fazê-lo em outra ocasião. Elas podem ser escritas assim:

sen θ = cateto oposto a θ / hipotenusa

cos θ = cateto adjacente a θ / hipotenusa

tg θ = cateto oposto a θ /cateto adjacente a θ

cotg θ = cateto adjacente a θ / cateto oposto a θ

$$\text{tg } \theta = 1/ \cot g\ \theta$$

$$\text{tg } \theta = \text{sen } \theta / \cos \theta$$

$$\sec \theta = 1/ \cos \theta$$

$$\csc \theta = 1/ \text{sen } \theta$$

A relação fundamental da trigonometria, tal como vimos, é: $\text{sen}^2\ \theta + \cos^2 \theta = 1$

3 – Tabela dos valores de cosseno, seno e tangente de alguns ângulos notáveis:

ângulo	*cosseno*	*seno*	*tangente*
0	1,00	0,00	0,00
30°	$\sqrt{3}/2$	1/2	$\sqrt{3}/3$
37°	0,80 (valor aprox.)	0,60 (valor aprox.)	0,75 (valor aprox.)
45°	$\sqrt{2}/2$	$\sqrt{2}/2$	1,00
53°	0,60 (valor aprox.)	0,80 (valor aprox.)	1,33 (valor aprox.)
60°	1/2	$\sqrt{3}/2$	$\sqrt{3}$
90°	0,00	1,00	∞
120°	-1/2	$\sqrt{3}/2$	$-\sqrt{3}$
180°	-1,00	0,00	0,00
240°	-1/2	$-\sqrt{3}/2$	$\sqrt{3}$
270°	0,00	-1,00	$-\infty$
300°	1/2	$-\sqrt{3}/2$	$-\sqrt{3}$

Como exercício, observe a relação entre as funções trigonométricas de ângulos complementares, suplementares etc. Por exemplo, observe que o seno de um ângulo do primeiro quadrante é igual ao cosseno do seu complementar. Represente relações similares que forem identificadas na observação de uma tabela trigonométrica num círculo trigonométrico, tal como segue:

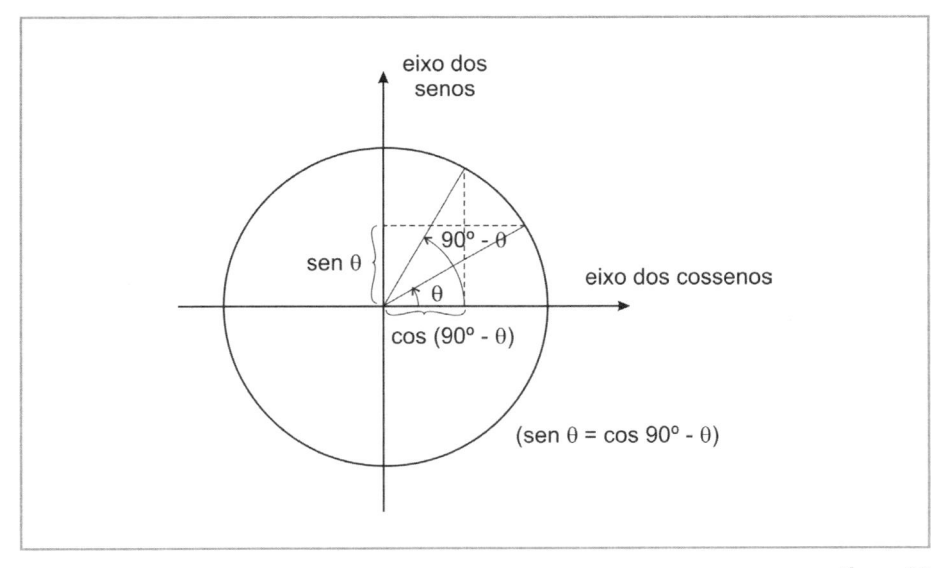

eixo dos senos

sen θ

90° - θ

θ

eixo dos cossenos

cos (90° - θ)

(sen θ = cos 90° - θ)

O radiano

Quando ainda estava no primeiro ano do ensino médio, Pedro pegou uma série de tampas de panela redondas de tamanhos diferentes e colocou-as sobre a mesa onde estudava. Numa grande folha de papel, desenhou com um lápis o contorno de suas circunferências, que serviram de moldes. Calculou os raios das tampas da seguinte forma: com auxílio da régua, traçou uma reta tangente à circunferência desenhada; em seguida, usando um esquadro, traçou outras duas retas perpendiculares à primeira e que também eram tangentes à circunferência em pontos diametralmente opostos. Finalmente, traçou uma última reta tangente, circunscrevendo a circunferência num quadrado. No encontro das retas diagonais do quadrado estava o centro da circunferência, a partir do qual o raio da tampa estava determinado.

Cortou vários pedaços de fita adesiva que tinham o comprimento do raio determinado. Um a um, foi colando os pedaços de fita, um seguido do outro, na borda lateral da tampa, ao longo da face que serviu de molde para a respectiva circunferência. Alinhou seis pedaços de fita adesiva iguais ao raio antes de completar a volta, mas ainda faltava um trecho da circunferência da tampa a ser preenchido, trecho menor que a metade do comprimento dos pedaços de fita.

Cuidadosamente, mediu o comprimento que faltava e percebeu que este correspondia a aproximadamente três décimos do raio. Concluiu, assim, que, ao longo da circunferência, podiam-se medir 6,3 "raios" dela. Repetiu a operação para as demais tampas chegando ao mesmo resultado.

Passou um bom tempo de uma tarde infinita se divertindo com a descoberta que revelou à sua professora de geometria. Para seu desapontamento, a professora disse que ele estava uns dois mil anos atrasado, pois havia muito tempo que se sabia que o comprimento da circunferência é 6,2832... vezes o comprimento do raio, ou seja, que o comprimento da circunferência é $2\pi.R$. O número π pode ser obtido pela razão entre o comprimento da circunferência pelo respectivo diâmetro (2R).

Ao dividirmos a circunferência em seis partes iguais, obtemos um hexágono regular cujos lados são iguais ao raio da circunferência.

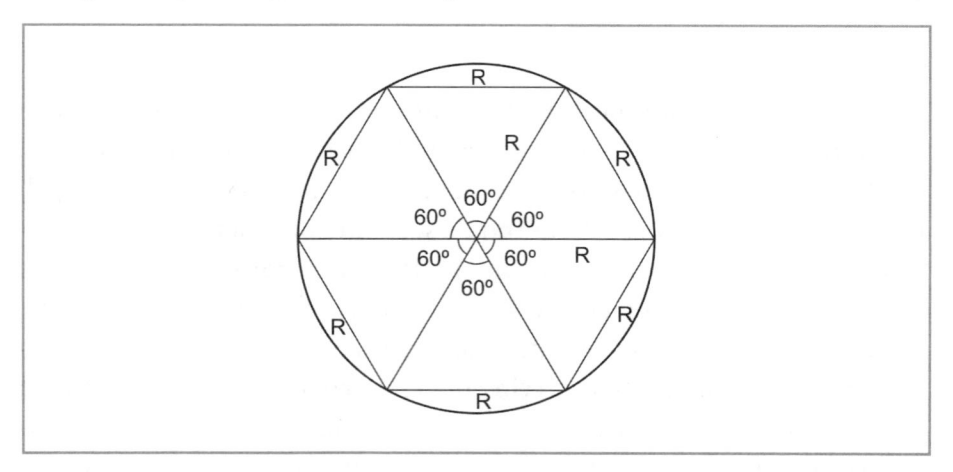

Figura 39

No entanto, se, em vez de terem sido tomados como cordas da circunferência acima, os raios fossem medidos *ao longo dela*, teríamos um pouco mais do que os 6 raios que compõem o polígono regular: teríamos, 6,2832... raios ao longo da circunferência.

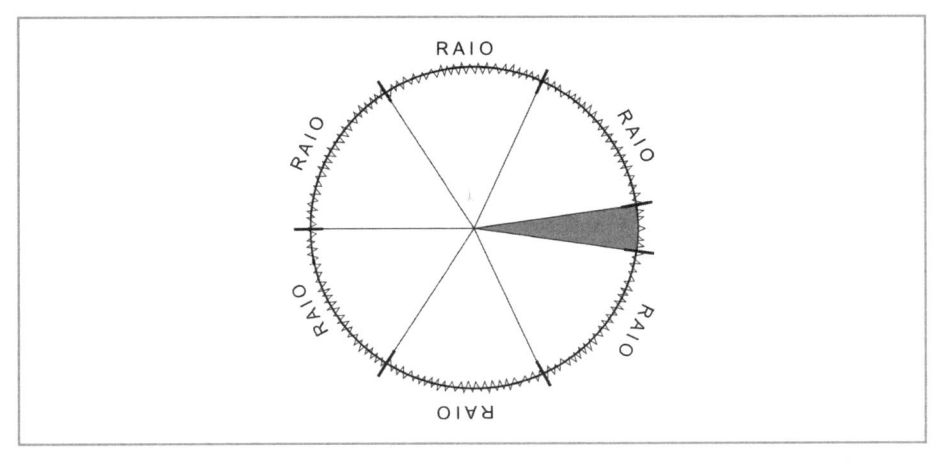

Figura 40

No hexágono, podemos obter 6 triângulos equiláteros, e, portanto, os ângulos destes triângulos cujos vértices estão no centro da circunferência são de 60°. A circunferência toda, obviamente, completará 360°.

Os ângulos com vértices no centro da circunferência, mas que são determinados pelos raios "colados" ao longo da circunferência, são um pouco menores do que 60° (aproximadamente 57,3°; ou seja, aproximadamente 57°18'). Esses ângulos são chamados de *radianos*. Ao longo da circunferência teremos 6,2832... radianos, ou seja, 2π radianos.

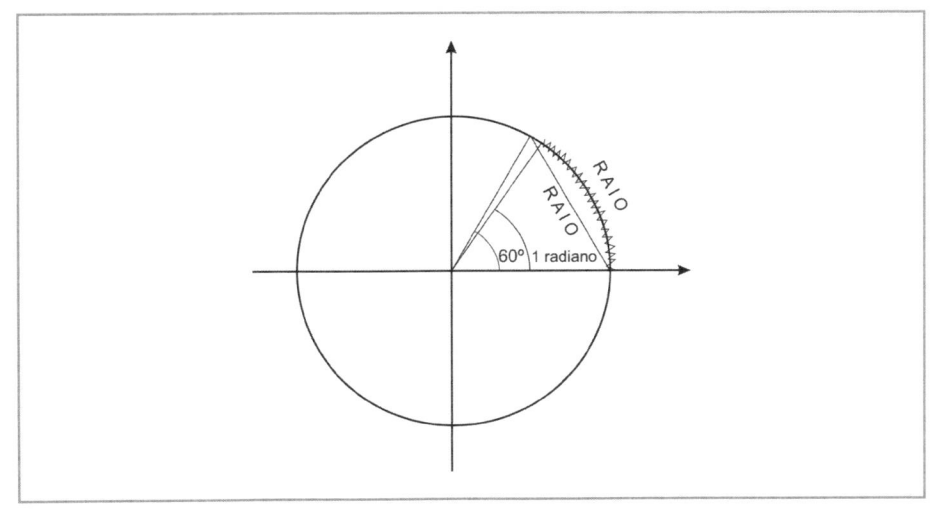

Figura 41

Assim, $360° = 2\pi$ radianos. Portanto, $180° = \pi$ radianos; $90° = \pi/2$ rad; $60° = \pi/3$ rad, e assim por diante. Na tabela abaixo, os ângulos não estão expressos em graus, mas em radianos.

ângulo (em rad)	cosseno	seno	tangente
0	1,00	0,00	0,00
$\pi/6$	$\sqrt{3}/2$	1/2	$\sqrt{3}/3$
$\pi/4$	$\sqrt{2}/2$	$\sqrt{2}/2$	1,00
$\pi/3$	1/2	$\sqrt{3}/2$	$\sqrt{3}$
$\pi/2$	0,00	1,00	∞
$2\pi/3$	-1/2	$\sqrt{3}/2$	$-\sqrt{3}$
π	-1,00	0,00	0,00
$4\pi/3$	-1/2	$-\sqrt{3}/2$	$\sqrt{3}$
$3\pi/2$	0,00	-1,00	$-\infty$
$5\pi/3$	1/2	$-\sqrt{3}/2$	$-\sqrt{3}$
2π	1,00	0,00	0,00

Funções trigonométricas

Quase na hora do almoço, o professor ressurge, subindo o plano levemente inclinado da rua com seu velho carro vermelho, uma Variant fabricada em 1974, cuja imagem tremeluzia pelo calor do asfalto.

Ao parar sob a amendoeira, encontra Pedro e Alejandra fazendo planos. Sem desligar o motor, pergunta:

– Gostou das explicações sobre trigonometria?

– Gostei, sim.

– Você sabe agora o que é cosseno?

– Cosseno de um ângulo?

– Ah! Vejo que você entendeu o essencial: o cosseno é um valor correspondente a um ângulo. Cada ângulo terá apenas um valor de cosseno. O inverso não se verifica, ou seja, um valor do cosseno corresponderá a mais de um ângulo. Por exemplo, 0,50 é o cosseno de $60°$, mas também é o cosseno de 300°, de 420°, de 660°... Com o valor do seno, ocorre algo similar: os senos de 240° e de 300°, por exemplo, têm o mesmo valor.

O motor do carro estava esquentando demais quando o professor os convidou para dar uma volta até o parque de diversões, recente e provisoriamente instalado num terreno público a uns três quilômetros dali.

O almoço na casa de Alejandra seria servido um pouco mais tarde e já estava certo que Pedro almoçaria lá. Sem muita hesitação, aceitaram a oferta de passeio naquele automóvel que era mais velho do que ambos, mesmo se somássemos suas idades.

O parque fazia uma temporada na cidade e trazia as atrações e os brinquedos mais comumente encontrados nesses empreendimentos itinerantes. Logo que chegaram, veio à mente de Alejandra o *pueblito* perto de Córdoba onde vivia sua avó, e ela recordou que, anos atrás, pacientemente, sua avozinha dera com ela incontáveis voltas numa roda-gigante.

– Vamos, Pedro, na roda-gigante!?

– Mas o Sol está muito forte. É meio-dia e vinte!

– Não demora muito, a roda dá apenas duas voltas completas. E está quase vazia, sem fila alguma.

– Está bem!

O professor decidiu passear por ali e aproveitou para comer um churro recheado com doce de leite. Tal como Alejandra, também tinha sido pego pela memória: a chegada do parque o remetera à sua infância, particularmente aos cenários dos circos que, de tempos em tempos, instalavam suas cores vivas em algum terreno livre da cidade e nos quais invariavelmente saboreava a tensão entre o doce e a fritura de um churro recheado.

Pedro não estava tão entusiasmado com as voltas da roda-gigante, mas estar ao lado de Alejandra era motivo suficiente para embarcar no brinquedo. Lembrou-se da letra de "Domingo no parque", canção de Gilberto Gil exaustivamente ouvida por seus pais. Imaginou-se com um sorvete de morango girando com a namorada num plano vertical.

Diferentemente da narrativa da canção de Gil, a aventura pareceu-lhe monótona. Salvou-se do tédio que o ameaçava observando que, com o Sol quase a pino, a sombra do compartimento em que estava era projetada no chão praticamente na mesma vertical que passava por ele, mantendo-se sob os pés do casal.

Enquanto subiam e desciam, a sombra descrevia no solo um movimento de vaivém. Quando partiram do ponto mais baixo da circunferência, a sombra estava bem próxima de seus pés. À medida que subiam, a sombra se deslocava lateralmente até o instante em que a roda completou um quarto de volta. A partir daí, a roda ainda os elevaria bastante, mas a sombra, acompanhando-os na mesma vertical, percorria agora o solo no sentido oposto ao anterior.

Quando Pedro e Alejandra atingiram a altura máxima, a sombra passou pelo ponto inicial, mas agora no sentido inverso, para, então, atingir o extremo oposto quando a roda completasse três quartos de volta. Nesse ponto, a sombra inverteria novamente o sentido de seu movimento.

Pedro ficou ligado no movimento de vaivém da própria sombra. Pensou que poderia considerar o raio da roda-gigante igual a "1" e transformá-la, assim, num círculo trigonométrico ao longo do qual um ponto "P" (onde estavam ele e Alejandra) se movimentava e sua projeção ortogonal (sombra) apareceria num eixo horizontal imaginário sobre o solo.

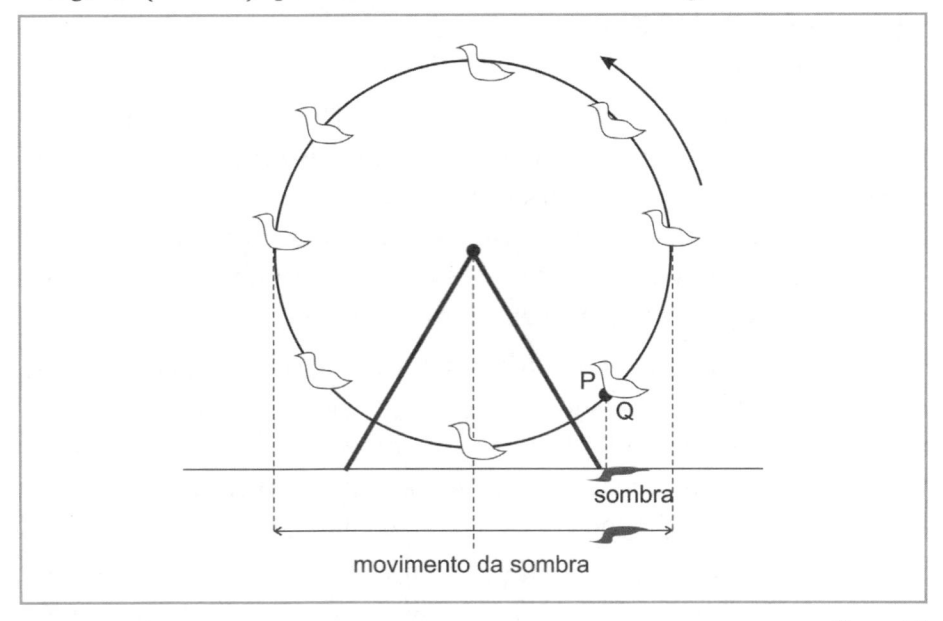

Figura 42

O eixo horizontal pode ser tomado como eixo dos cossenos:

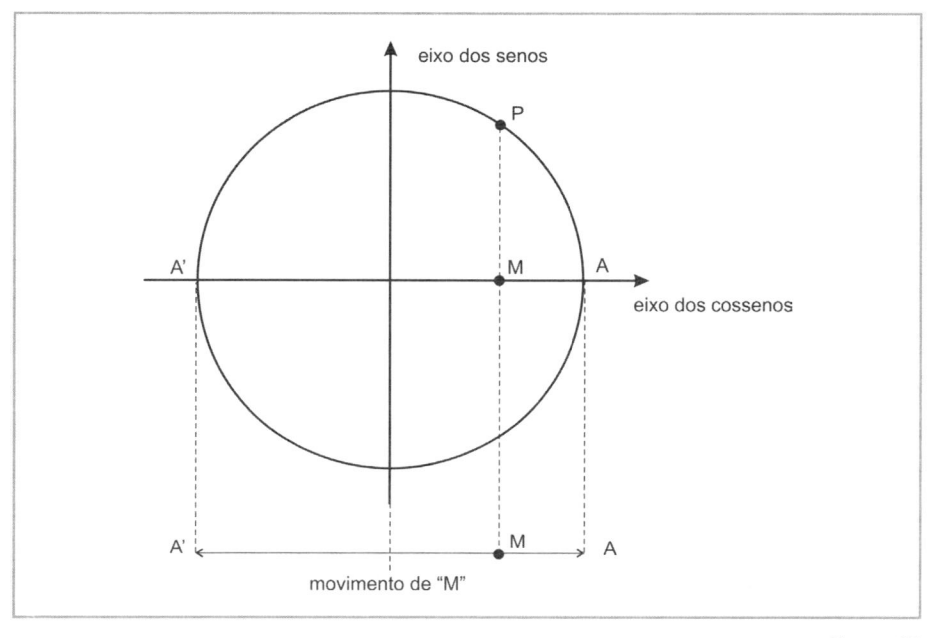

Figura 43

O ponto M, projeção ortogonal de P no eixo dos cossenos, realiza um movimento periódico. A cada volta de P, M executa uma oscilação completa. Admitindo constante a velocidade com que a roda e o ponto P giram, o movimento de M é chamado de harmônico simples, particularmente estudado na física.

A velocidade de M não é constante: nos extremos, pontos de inversão de sentido do movimento, a velocidade de M é nula. Quando passa por "O", centro da circunferência, M atinge sua velocidade máxima.

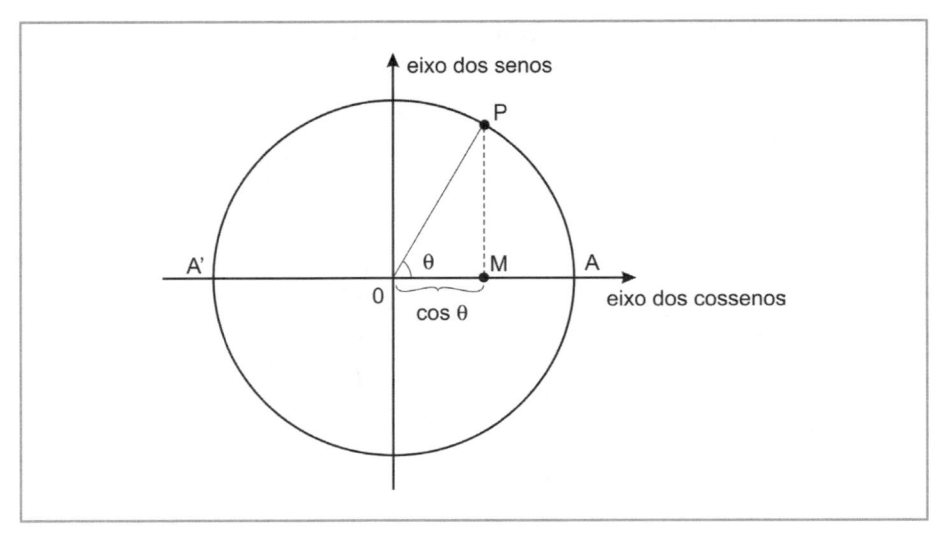

O movimento de vaivém de um corpo preso a uma mola e apoiado numa superfície horizontal com atrito desprezível também é classificado como movimento harmônico simples (MHS). Uma vez colocado em movimento, o corpo passará a oscilar ligado à mola que se contrai e se distende: sua velocidade será nula nas extremidades (pontos de maior deformação da mola) e máxima ao passar pelo ponto em que a mola apresenta seu comprimento "normal".

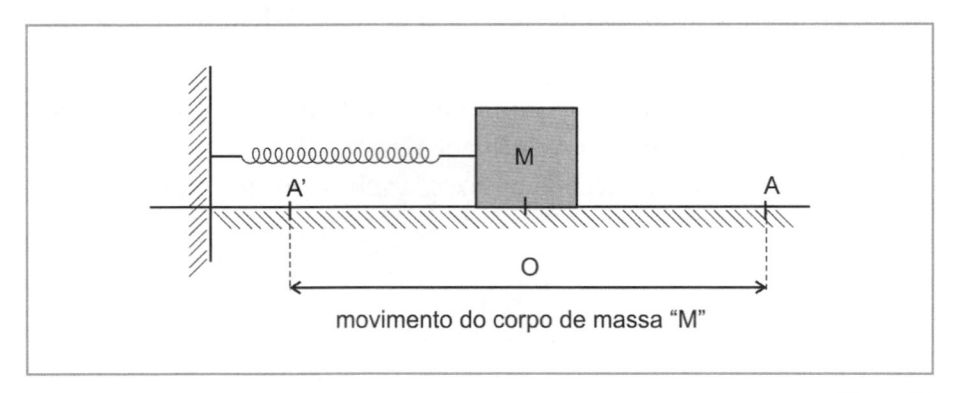

Figura 45

Dentro do mar, quando ficamos sujeitos às ondas num ponto além da arrebentação, experimentamos um divertido movimento de sobe e desce cada vez que uma dessas ondas passa por nós. Experimentamos um movimento harmônico simples na vertical: nos extremos, superior e inferior, nossos corpos têm velocidade nula.

Alejandra contemplou a vista do alto da roda-gigante, o que lhe permitiu ver pormenores diferentes dos que costumava perceber. Especialmente, chamaram-lhe a atenção as casas empilhadas no morro à sua esquerda. Vinda de uma cidade essencialmente plana, ficou surpresa com as construções que lhe pareceram desajeitadas nas pirambeiras.

No colo do vento, vinha do morro o cheiro de churrasco brasileiro que suas narinas logo reconheceram. Por um breve instante, calorias da imaginação fizeram-na supor-se ela própria e todos os que estavam na roda-gigante assando ao redor da brasa do Sol, para o deleite dos espectadores que os observavam da arquibancada-morro.

A manhã de sábado já havia acabado.

O professor disse as palavras que colocaram o trio novamente num solo comum:

– Vamos embora?

– Vamos –, foi a resposta em coro.

O carro, que havia ficado sob o Sol do meio-dia, estava quente como um forno. Para piorar, o motor, mal isolado do habitáculo, irradiava parte de seu calor para dentro. Mas logo chegaram de volta e a amendoeira os acolheu com sua densa sombra.

– Venha comer com a gente, professor.

– Obrigado, Alejandra, mas comi um churro que acabou com meu apetite. Vou entrar e descansar um pouco. Mais tarde vou a São Paulo com amigos da universidade.

No contexto do círculo trigonométrico imaginado por Pedro na roda-gigante, a distância entre o ponto M e o centro "O" da circunferência é a medida do cosseno do arco determinado pelo ponto P.

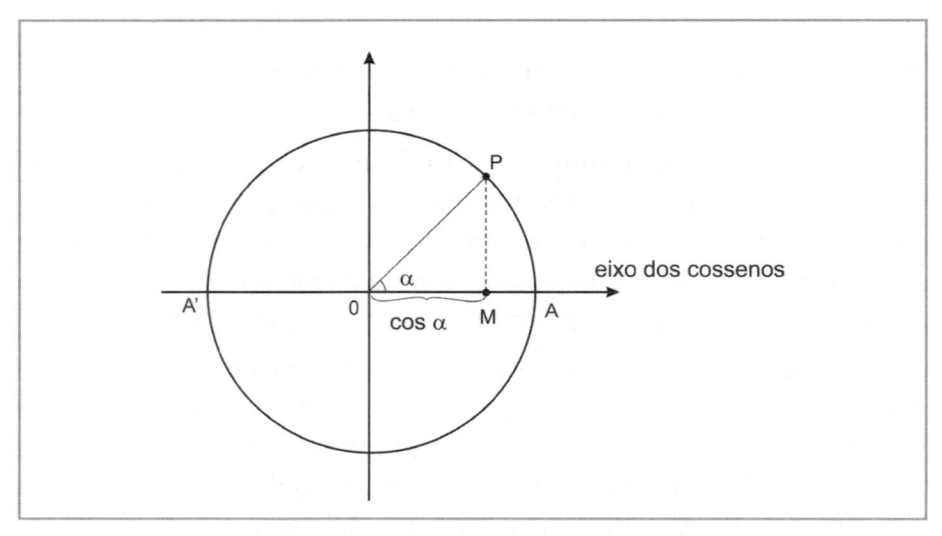

Figura 46

Como o ponto P se movimenta, o arco que ele determina varia e, em função da medida desse arco, varia também o valor do respectivo cosseno. Podemos então estabelecer uma função entre o arco medido a partir do eixo horizontal e o seu cosseno. Podemos dizer que o cosseno do ângulo (ou arco) determinado por P é função do valor desse ângulo.

$$f(\alpha) = \cos \alpha$$

Observemos o gráfico dessa função, construído com alguns pares ordenados de arcos e seus respectivos cossenos.

ângulo (em rad)	cosseno
0	1,00
$\pi/6$	$\sqrt{3}/2$
$\pi/4$	$\sqrt{2}/2$
$\pi/3$	1/2
$\pi/2$	0,00
$2\pi/3$	-1/2
$3\pi/4$	$-\sqrt{2}/2$
π	-1,00
$5\pi/4$	$-\sqrt{2}/2$
$4\pi/3$	-1/2
$3\pi/2$	0,00
$5\pi/3$	1/2
$7\pi/4$	$\sqrt{2}/2$
2π	1,00

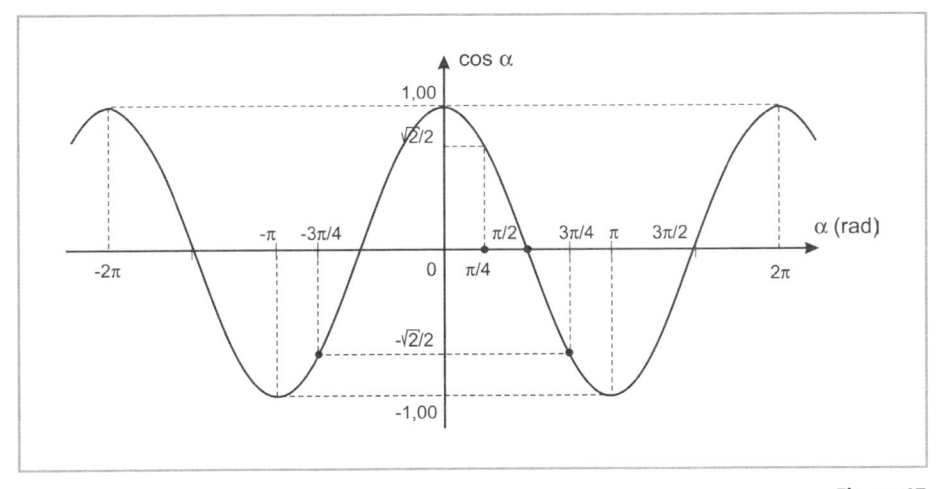

Figura 47

As funções trigonométricas têm várias aplicações na física. Tomemos um corpo que, preso a uma mola, oscila sobre uma superfície horizontal sem atrito entre os pontos A e A'. O ponto "O" indica a posição do corpo em que a mola não fica nem distendida nem comprimida, o ponto em relação ao qual A e A' (pontos de máxima distensão e contração da mola) são simétricos. A distância entre "O" e "A" (a mesma que separa "O" de A') é chamada de "amplitude" (a) do movimento.

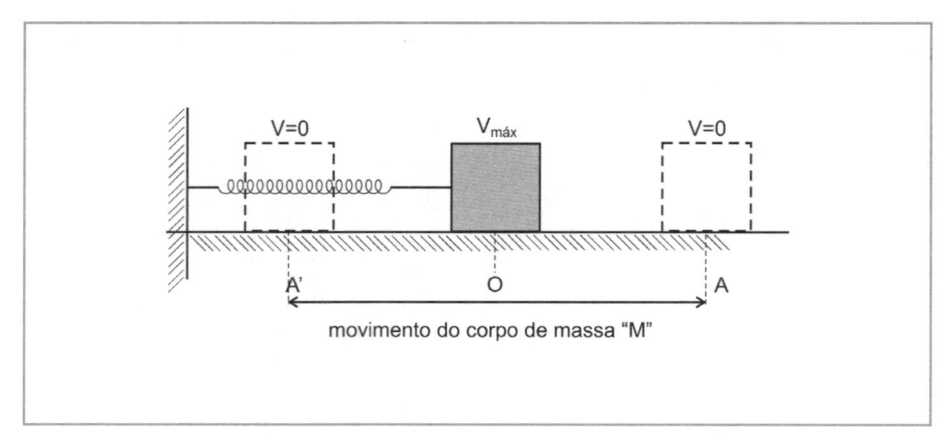

Admitimos que a velocidade do bloco é positiva quando ele se movimenta para a direita (sentido $\overrightarrow{AA'}$) e negativa no sentido oposto ($\overrightarrow{A'A}$). Nos extremos, ou seja, nos pontos A e A', a velocidade do corpo é nula. A física demonstra que a velocidade do bloco varia em função do tempo de acordo com a "função seno". O gráfico desta função tem a forma de uma "senoide", abaixo esboçada, admitindo novamente que no instante t = 0 o corpo estava em A.

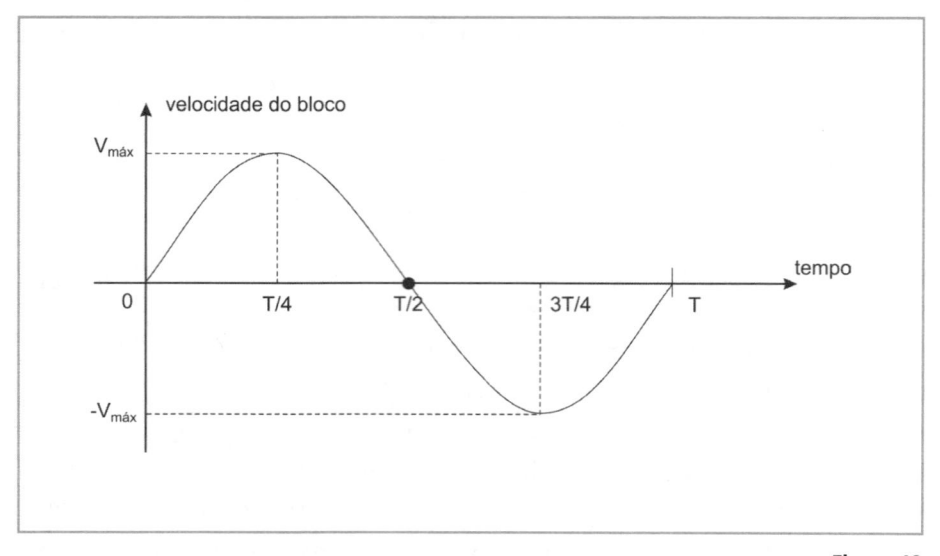

Figura 49

A posição (x) do corpo em relação ao ponto "O" em função do tempo é dada por uma "função cosseno" cujo gráfico tem seu esboço abaixo representado. À direita de "O" os valores relativos à posição são positivos; à esquerda, negativos. Admitindo que no instante t = 0 o corpo estava em A, teremos a seguinte "cossenoide":

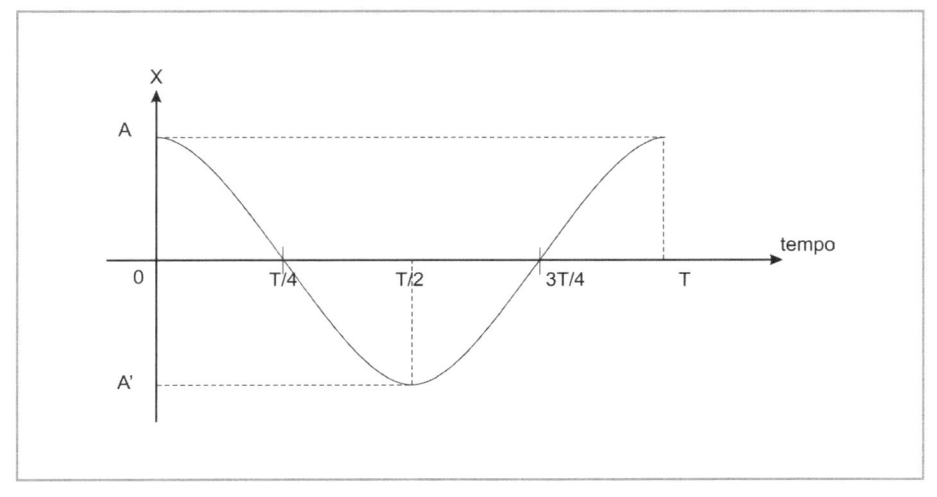

Figura 50

Comparando os dois gráficos anteriores, observamos que a velocidade do bloco é "nula" quando o valor de "x" é "máximo" e que a velocidade (em valor absoluto) é "máxima" quando o valor de x é "nulo".

É sábado, é noite: última noite do último dia da semana. As noites de sábado parecem trazer ecos, radiações de fundo, das antigas festas pagãs. A Lua, quando vem, exibe-se mais na madrugada, depois que as coisas aqui embaixo estão mais definidas. O céu de um sábado à noite é mais infinito.

O professor foi a São Paulo. Seus amigos do curso de mestrado vieram buscá-lo para assistir a uma peça teatral e visitar uma exposição de fotografias, programa que terminaria com um jantar num restaurante "descolado", segundo uma de suas amigas de curso.

No caminho para a capital, o professor contou que, quando menino, às escondidas, tomava um trem, na estação ferroviária daquela cidade do interior em que morava, para chegar à Estação da Luz, no bairro de mesmo nome, na região central da capital paulista. De lá, tomava o metrô para um destino qualquer. Seu objetivo era, por assim dizer, "explorar o mundo".

Saltava do metrô numa estação escolhida quase que aleatoriamente e saía para a superfície, onde a luz natural lhe revelaria a verdade sobre o mundo. Caminhava por alguns quarteirões até que o temor de se perder o fizesse percorrer o caminho de volta. Fazia isso várias vezes, em diferentes direções, sempre voltando ao ponto de partida para não perder o referencial.

Dentro do carro, o professor mobilizou a atenção dos amigos durante a viagem ao narrar sua aventura numa linha de trem que lamentavelmente fora extinta, mas que fora muito utilizada em décadas passadas.

Ao longo dos quilômetros que percorriam até chegar à capital, contou como aquelas suas primeiras viagens a São Paulo haviam reverberado anos depois em sua vida.

– Parado dentro de um vagão do metrô que, por sua vez, estava também parado na estação, várias vezes fui surpreendido pela ilusão de movimento: outra composição de vagões que estava nos trilhos vizinhos e paralelos aos do meu vagão começava a se movimentar, mas (Galileu explica) eu achava que o meu vagão é que avançava no sentido contrário. Claro que não sou o único que já passou por isso, mas experiência semelhante se repetiria comigo muitos anos depois, numa noite de sábado, durante o período em que fiz um estágio na França. Morei lá por três meses, em Lille, cidade ao norte quase na fronteira com a Bélgica. Tal como fazia quando menino no Brasil, às vezes ia até a Gare de Flandres e "fugia" para Paris com o objetivo de explorar a capital.

Todos ouviam com atenção.

– A linha 1 do metrô de Paris – a mais antiga – havia passado por uma boa reforma. Fora alargada e seus carros substituídos por composições em que os muitos vagões não têm separação, de modo que se pode observar quem vai no primeiro ou no último vagão desaparecer numa curva e reaparecer no trecho reto, tal é o comprimento do corredor que a vista alcança. O *flâneur* pode se deleitar com a troca de pessoas não só do seu vagão, mas de toda a composição. Da altura da cintura de uma pessoa até o teto, os vagões eram transparentes, envidraçados, por assim dizer, de modo que, ao chegar ou sair da estação, expunham mais as pessoas do que os trens convencionais, menos transparentes. Outras linhas haviam sido renovadas e as mais recentemente construídas seguiam o modelo da nova linha 1, como a linha 14, que ia dar na Bibliothèque Nationale. A linha 14 tinha longos trechos sem parada, nos quais a composição atingia grandes velocidades dentro da absoluta escuridão exterior. Num sábado à noite, viajando na linha 14, fui surpreendido por um trem que vinha em sentido contrário, tão rápido quanto aquele em que eu estava. Por estarem em sentidos contrários, suas velocidades se somavam para qualquer observador que tomasse um trem como referencial para o movimento do outro (Galileu explica).

– Onde será que ele vai com essa história? – perguntou sua amiga, num misto de impaciência e curiosidade.

– Já chego lá!

Mas todos estavam mais curiosos do que impacientes para saber o que ele queria contar, de modo que mantiveram o fio condutor da história que alinhavava os tracinhos brancos no asfalto da estrada e fizeram gesto de "ouvidos".

O professor prosseguiu.

– Como os trens eram longos, totalmente envidraçados e muito iluminados pelo branco azulado das muitas lâmpadas fluorescentes do interior dos vagões, o cruzamento entre eles na escuridão era espetacular. De súbito, a escuridão externa virava um gigantesco palco iluminado que fazia desfilar, a 140 km/h (soma das velocidades dos trens), as faces de muitas pessoas; seus rostos para mim se substituíam uns aos outros com tal rapidez que, no limite, "paravam". Paravam numa espécie de "imagem média", na qual figurava um só rosto. O mesmo ocorre com as rodas de um carro que vemos girar na tela da TV: giram tão rápido que temos a ilusão de que elas estão paradas, ou mesmo girando em sentido contrário. É que a retina não distingue mais do que 24 imagens por segundo. Como o aparelho de televisão mostra 30 quadros por segundo, se a roda do carro der 30 voltas nesse mesmo segundo, ela aparecerá parada. Em outras palavras: se a roda der exatamente uma volta entre um quadro e outro mostrado pela televisão, ela aparecerá sempre no mesmo lugar, embora esteja, na verdade, girando em sincronia com a troca de quadros da imagem da televisão. Quando os trens de metrô se cruzaram naquela noite em Paris, parecia que todos os rostos que existem, que já existiram e que ainda existirão no mundo estavam passando muito rapidamente por mim. Se mais do que 24 faces por segundo passam diante dos nossos olhos, as imagens se fundem, dissolvendo os contornos que fazem o recorte do indivíduo. Na passagem de um trem por outro, vi, na mistura dos rostos, uma única face, provavelmente aquela projetada por mim sobre uma imagem amorfa.

– Que viagem! – foi o coro ouvido no carro.

– Ou o cara tá inspirado ou pirou de vez – disse o que dirigia o carro.

– Acho que ele está apaixonado. Só pode ser – disse sua amiga.

A experiência visual do professor (que também ilustrava suas aulas sobre "velocidade relativa" e, portanto, era algo levado a sério por ele) foi como a de um filme de poucos segundos de duração; no entanto, em vez de o movimento de uma fita cinematográfica provocar no espectador a ilusão de movimento, foi o movimento do observador (relativo ao objeto observado) que provocou a ilusão de um estado de repouso.

As lembranças do professor afloravam com riqueza de detalhes. Sentindo que havia, para além das brincadeiras, interesse na sua narrativa sobre a aventura em Paris, concluiu sua história.

– Ao descer na estação de meu destino, a noite de sábado pulsava na cidade-luz. Uma multidão de jovens se deslocava no cenário úmido da capital francesa. Ali, flanando pela noite parisiense de um sábado, lembrei-me de Walter Benjamin ter dito que o *flâneur*, vendo o passante levado pela multidão, se "gaba de tê-lo reconhecido em todas as dobras da sua alma".

O professor reviveu sua experiência de *flâneur* em Paris ao narrá-la durante o trajeto até São Paulo, onde mais uma noite de sábado estaria à espreita. Há perigo e fascínio nas noites de sábado. No crepúsculo que a antecede, as cidades parecem aquietar-se, enquanto despertam os feitiços camuflados entre o adeus vermelho do Sol e o gradual acender de lâmpadas.

A noite de sábado facilita a sintonia com a dimensão cósmica da aventura humana neste universo. Embora não elaborasse isso em pensamento, Pedro sentia mais facilmente nas noites de sábado essa espécie de "consciência cósmica". A excitação das cidades, os rostos maquiados, os dramas que se esboçam e que se resolvem, tudo isso produzia nele ressonâncias com as vibrações de planos mais profundos da existência, com a efemeridade da vida diante da escala cosmológica de tempo, com os mistérios da floresta, com a viagem de Ulisses etc.

Naquela mesma noite, enquanto o professor se divertia na capital, Pedro foi com Alejandra ao Clube de Golfe, onde uma festa tipicamente norte-americana acontecia. Era engraçado ver Billy, John, George, Betty e Kate conversando entre si e com Alejandra como se não estivessem noutro país, como se ele, Pedro, fosse o estrangeiro. Eram diferentes para ele as músicas, os colares havaianos sobre longas camisas floridas, os rostos muito enrubescidos pelo álcool, os copos com líquidos de todas as cores, o *néon* do bar refletido na água da piscina etc.

O céu, sem Lua, tinha cada vez mais estrelas à medida que Pedro e Alejandra se afastavam do entorno da piscina, epicentro da farra que o casal latino deixava para trás. O campo de golfe estava deserto e, na escuridão noturna, o contorno dos pinheiros delimitava regiões com escuros ainda mais densos. A tênue luz prateada com a qual o olho ia se acostumando fora emitida havia anos, havia décadas, havia milênios, pelas incontáveis estrelas que se enrolam feito serpentina de papel na espiral da Via Láctea.

À medida que caminhavam, o som da festa deixada para trás diminuía; o tom onírico preenchia agora a atmosfera entre o céu e o gramado sem fim do campo.

Uma coruja anunciava sua presença. Devia estar zelando pelo seu ninho.

1 – (Ufal) – O conjunto imagem da função $f(x) = 2 - 2.sen\ x$ é o intervalo:

a) $[-1, 1]$ b) $[-2, 2]$ c) $[0, 4]$ d) $[1, 4]$ e) $[2, 4]$

Sabemos que o seno de um ângulo pode variar entre -1 (mínimo) e 1 (máximo). Assim, se sen x = -1, então f(x) = 2 – 2(-1) = 4; se sen x = 1, f(x) = 2 – 2.1 = 0. Portanto, o valor de f(x) será, no máximo, 4, e, no mínimo, 0. Alternativa "c".

2 – (PUC-SP) – A expressão *sen $\pi.x = 0$* é verdadeira se e somente se "x" é:

a) real   b) inteiro   c) complexo   d) racional   e) irracional

Se observarmos o círculo trigonométrico, veremos que o seno de um ângulo é 0 quando esse ângulo é 0 ou 180°, ou seja, 0 ou π rad. Mas também será nulo o seno dos ângulos múltiplos de 180°, como -180°, 360°, -360°, 540°, -540°, 720°, -720°, e assim por diante; ou seja, quando o ângulo for múltiplo de π rad: $-\pi$ rad, 2π rad, -2π rad, 3π rad, -3π rad, 4π rad, -4π rad, e assim por diante. Por isso, na expressão *sen $\pi.x = 0$*, o valor de x pertence ao conjunto dos números inteiros; caso contrário, a expressão é falsa. Alternativa "b".

3 – (Fuvest-SP) – O menor valor de 1/(3-cos x), com x real é:

a) 1/6   b) 1/4   c) 1/2   d) 1   e) 3

O valor da expressão será tão menor quanto maior for o seu denominador, onde se encontra a variável "x". E o denominador será tão maior quanto menor for o valor de cos x. Ora, sabemos que o menor valor possível para o cosseno de um ângulo é -1. Assim, a expressão terá seu menor valor igual a 1/ 3-(-1) = 1/4. Alternativa "b".

4 – (FEI-SP) – Sabendo que sen x < sen y e que x e y são valores entre 0 e $\pi/2$, podemos afirmar que:

a) x > y   b) cos x > cos y   c) sen x < 0   d) sen x . cos x < 0   e) cos x < cos y

Para resolver esta questão é recomendável fazer um esboço do círculo trigonométrico e marcar os ângulos x e y no primeiro quadrante e suas projeções nos eixos do seno e do cosseno. Já ao desenhar a figura abaixo, somos obrigados a pensar que o ângulo x deve ser menor do que o ângulo y justamente porque o seno de x é menor do que o seno de y.

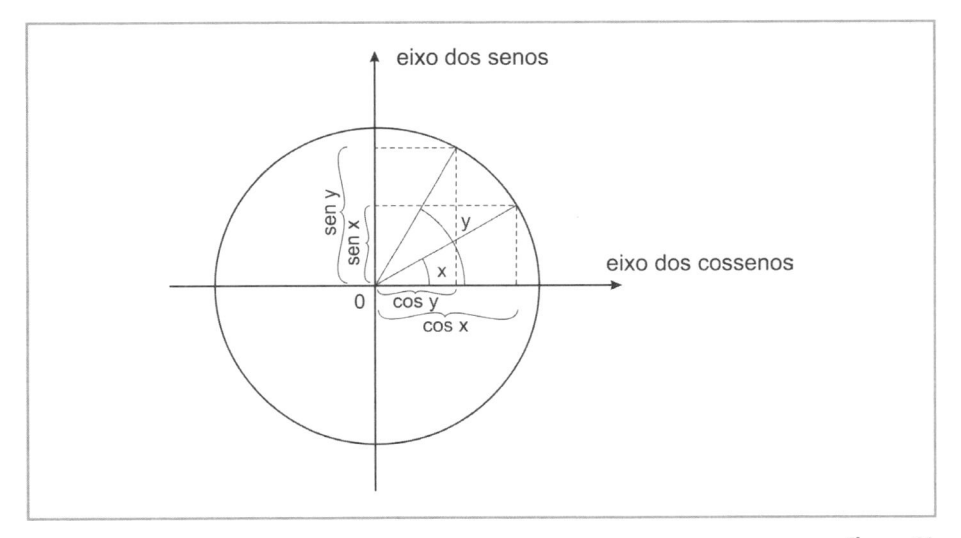

Figura 51

Observamos na figura que cos x > cos y. Observamos ainda que os valores dos senos e dos cossenos são positivos para ângulos do primeiro quadrante. Aliás, também os valores da tangente, da cotangente, da secante e da cossecante serão positivos para esses ângulos. Alternativa "b".

5 – (UFRS) – Se $f(x) = a + b.\text{sen } x$ tem como gráfico:

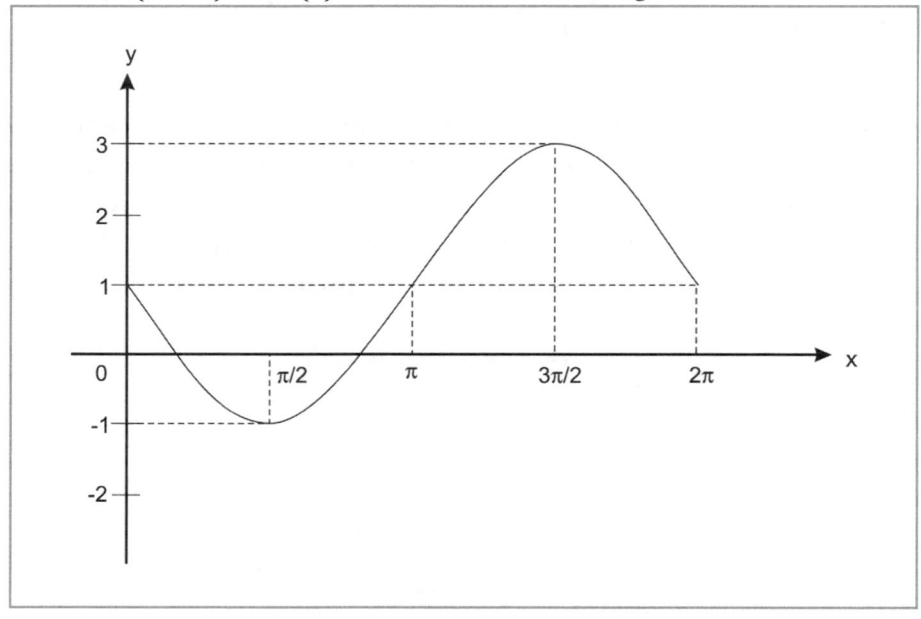

Então:

a) $a = -2$ e $b = 1$ b) $a = -1$ e $b = 2$ c) $a = 1$ e $b = -1$

d) $a = 1$ e $b = -2$ e) $a = 2$ e $b = -1$

Do gráfico, tiramos que, para $x = 2\pi$, $f(x) = 1$. Então, de acordo com a função acima,

$1 = a + b.\text{sen } 2\pi$. Como sen $2\pi = 0$, temos que: $1 = a + b.0$. Ou seja, $a = 1$.

Também no gráfico, observamos que, para $x = \pi/2$, $f(x) = -1$.

$-1 = a + b.\text{sen } \pi/2$. Como $a = 1$ e sen $\pi/2 = 1$, temos que: $-1 = 1 + b.1$. Assim, $b = -2$.

Alternativa "d".

6 – (FGV-SP) – Considere a função $f(x) = 5^{-\text{sen}x}$ definida no intervalo $[0, 2\pi]$. O valor de x que a maximiza é:

a) 0   b) $\pi/2$ c) π d) $3\pi/2$ e) 2π

Podemos escrever a função da seguinte forma: $f(x) = 1/5^{senx}$.

O valor de $f(x)$ será tão maior quanto menor for o valor de 5^{senx}, ou seja, quanto menor for o valor de sen x. O menor valor de sen x no intervalo determinado é -1, quando $x = 3\pi/2$. Portanto, o maior valor de $f(x)$ no intervalo considerado se dá quando $x = 3\pi/2$. Alternativa "d".

7 – Um corpo de massa "m" desliza sobre uma superfície plana e inclinada em relação à reta horizontal. Admitamos que o atrito entre o corpo e a superfície, bem como os efeitos do ar, pode ser desprezado.

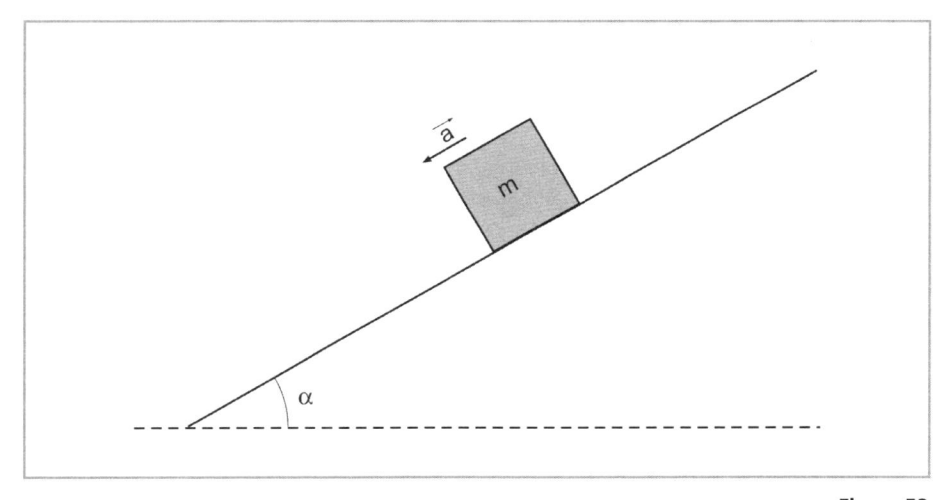

Figura 53

Quanto mais inclinada a superfície, quanto maior for o ângulo α, maior será a aceleração do corpo. Esboce o gráfico que expressa a aceleração do corpo em função do ângulo α.

Primeiramente, é preciso determinar a função que relaciona a aceleração do corpo (a) em função do ângulo (α). Pediremos ajuda à física, lembrando das forças mecânicas que agem no corpo: Peso (exercida pela Terra) e Normal (exercida pelo plano que apoia o corpo).

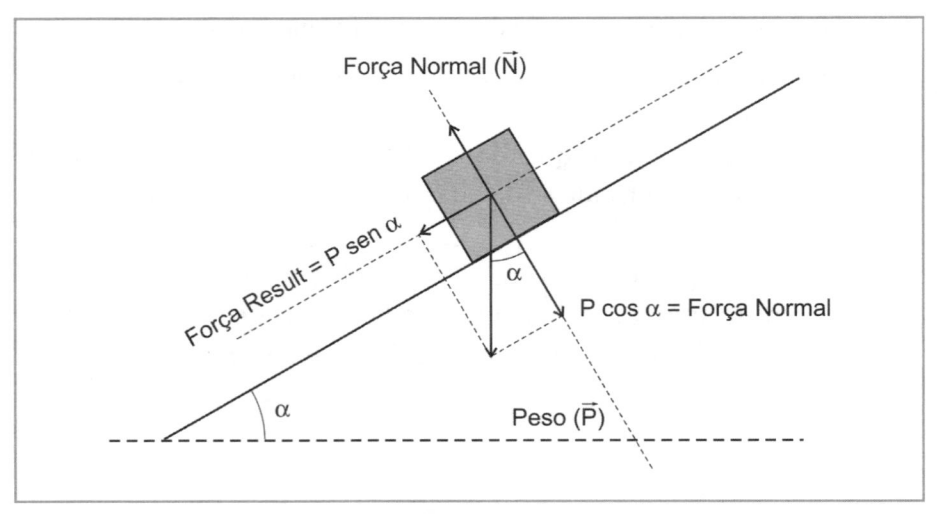

Figura 54

Como o corpo acelera na direção do plano, a força resultante que acelera o corpo terá a direção do plano e será igual à projeção do vetor da força "peso" nesta direção. É fácil demonstrar que a força resultante será P.sen α.

A segunda lei de Newton afirma que a resultante das forças é igual ao produto da massa pela aceleração. Assim, P.sen α = m.a. Como P = m.g, temos que:

m.g.sen α = m.a

Portanto, a = g.sen α

Como de costume, façamos g = 10 m/s².

a = 10.sen α. Eis aí a função seno que relaciona "a" e "α".

Como α pode, neste caso, variar apenas entre 0 e 90°, podemos atribuir valores para ele nesse intervalo e construir o esboço gráfico pedido (os valores dos senos nas relações abaixo estão aproximados).

Se α = 0.........................a = 10.sen 0 = 0
Se α = 30°.....................a = 10.sen 30° = 5 m/s²
Se α = 37°.....................a = 10.sen 37° = 6 m/s²
Se α = 45°.....................a = 10.sen 45° = 7,1 m/s²
Se α = 53°.....................a = 10.sen 53° = 8,0 m/s²
Se α = 60°.....................a = 10.sen 60° = 8,7 m/s²
Se α = 90°.....................a = 10.sen 90° = 10 m/s²

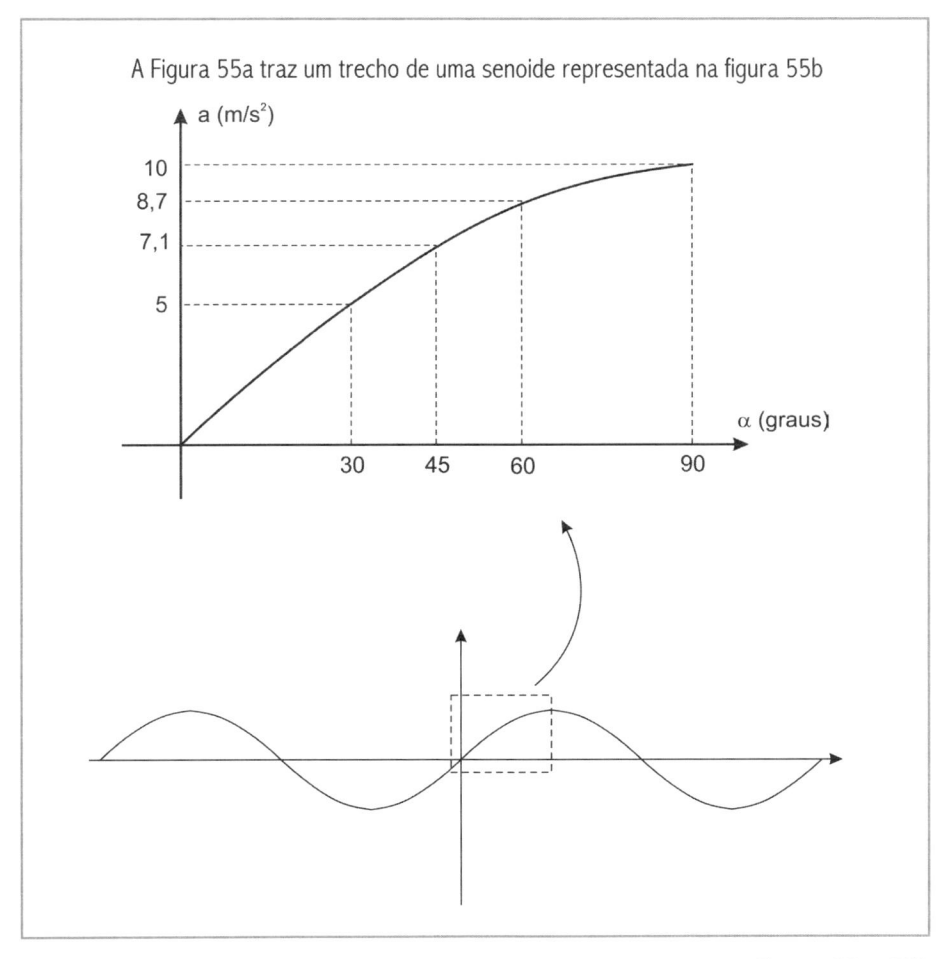

A Figura 55a traz um trecho de uma senoide representada na figura 55b

Figuras 55a e 55b

O gráfico obtido tem a forma de uma senoide, ainda que incompleta, pois o ângulo de inclinação do plano varia apenas dentro do primeiro quadrante.

8 – No intervalo $0 \leq x \leq 2\pi$, o valor do seno de x é 1/2. Portanto:

a) $x = \pi/6$ ou $x = 11\pi/6$

b) $x = \pi/3$

c) $x = \pi/6$ ou $x = 4\pi/3$

d) $x = 11\pi/6$

e) $x = \pi/3$ ou $x = 4\pi/3$

Da relação trigonométrica fundamental, $sen^2\theta + cos^2\theta = 1^2$, podemos obter o valor do cosseno de x:

$(1/2)^2 + cos^2 x = 1$

Assim, $cos\, x = \sqrt{3/4} = \sqrt{3}/2$.

Aqui, o intervalo em que x pode variar e que é definido no enunciado da questão tem um papel determinante: se esse intervalo fosse $0 \le x \le \pi/2$, ou seja, se o valor de **x** ficasse restrito ao primeiro quadrante, só haveria um arco, $\pi/6$ rad (ou $30°$), que corresponderia ao valor de x. No entanto, o intervalo definido foi: $0 \le x \le 2\pi$. Por isso, há outro ângulo cujo cosseno é $\sqrt{3}/2$: $330°$ (ou $11\pi/6$ rad).

Portanto, $x = \pi/6$ ou $x = 11\pi/6$. Alternativa "a".

9 – (Mackenzie-SP) – A equação $sen\, x = sen\, (\pi + x)$, com $0 \le x < 2\pi$:

a) não admite solução

b) admite como soluções apenas 0, π e 2π

c) admite como soluções apenas 0 e π

d) admite como solução apenas 0

e) admite infinitas soluções

Observemos na figura que se segue um ângulo x qualquer e outro igual a $(x + \pi)$ radianos.

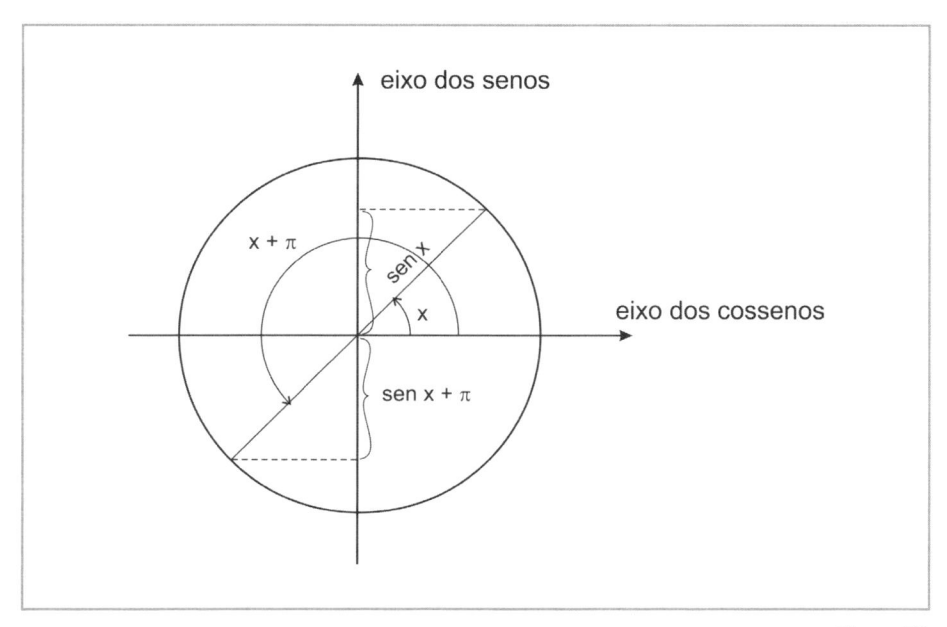

eixo dos senos

eixo dos cossenos

x + π

sen x

x

sen x + π

Figura 56

Se "x" está, como na figura, no primeiro quadrante, (x + π) estará no terceiro quadrante. O seno de (x + π) será, como mostra a figura, o oposto do seno de x, ou seja, qualquer que seja "x" no primeiro quadrante, o seno de (x + π) terá o mesmo módulo do seno de x, porém de sinal contrário. Algo similar ocorre se x estiver no segundo, terceiro ou quarto quadrante. Por isso, seno de x não será igual a seno de (x + π) como exige a equação, exceto se x for igual a 0 (x + π = π) ou se x for igual a π (x + π = 2π), pois seno de 0, seno de π e seno de 2π são todos iguais a 0. O mesmo ocorre se x for igual a 2π, 3π, 4π ou qualquer múltiplo de π. Mas, no enunciado da questão, o valor de x está limitado entre 0 e 2π, sendo que o 0 está incluído nesse intervalo, mas o 2π, excluído (0 ≤ x < 2π). Portanto, a equação encontra solução somente em 0 e π. Alternativa "c".

4. ANÁLISE COMBINATÓRIA E PROBABILIDADES

O degrau mais elevado do intelecto imaginativo é por
excelência matemático.
Edgar A. Poe (1809-1849)

As empresas de distribuição de energia elétrica realizam regularmente podas nas árvores para evitar que galhos e fios entrem em conflito pelo espaço aéreo. Quando os fios passam pela metade superior da copa, fazem a poda em "V". Era o caso da amendoeira: na época em que a estiagem costuma durar mais, seus galhos eram costumeiramente aparados, formando uma cunha no alto da copa. Aproveitando a oportunidade, os funcionários da empresa habitualmente aparavam também as extremidades mais ousadas dos galhos, arredondando o visual das árvores. Umas pareciam orgulhosas com a mudança no visual da sua sombra, outras pareciam descontentes.

Cinco da tarde. Um vento frio chegou de não sei onde, mudando o clima do dia que havia começado quente. Pedro e Alejandra desciam a rua, vindos do centro da cidade, onde tinham comprado folhas de papel de seda de todas as cores que haviam encontrado e varetas, além de cola e linha número 10. Pedro havia planejado, junto com os filhos do marceneiro, fazer pipas para vender na feira de sábado.

Alejandra gostava de ir ao centro para vasculhar as lojas de livros, especialmente os sebos. Desta vez, achara, por um precinho de nada, um livro de contos de Machado de Assis, o qual arrematara sem pensar duas vezes.

Pararam na frente da casa de Alejandra e despediram-se no portão. Pedro desceria ainda até quase o fim da quadra para levar as matérias-primas que havia comprado ao rancho localizado no quintal da casa do marceneiro, onde se instalaria a linha de montagem das pipas.

Após alguns passos sozinho, entretido com os planos do empreendimento em sociedade com os amigos, ergueu a cabeça para ver quem estava sob a amendoeira. Levou um susto: a amendoeira havia sido cortada. Restavam apenas o seu tronco e o início de alguns galhos que dele saíam.

O susto por não ver sequer uma folha verde o paralisou. Pôde ouvir a porta da cozinha da casa de Alejandra bater, sinalizando que ela acabara de entrar pelo corredor lateral. Quis voltar, chamá-la para mostrar-lhe o que ocorrera, ou talvez para que voltassem juntos até o início da rua e a descessem novamente, na esperança de que fossem encontrar um cenário diferente.

Hesitante, continuou a descer, aproximando-se a passos lentos daquela nudez constrangedora. Muitos dos galhos ainda estavam ali no chão, junto com várias sementes e vestígios de todo tipo que atestavam o ocorrido. De toda a redondeza pássaros eram atraídos e se banqueteavam, inebriados a ponto de mal considerarem os carros que deles rente passavam.

As outras árvores também haviam sido podadas a ponto de se notar, mas nada comparado ao que acontecera com a amendoeira. Seu tronco de grande circunferência erguia-se até uma altura de 2 metros e pouco. Logo abaixo da extremidade superior, saíam horizontalmente três galhos muito grossos e outros dois menores. Apenas se viam, agora, o alto tronco e os tocos de poucos centímetros que haviam restado dos cinco galhos.

Ninguém sabia ao certo o que havia ocorrido. Poderia ter sido uma nova política de poda de árvores, mas poderia também ter sido ordem ou pedido de algum morador cansado das folhas e dos frutos que a amendoeira espalhava. Ou teria sido uma praga de alguém, motivada pela fobia dos morcegos que rodeavam a árvore durante a noite, que endoidara o operador da motosserra?

Rumores, acusações veladas e um silêncio de perplexidade entoaram o fim daquele dia. Quando a lâmpada do poste acendeu, sua luz passou por onde jamais havia passado, encontrando a dureza das pedras da calçada em vez das folhas lá do alto. Quase ninguém apareceu na rua naquela noite, fosse pelo frio que fazia, fosse para não ter que pensar no que de fato teria acontecido naquela tarde para que a amendoeira ficasse naquele estado desolador.

Pedro nem foi à casa do marceneiro. Entrou com as compras que fizera e foi direto para o quarto em busca de um *game* de futebol, onde a grama e tudo o que vive podem se regenerar eletronicamente.

Na manhã seguinte, o cenário era de terror. Pedro e os outros em idade escolar foram para seus colégios, mas quem ficou por lá pôde observar bem a sombra da frondosa árvore reduzida ao tamanho da de um poste.

À tarde, os meninos finalmente se reuniram no rancho dos fundos da casa do marceneiro para dar início à produção de pipas. Azul, vermelho, preto, amarelo e verde eram as cores que Pedro tinha encontrado para comprar. Combinaram que usariam sempre duas cores em cada pipa, pois aquelas folhas traziam tons fortes, densos, quase brilhantes.

Seu Olavo era frequentador assíduo da feira livre das manhãs de sábado. Na sexta à noite, foi à casa do marceneiro entregar um dos muitos queijos que havia trazido da região da serra da Canastra em retribuição à gentileza dos meninos por cuidarem da sua casa durante a viagem. Não demorou a ganhar os fundos onde o iluminado rancho abrigava a linha de montagem das pipas.

Com os dedos ásperos pela cola seca, cumprimentaram seu Olavo. Ele se animou tanto com o colorido dos papagaios de papel que se envolveu na produção, ajudando a cortar barbatanas. O preto com o amarelo, o azul com o vermelho, o vermelho com o verde, o verde com o amarelo etc. As fronteiras retas entre as cores combinadas fascinaram seu Olavo como o fascinava, quando criança, ver o reflexo nas bolas coloridas da árvore de Natal.

Antes de ir embora, seu Olavo se ofereceu para levar os meninos e a mercadoria de carro à feira da manhã seguinte. Os rapazes toparam na hora.

Cedinho, pouco antes das 6 da manhã, partiram no carro de seu Olavo, além dele próprio, os três filhos do marceneiro e Pedro. No porta-malas, acomodaram 30 pipas que seriam colocadas à venda clandestinamente, já que não tinham licença para vender produto algum na feira. Percebendo isso, seu Olavo conseguiu que alguns feirantes que o reconheciam como fiel cliente acolhessem os meninos e suas pipas.

Seu Olavo é economista e gosta de ensinar. Viu ali uma oportunidade de explicar aos garotos sobre licenças, impostos, taxas, e aproveitou sua amizade com os feirantes para instaurar, naquela visita à feira, uma discussão sobre economia formal e informal. O próprio seu Olavo, quando criança, costumava apanhar abacates de seu quintal para vender. Foi feito, então, um pacto com os feirantes, para que colocassem as pipas à venda em suas barracas, em caráter excepcional.

Além do pastel, que espalhava seu cheiro de cozinha quente pelo frio da manhã, com o dinheiro das vendas das pipas os meninos compraram peixe, ovos caipiras, verduras e mel, voltando, assim, para casa com tantas cores quanto as que haviam levado para a feira.

Permutação, arranjo e combinação

A história da poda da amendoeira rendeu muito assunto nos dias subsequentes. Alguém teve a ideia de procurar a Associação de Bairro do Jardim Chapadão para que esta exigisse uma explicação da empresa de distribuição de energia.

Era época de eleições na Associação e os cinco candidatos aos cargos de presidente e vice certamente se empenhariam para conquistar votos. De acordo com as regras, o mais votado seria eleito presidente e o segundo mais votado, vice.

Pedro preferia evitar que seu pensamento fosse na direção do tema da poda. Preferia se refugiar em devaneios matemáticos. Não que estivesse pouco se importando com o que acontecera com a árvore, mas evitava que o assunto, pela intensidade com que o atingia, o consumisse demais.

Rabiscando uma folha de papel, pensava nas cinco cores que haviam sido utilizadas para fazer as pipas e em como elas tinham sido agrupadas duas a duas na confecção de um brinquedo capaz de fazer voar a imaginação de quem o liberta. Percebeu que se tratava de uma "combinação", tal como havia aprendido nas aulas de matemática. Um conjunto de cinco elementos (as cinco cores) formará subconjuntos de dois elementos (as duas cores de cada pipa). Em vez de verde, azul, amarelo, vermelho e preto, chamemos as cores genericamente, de modo que o conjunto delas seja dado por: {a, b, c, d, e}. Os subconjuntos possíveis são {a,b}, {a,c}, {a,d}, {a,e}, {b,c}, {b,d}, {b,e}, {c,d}, {c,e} e {d,e}. Obtivemos dez subconjuntos: dizemos, então que a combinação dos cinco elementos do conjunto de cores, tomados dois a dois, é igual a dez. $C_{5,2} = 10$.

É interessante notar que apenas as cores, e não suas disposições, estão sendo consideradas, de modo que os conjuntos {a,b} e {b,a} não se diferenciam: dizer que a pipa é feita com papéis das cores verde e vermelho ou vermelho e verde, neste caso, dá na mesma.

Pedro prosseguiu divagando e pensou que o caso da eleição para presidente e vice-presidente da Associação de Bairro era ligeiramente diferente da combinação das cores: havia cinco candidatos, {A, B, C, D, E}, que preencheriam duas vagas, mas as posições que eles ocupariam após eleitos eram diferentes entre si. Admitamos todas as possibilidades de resultados daquela eleição: se o candidato A fosse eleito presidente e o B, vice, o subconjunto {A,B} seria diferente daquele que teria o candidato B como presidente e o A como vice, {B, A}.

Se, no caso das cinco cores, {a,b} = {b,a}, no caso da eleição dos cinco candidatos, {A, B} ≠ {B, A}, pois neste último a ordem em que os elementos aparecem no subconjunto importa. Teremos, então, em vez de 10, 20 possibilidades de resultados para as eleições, e este não é um caso de "combinação", mas de "arranjo".

Dizemos que o arranjo dos 5 elementos (candidatos) tomados dois a dois (presidente e vice) é igual a 20. $A_{5,2} = 20$.

Pena que não havia tantas situações perfeitas em sua cabeça naquele momento para fazer a analogia com o que aprendera em matemática, mas Pedro deu um jeitinho para encaixar na sua divagação vespertina um caso de "permutação". No carro que os levou à feira, cinco pessoas se acomodaram e os assentos que ocuparam poderiam ser trocados à vontade, exceto pelo assento do motorista, que precisaria ser ocupado por seu Olavo.

O que Pedro fez foi pensar nas possíveis combinações para os outros quatro assentos: o dele e os dos três irmãos. Os quatro assentos disponíveis no carro poderiam ter sido ocupados pelos caronas em muitas combinações diferentes. Nesse caso, o conjunto dos meninos (Pedro mais os três filhos do marceneiro), {A, B, C, D}, poderia ser reconstruído de diferentes maneiras, de acordo com a ordem em que os elementos aparecem. A ordem indicaria os assentos: o primeiro elemento é o que ocupa o banco da frente; o segundo, o que está imediatamente atrás de seu Olavo; o terceiro, o que está no meio do banco de trás; e o quarto, o imediatamente atrás do banco do acompanhante.

Passou alguns minutos contando as formações possíveis da carona daquela manhã: {A, B, C, D}, {A, B, D, C}, {A, C, D, B}, {A, C, B, D}, {A, D, C, B}, {A, D, B, C}, {B, A, C, D}, {B, A, D, C}, {B, C, A, D}, {B, C, D, A} {B, D, A, C}, {B, D, C, A}, {C, A, B, D}, {C, A, D, B}, {C, B, A, D}, {C, B, D, A}, {C, D, A, B}, {C, D, B, A}, {D, A, B, C}, {D, A, C, B}, {D, B, A, C}, {D, B, C, A}, {D, C, A, B}, {D, C, B, A}. Com seu Olavo fixo no assento do motorista, havia 24 configurações possíveis para a distribuição dos quatro meninos nos assentos do carro; felizmente, eles não tinham discutido qual a melhor delas antes de embarcar, pois isso poderia ter levado horas.

Dizemos, então, que a permutação de quatro elementos é igual a 24. $P_4 = 24$.

"Fatorial" de um número natural é o produto deste e de todos os números naturais inferiores a ele, exceto o 0. Fatorial de um número, n, é indicado com um ponto de exclamação: n!.

Para $n \geq 1$, $n! = n.(n-1).(n-2).(n-3).....2.1$.

Para $n = 0$, $n! = 1$.

A permutação pode ser calculada pelo fatorial do número de elementos do conjunto que serão usados em todos os agrupamentos.

$P_n = n!$ Assim, não precisamos imaginar e contar todas as possibilidades, como no caso da permutação dos meninos nos assentos do carro. Tínhamos quatro elementos e o número de agrupamentos é igual ao fatorial de quatro.

O mesmo ocorreria se quiséssemos calcular o número de anagramas da palavra "amor": mora, roma, maro, omar etc. Bastaria fazermos $P_4 = 4! = 4.3.2.1 = 24$ anagramas.

Tanto nos anagramas da palavra "amor" quanto nas possíveis combinações dos meninos nos assentos do carro, não há repetição de elementos (nenhuma letra se repete na palavra "amor" e os meninos são diferentes entre si).

Para calcularmos a permutação de elementos que eventualmente se repetem, devemos dividir o fatorial do número de elementos pelo fatorial do número de vezes que cada elemento se repete. O mais importante, no entanto, é sabermos identificar quando se está diante de uma situação de "arranjo", de "permutação" ou de "combinação".

Quando agrupamentos "ordenados" diferentes de um número "p" de elementos são formados a partir de "n" elementos de um conjunto, temos um arranjo, tal como foi o caso dos candidatos a presidente e a vice da Associação de Bairro: tínhamos diferentes possibilidades de dois (p) candidatos, nas quais a ordem em que aparecem deveria ser considerada. Os arranjos eram feitos a partir do conjunto de cinco (n) candidatos.

O número de arranjos pode ser obtido pela expressão: $A_{n,p} = n! / (n-p)!$

Assim, $A_{5,2} = 5! / (5-2)! = 5!/3! = 5.4.3! / 3! = 5.4 = 20$ (tal como havíamos contado anteriormente, sem a "fórmula").

A combinação está associada à situação em que a ordem dos elementos nos agrupamentos não implica subconjuntos diferentes, como no caso da escolha de duas cores para fazer uma pipa: a escolha de "amarelo e preto" é a mesma da escolha de "preto e amarelo".

Não nos referimos às pipas, pois, é claro, podemos construir diversas pipas diferentes usando duas cores, mas nos referimos apenas à escolha das cores. Se a pergunta fosse relativa ao número de pipas que podem ser construídas de modo que a banda da direita seja de uma cor e a da esquerda de outra, usando-se cinco cores diferentes de papel, estaríamos diante de um arranjo.

A combinação de "n" elementos tomados "p" a "p" é dada por:

$$C_{n,p} = n! \, / \, p!(n\text{-}p)!$$

Para a escolha das cores: $C_{5,2} = 5! \, / \, 2!(5\text{-}2)! = 5.4.3!/2!.3! = 5.4/2 = 10$.

Três modelos diferentes de automóveis serão colocados num pátio onde há seis vagas. Após os carros serem estacionados, tiramos uma foto do pátio na qual aparecem as seis vagas, três delas ocupadas pelos carros. Quantas fotos diferentes poderemos obter nesta situação?

Temos aí um arranjo, pois a ordem em que os carros estão estacionados nas vagas produz diferentes fotografias, ainda que as vagas sejam as mesmas.

Assim, $A_{6,3} = 6! \, / \, (6\text{-}3)! = 120$.

Se os carros fossem indistinguíveis, teríamos uma combinação:

$$C_{6,3} = 6! \, / \, 3!(6\text{-}3)! = 20.$$

Se as mesmas seis vagas fossem ocupadas por seis carros diferentes, estaríamos diante de uma permutação. $P_6 = 6! = 6.5.4.3.2.1 = 720$.

Os agrupamentos dos exemplos acima são simples. Há situações que envolvem diferentes tipos de agrupamentos, com ou sem repetição de elementos. No entanto, são variações mais complexas da essência dos conceitos de combinação, arranjo e permutação.

Pedro costumava se refugiar nesses demorados raciocínios matemáticos quando algo o incomodava. A simplicidade com que as ideias se encadeiam coerentemente em devaneios lógicos alivia a sensação de impotência diante de questões que transcendiam os limites do razoável.

O que mais inquietava Pedro era o fato de a amendoeira ter sido cortada, pois revelava a dessintonia entre homens, plantas, animais e máquinas produzida pela chamada "modernidade" ocidental. A sombra acolhedora da copa de uma única árvore certamente faria falta aos homens e aos animais que nela encontravam aconchego. Quanto mais o sentimento de perda se intensificava em Pedro, mais consciente ele ficava de que, quando uma floresta é devastada, além das espécies de plantas e animais que desaparecem, os mitos em que natureza e cultura se confundem também são levados de roldão.

Uma pequena mata já pode revelar esse encanto, mas, se pudéssemos ficar por algumas horas cercados de grande e densa floresta nativa, perceberíamos a sinfonia de mistérios nos quais a vida pulsa. O biólogo Edward Wilson, em seu livro *The diversity of life*, escreveu sua experiência de estar em silêncio, imerso na escuridão da floresta amazônica:

> Perto de mim eu sabia que morcegos haviam voado através das copas das árvores em busca de frutos, que cobras das palmeiras, prontas para o bote, haviam se enroscado nas raízes das orquídeas, que as onças haviam passado pela margem do rio; em torno delas estavam 800 espécies de árvores, mais do que as nativas em toda a América do Norte; e mil espécies de borboletas, 6% de toda a fauna do mundo, esperavam a aurora. Das orquídeas do lugar, sabíamos muito pouco. Dos mosquitos e besouros, quase nada, dos fungos, nada, da maior parte dos organismos, nada. Cinco mil tipos de bactérias podiam ser encontrados num punhado de terra e deles não sabíamos absolutamente nada. Isto era a selva no sentido quinhentista do termo, tal como deve ter se formado nas mentes dos exploradores portugueses, com seu interior ainda cheio de animais e plantas estranhos, geradores de mitos.

Ao derrubarmos florestas, derrubamos muitas coisas junto. A magia, a cultura e, no final do processo, o próprio homem tombam com cada árvore derrubada ou com cada pássaro que nela depositou seus ovos. A Amazônia não é uma "coleção de árvores", mas um ecossistema, uma floresta composta de árvores e uma infinidade de outras espécies vivas — inclusive seres humanos, que lá estão há pelo menos 15 mil anos.

Segundo o antropólogo Eduardo Viveiros de Castro (2008),

(...) a Amazônia jamais foi um vazio humano, ao contrário, se em algum momento conheceu um nadir demográfico foi após a invasão européia, com suas epidemias, seus descimentos forçados das populações nativas para fixação em missões e feitorias. E as populações indígenas encontraram, ao longo destes milênios de co-adaptação com o ecossistema amazônico (ou ecossistemas – pois a Amazônia não é uma só, mas muitas), soluções de "sustentabilidade" infinitamente superiores aos processos truculentos e míopes de desmatamento com correntes, desfolhantes, motosserras e assim por diante.

Naquela tarde de sábado, a inquietação de Pedro só deu trégua quando se entregou a devaneios matemáticos aplicados a situações do seu cotidiano. Conseguia equilibrar-se fazendo do exercício da coerência matemática uma forma de meditação. Atenuava o ruído da motosserra que atormentava sua imaginação brincando de inventar enredos em que um conceito matemático servisse de roteiro, ou, no outro sentido, procurando sentenças matemáticas que se adequassem às situações que aconteciam ao seu redor.

Vejamos alguns de seus devaneios.

1 – O time de futebol formado por Pedro e pelos amigos da redondeza onde morava tinha 8 jogadores. Eles jogavam num campo adequado a esse número. Ao serem convidados a participar de um evento na Escola Americana, surgiu a necessidade de completar o time com mais 3 jogadores. Os líderes do time se reuniram e pensaram em 7 outros jogadores para completar o time de 11. Como só havia 3 vagas, de quantas maneiras diferentes o time pode ser completado?

Trata-se de encontrar o número de subconjuntos de 3 elementos que serão formados a partir do grupo de 7 jogadores. Para obtermos a relação dos 11 jogadores, sem diferenciá-los pelas posições em que jogam, devemos acrescentar ao grupo de 8 já existente um dos subconjuntos da "combinação" de 7 elementos tomados 3 a 3.

$C_{7,3}$ = 7! / 3!.4! = 7.6.5.4! / 3!.4! = 7.6.5 / 3.2.1 = 35 combinações possíveis.

2 – Quantas diagonais há num decágono?

O número de segmentos que unem dois vértices é dado pela "combinação" de 10 pontos tomados dois a dois, retirando-se os 10 segmentos que constituem os lados do decágono.

$C_{10,2}$ = 10! / 2! (10-2)! = 10.9.8! / 2!.8! = 45.

De todos os segmentos que unem os vértices, 10 deles são os próprios lados do polígono. Assim, o número de diagonais é 45 – 10 = 35 diagonais.

3 – Quantos anagramas se formam com as letras da palavra "sombra"?

P_6 = 6! 6.5.4.3.2.1 = 720 anagramas.

4 – Quantos anagramas da palavra "amendoeira" têm as letras A, M, E e N juntas e em qualquer ordem?

Considerando as 4 letras juntas como se fossem uma só, teremos uma permutação de 6 elementos, ou seja, as 6 letras de "doeira" vão trocar de posição juntamente com o grupo das 4 letras.

P_6 = 6! 6.5.4.3.2.1 = 720.

Temos que considerar ainda que as letras de "amen" vão trocar de posição: P_4 = 4.3.2.1 = 24 possibilidades para as letras A, M, E e N. Cada uma dessas possibilidades pode interagir de 720 maneiras diferentes com as letras D, O, E, I, R e A.

Assim, os anagramas nas condições da questão são $P_6.P_4$ = 720.24 = 17280.

5 – Quantos anagramas existem na palavra "magia"?

Neste caso, temos a repetição da letra A. Para calcular, temos que dividir P_5 pelo fatorial do número de vezes que a letra se repete.

Portanto, P_5 / 2! = 5! / 2! = 60 anagramas.

6 – Quantas frações diferentes e com resultado não igual a 1 podemos formar com os números 2, 3, 5, 7 e 11?

Repare que a ordem dos elementos, aqui tomados dois a dois, faz diferença. Por exemplo, 5/7 é diferente de 7/5. Além disso, não há repetição de elementos, pois 5/5, por exemplo, foi excluído pelo enunciado por resultar em 1. Estamos, então, diante de um "arranjo" simples, um "arranjo" de 5 elementos tomados dois a dois.

$A_{5,2}$ = 5! / (5-2)! = 5.4.3! / 3! = 20 frações diferentes.

7 – Alejandra e a irmã de Pedro usam roupas de mesma medida. Compraram juntas 6 camisetas de cores diferentes, mas do mesmo tamanho. Antes mesmo de dividirem a compra, resolveram sair da loja vestindo uma camiseta nova. No que diz respeito à cor da camiseta, de quantas maneiras diferentes elas podem sair da loja?

A escolha das cores leva em conta a ordem em que elas se apresentam: se as cores forem, por exemplo, verde e rosa, teremos duas possibilidades: numa delas, Alejandra veste a camiseta verde; na outra, a cor-de-rosa. Trata-se, portanto, de um "arranjo" de 6 elementos tomados dois a dois.

$A_{6,2}$ = 6! (6-2)! = 6.5.4! / 4! = 30 possibilidades.

Probabilidades

Acabamos de calcular o número de possibilidades diferentes que Alejandra e a irmã de Pedro teriam para sair da loja vestindo uma camiseta nova, levando em conta apenas a cor da peça. Com 6 cores, calculamos que havia 30 possibilidades.

Elegemos o campo onde poderia haver variação: a cor da camiseta em duas garotas distintas. O recorte operado nos leva ao conjunto de possibilidades: {verde/rosa, rosa/verde, azul/verde, preto/rosa, amarelo/verde...}. Esse conjunto é o nosso "espaço amostral" (Ω). Nele há 30 "eventos" possíveis. Tomemos um dos eventos: Alejandra sai com camiseta verde e a irmã de Pedro, com camiseta rosa. Vamos chamá-lo de "evento A". Então, A = {verde/rosa}.

Qual é a probabilidade de que o "evento A" ocorra? Não é difícil deduzir que é de 1 em 30! Essencialmente, o cálculo da probabilidade é feito pela razão entre o número de eventos e o número de elementos do espaço amostral, ou seja, dividindo-se o número de eventos "desejáveis" pelo número total de possibilidades.

Qual seria a probabilidade de as moças saírem com camisetas das cores verde e rosa (não importa qual delas usa a verde ou a rosa)? Nosso espaço amostral é o mesmo, mas nosso evento (vamos chamá-lo de "evento B") tem agora dois elementos: B = {verde/rosa, rosa/verde}. A probabilidade de que ocorra o "evento B" é de 2/30 = 1/15 = 0,0666 = 6,7% (valor aproximado).

Os recortes podem mudar tanto quanto queiramos. Uma informação pode obrigar o bisturi da razão a construir outro espaço amostral. Por exemplo, se soubermos que Alejandra jamais veste a cor vermelha, o espaço amostral perde 5 elementos. Assim, a probabilidade de ocorrer o "evento A" passa de 1/30 para 1/25. A informação modificou a probabilidade. Talvez seja isso que seu Olavo quis dizer com a frase: "A informação é o logaritmo de uma probabilidade". Embora essa frase não faça muito sentido matemático, há nela a sugestão de que a informação "potencializa" a probabilidade, reduzindo o espaço amostral.

Quem olhava a amendoeira no dia seguinte ao da poda acreditava que a probabilidade de ela se regenerar era muito pequena. Nunca se soube exatamente quem ou o que motivou uma poda tão drástica para aquela árvore. A Associação de Bairro nada esclareceu e todos preferiram desviar do assunto a continuar acusando aleatoriamente uns aos outros.

O tronco pelado indicava que a probabilidade de a amendoeira sobreviver era muito pequena. Muitos a deram por morta. Essa estimativa estatística seria diferente se outras informações tivessem sido levantadas pelas pessoas, mas o clima de resignação se instaurou entre os vizinhos.

Quando os galhos vitais e de grandes dimensões quebram ou são podados, as células mortas do centro do galho ou já estão preparadas para a regeneração, ou servirão de entrada para fungos parasitas da madeira. A poda provoca um desequilíbrio entre a superfície que assimila a luz solar (folhas) e a superfície de absorção de água e nutrientes (raízes). A reação da árvore será de recompor a folhagem original a partir de gemas epicórmicas. Uma poda severa produz uma profusão de brotos epicórmicos.

Havia o sério risco de a amendoeira morrer, mas não a certeza disso, tal como sugeriam as aparências. Julgando apenas pelo aspecto do que sobrou da árvore, os vizinhos jogaram lá embaixo a probabilidade de ela se regenerar. Por isso, foi com surpresa e mesmo com espanto que, alguns meses depois, todos viram aparecer folhas e brotos que deixaram aquele tronco com uma desproporcionalidade estética ao mesmo tempo feia e bonita, tal como fica o rosto de uma criança que perdeu um dente de leite.

Contrariando as expectativas, ao cabo de alguns anos a amendoeira estava completamente regenerada.

O espaço amostral apresenta um futuro de possibilidades. Quanto maior o espaço amostral, quanto mais aberto for o corte do bisturi da razão que o define, maiores são as possibilidades.

Considerando todas as possibilidades de eventos futuros no universo, quando uma delas se realiza, as outras são descartadas. Mas, no mesmo instante, um novo leque de possibilidades se abre no fascínio do futuro. Em *Ensaios sobre os dados imediatos da consciência*, o filósofo Henri Bergson escreveu:

> O que faz da esperança um prazer tão intenso é que o futuro está à nossa disposição, nos surge ao mesmo tempo sob uma imensidão de formas, igualmente risonhas, igualmente possíveis. Ainda que a mais desejada se realize, é preciso sacrificar todas as outras, e teremos perdido muito. A idéia do futuro preenche uma infinidade de possíveis, sendo, pois, mais fecunda que o próprio futuro, e é por isso que há mais encanto na esperança do que na posse, no sonho do que na realidade. (1988, p. 16)

Além do futuro que se apresenta na forma de possibilidades, algumas com maior probabilidade de se realizarem do que outras, o passado também recebe, nos dias atuais, um olhar estatístico para nortear probabilidades futuras. Basta ouvirmos os comentaristas de jogos de futebol para perceber o quanto a estatística apoia o que dizem ao fazer suas análises e seus prognósticos.

Na genética, o cálculo das probabilidades mostrou-se fundamental, pois o encontro de dois gametas com cargas genéticas diferentes é um evento aleatório e, portanto, sujeito às indeterminações do acaso.

Essa espécie de "cultura probabilística" ganhou força no início do século XX, quando a física quântica, ao estudar as partículas no nível subatômico, concluiu que não se pode afirmar com certeza a velocidade e a posição dessas partículas. No nível subatômico, quanto mais se conhece a posição de uma partícula, menos se sabe sobre sua velocidade, e vice-versa. Assim, a posição e a velocidade de um elétron, por exemplo, são consideradas em termos probabilísticos: o elétron não ocupa um determinado ponto, mas uma região onde é maior a probabilidade de encontrá-lo.

O "determinismo" que pautou a ciência no século XIX foi abalado. Se abandonarmos uma maçã de certa altura do solo, certamente ela cairá. Dadas as condições iniciais (maçã abandonada em repouso de uma altura do solo), seu movimento é determinável, praticamente sem margem de indeterminação. O triunfo do mecanicismo culminou com o sucesso da lei da atração gravitacional, de Isaac Newton (1642-1727): uma fórmula que continha a síntese do movimento dos corpos celestes e dos fenômenos cotidianos, como a queda de uma maçã.

Figura 57: *Sir* Isaac Newton

No século XX, para justificar a estabilidade das órbitas dos elétrons ao redor do núcleo, o físico dinamarquês Niels Bohr (1885-1962) introduz uma ideia radical: os elétrons poderiam existir, "sem irradiar energia" (portanto, sem se precipitarem no núcleo), em órbitas específicas cujos raios fossem múltiplos de um valor fixo, isto é, "quantizados". Esse valor fixo foi obtido a partir da constante de Planck, e o elétron só irradiaria ou absorveria energia quando saltasse de uma órbita para outra, o que explicaria a estabilidade da matéria e a não precipitação dos elétrons sobre o núcleo.

Werner Heisenberg (1901-1976), aluno, discípulo e amigo de Bohr, introduziu na mecânica quântica o princípio da incerteza, segundo o qual é impossível determinar, ao mesmo tempo, a posição e a quantidade de movimento de uma partícula: quanto mais se conhece a posição de uma partícula, menos se sabe para onde e com que velocidade ela se movimenta (e vice-versa).

Figura 58: Werner Heisenberg

O Princípio da Incerteza de Heisenberg ia de encontro ao determinismo da física clássica, pois as leis da natureza deveriam, segundo os modelos clássicos, localizar e determinar a quantidade de movimento de um corpo físico sem qualquer margem de indeterminação.

Einstein permaneceu fiel ao determinismo científico e não poderia aceitar a física quântica como uma ciência acabada; ele a considerava uma ciência provisória.

As divergências entre Einstein e seus admiradores – especialmente entre Einstein e Bohr – ganhou um tom espetacular em 1927, no quinto Congresso Solvay. Foi a ocasião em que os físicos criadores da teoria quântica esperavam convencer Einstein da validade da teoria da qual estavam orgulhosos, pois haviam chegado a um solo comum após anos de discussão.

A tarefa, entretanto, foi mais difícil do que eles imaginavam. Einstein fez uma série de objeções que os obrigou a refazer seus raciocínios. Diz a lenda que os argumentos de Einstein apresentados no jantar em que o embate principal se deu foram derrubados por Bohr no café da manhã do dia seguinte, mas Bohr teria passado a noite em claro refletindo sobre as objeções de Einstein. À famosa frase de Einstein que sintetiza sua descrença no cálculo probabilístico para descrever os fenômenos físicos, "Deus não joga dados", Bohr teria dado como resposta: "Não diga a Deus o que ele deve fazer".

A física moderna contribuiu para uma leitura probabilística da realidade. Do orbital dos elétrons ao comportamento de mercados, das partículas subatômicas às análises de jogos de futebol, a estatística introduziu a margem de indeterminação na verdade sobre os fenômenos. Quase sempre invisível, o cálculo probabilístico alimenta as políticas e o *marketing*.

Vejamos agora alguns exemplos simples de cálculo de probabilidades:

1 – No lançamento de um dado ideal (não "viciado"), qual a probabilidade de sair um número maior do que 3?

O nosso espaço amostral é $\Omega = \{1, 2, 3, 4, 5, 6\}$ e o nosso evento, $E = \{4, 5, 6\}$. Assim, a probabilidade é dada pela razão entre o número de elementos do evento e o número de elementos do espaço amostral.

$$p(E) = n(E) / n(\Omega) = 3/6 = 1/2 = 0,50 = 50\%$$

2 – Qual a probabilidade de tirarmos um "3" quando escolhemos ao acaso uma das cartas de um baralho completo (52 cartas)?

Como há 4 cartas com o número 3 (uma de cada naipe), a probabilidade é dada por p = 4/52 = 1/13 = 7,7 % (valor aproximado).

3 – Com os algarismos 3, 4 e 5, formemos todos os números de três algarismos distintos possíveis: {345, 354, 435, 453, 534, 543}. Este será nosso espaço amostral. Escolhendo-se ao acaso um desses números, qual a probabilidade de:

a) ser ímpar

b) ser maior do que 600

c) a soma dos algarismos ser igual a 12

d) ser múltiplo de 5.

a) p = 4/6 = 2/3 = 67% (aproximadamente)

b) p = 0/6 = 0

c) p = 6/6 = 1 = 100%

d) p = 1/6 = 17% (aproximadamente)

4 – (Unicamp-SP) – Um dado é lançado três vezes, uma após a outra. Perguntam-se:

a) Quantos são os resultados possíveis em que os três números obtidos são diferentes?

b) Qual a probabilidade de a soma dos resultados ser maior ou igual a 16?

a) O número de resultados é dado pelo arranjo de 6 elementos (números de 1 a 6), tomados três a três. $A_{6,3} = 6! / (6-3)! = 6.5.4 = 120$ *resultados sem repetição de números.*

b) Para a soma ser maior ou igual a 16, os eventos que contêm os números 1, 2 ou 3 estarão excluídos, pois se "sair" algum desses números a soma não será sequer *igual* a 16, ainda que os outros dois sejam máximos. Assim, apenas {466, 646, 664, 566, 556, 565, 655, 656, 665, 666} são os

10 eventos que satisfazem a condição do enunciado. Isso dentro de um universo de possibilidades que inclui os 120 arranjos acima calculados mais os resultados em que um número se repete. Para cada número teremos o mesmo que ocorre, por exemplo, com o número 1: {111, 112, 113, 114, 115, 116, 121, 131, 141, 151, 161, 211, 311, 411, 511, 611}. Temos aí 16 eventos; como o mesmo ocorre para os 6 números, 6 x 16 = 96 eventos, que, somados aos outros 120, resultam em 216 eventos. *A probabilidade, então, será 10/216 = 4,6% (valor aproximado).*

5 – (Fuvest–SP) – Uma urna contém 20 bolas enumeradas de 1 a 20. Seja o experimento: retirada de uma bola. Considere os eventos: A {a bola retirada possui um múltiplo de 2}; B = {a bola retirada possui um múltiplo de 5}. Então, a probabilidade do evento A U B é:

a) 13/20

b) 4/5

c) 7/10

d) 3/5

e) 11/20

Entre 1 e 20, há 10 múltiplos de 20. Assim, p(A) = 10/20 = 1/2.

Entre 1 e 20, há 4 múltiplos de 20. Assim, p(B) = 4/20 = 1/5.

A intersecção dos dois eventos, ou seja, as bolas que possuem múltiplos de 2 e 5, são apenas duas. Então, p(A ∩ B) = 2/20 = 1/10.

A probabilidade do evento *A U B* é dada por

p(A U B) = p(A) + p(B) - p(A ∩ B)

p(A U B) = 1/2 + 1/5 – 1/10 = 6/10 = 3/5

Alternativa "d".

6 – Um casal pretende ter dois filhos. Qual a probabilidade de serem duas meninas?

Para a primeira gestação, a probabilidade é de 1/2. Para a segunda gestação, a probabilidade de ser menina é também igual a 1/2. Para calcularmos a probabilidade de os dois eventos ocorrerem devemos multiplicar as duas probabilidades: $p = 1/4$.

Imaginemos que um casal tenha planos de gerar 4 filhos. A probabilidade de todos serem do sexo feminino é $1/2 . 1/2 . 1/2 . 1/2 = 1/16$. Imaginemos que três filhas já nasceram: um erro comum é achar que a quarta criança terá uma probabilidade maior de ser do sexo masculino pelo fato de as outras já serem do sexo feminino. Na verdade, a probabilidade é de $1/2$, não importando os eventos anteriores.

Para problemas mais complexos, usa-se o "método binomial", mas é possível resolver muitos deles fazendo as análises do espaço amostral e do evento desejado.

A probabilidade de uma aposta simples de loteria ser premiada espanta esperanças. Calculemos as chances de acerto num concurso em que 6 números são escolhidos pelo apostador entre os 60 disponíveis. O primeiro número a ser sorteado poderá ser um dos escolhidos com probabilidade de 6 em 60: $p(1) = 6/60 = 1/10$.

Admitindo-se que o primeiro número sorteado foi um dos escolhidos pelo apostador, restam ainda 59 números para o segundo sorteio e 5 números escolhidos ainda à espera de ser contemplados. Portanto, $p(2) = 5/59$. Para o terceiro sorteio, teremos um espaço amostral com 58 números e apenas 4 elementos no evento: $p(3) = 4/58$. Assim, $p(4) = 3/57$, $p(5) = 2/56$ e $p(6) = 1/55$.

Para acertar os seis números sorteados, a probabilidade que o apostador tem é dada por:

$$p = p(1).p(2).p(3).p(4).p(5).p(6) = 6.5.4.3.2.1/60.59.58.57.56.55$$
$= 1/50063860$ (uma em mais de 50 milhões!). É possível interpretar esse resultado imaginando que, em termos probabilísticos, se nessa modalidade de loteria o apostador fizer uma aposta simples toda semana, sempre nos mesmos números, ele será contemplado aproximadamente a cada 1 milhão de anos! Isso se nenhuma sequência se repetir durante esse período.

Há coisas realmente pouco prováveis de acontecer, mas nem sempre elas se mostram com a devida clareza. Em geral, o apostador da loteria pensa nas pessoas que ganham o prêmio e se vê em iguais condições de ganhar. Alguns exageram na distorção probabilística pensando que há apenas duas possibilidades: ganhar ou não ganhar, o que erroneamente aumenta suas chances de levar o prêmio para 50%.

Quem via Pedro e Alejandra juntos não vislumbrava a possibilidade de separação do casal. Aparentemente, a probabilidade de aquele namoro terminar num curto prazo era tão pequena quanto aparentemente era a da amendoeira se regenerar.

De fato, Pedro e Alejandra formavam um casal tranquilo, sem grandes oscilações de humores, sem brigas tempestivas, mas não sem que crescesse entre eles uma cumplicidade motivada pela descoberta do outro, pela experiência de compartilhar mundos nunca antes explorados e pelo exercício de misturar-se com o outro e dele distinguir-se, de se reconhecer no espelho que o outro oferece. Em muitos momentos, a intensidade das emoções os levava a atos desmedidos, mas a paixão ali não estava em demasia. A palavra paixão tem origem grega: *pathos*, que também dá origem à palavra *patologia*, mas que permanecia mais na forma latente do que em atividade intensa naquele casal.

O motivo da separação viria de fora: o pai de Alejandra seria novamente transferido para os Estados Unidos. Durante o ano em que a amendoeira se recuperou, justamente por não querer submeter sua família a outra mudança de país, ele se negou a aceitar a quase insistente solicitação da matriz para que retornasse aos Estados Unidos. Porém, a demissão do seu superior imediato levou a compreensão que respaldava a opção do pai de Alejandra de se estabelecer no Brasil.

A nova chefia caiu-lhe muito mal. Após semanas de atritos e de tentativas de contornar a questão, deram-lhe duas opções: voltar aos Estados Unidos ou ir para a China, substituir a segunda pessoa que a matriz dessa empresa transnacional julgava com o perfil adequado para o cargo nos Estados Unidos.

Pedro e Alejandra em tudo pensaram: ela ficar, ele ir, os dois fugirem. O alívio só vinha quando se davam conta de que, num futuro não muito distante, estariam menos dependentes e que, de qualquer modo, a passagem do ensino médio para a universidade poderia implicar a separação física entre eles.

O período que antecede a vida universitária é cheio de possibilidades. Dependendo da escolha da carreira, das instituições em que se deseja fazer o respectivo curso e daquilo que o orçamento familiar permite, o "espaço amostral", digamos assim, poderá ser tão amplo quanto se possa imaginar. Naturalmente, é um período de transição, às vezes de baixo impacto, às vezes de significativas mudanças que determinarão o rumo da vida da pessoa que por ele passa.

Chegar ao vestíbulo da universidade é sentir a iminência de uma espécie de ritual de passagem no qual um leque de possibilidades do espaço amostral se converterá num evento. Dificuldades inerentes à situação são várias, como ansiedade, dúvidas dilacerantes etc. Apesar delas, há encanto também inerente à condição de estar diante de um futuro que se abre como uma manhã de primavera.

A família de Alejandra não tinha vínculos pessoais e institucionais no Brasil que encorajassem a permanência da moça sozinha neste país. Num futuro próximo, a separação entre ela e Pedro ocorreria, e mesmo com os inúmeros planos para se reunirem mais adiante, mesmo com o pacto de não romperem a relação por conta disso, sabiam que em breve o cotidiano de suas vidas iria mudar e que a distância se colocaria entre eles.

Continuariam a se ver pelos artifícios eletrônicos que fazem da distância um instante e do tempo um pontinho a deslizar numa reta. Mas, para Pedro, sabê-la presente, algumas casas acima da sua, enquanto trocavam mensagens pelo computador, fazia toda a diferença.

O cheiro de dama-da-noite que Alejandra sentia ao caminhar pela calçada da casa de Pedro continuaria ali nas noites quentes e movimentadas, mas sem ela para percebê-lo com tanta devoção. Num clique, podem se mudar as coordenadas de um ponto no mapa eletrônico do planeta, mas quantas diferenças existem naquilo que parece ser apenas um conjunto de pontos além dos dígitos que o localizam?

Mal a amendoeira mostrou que sobreviveria e outra poda severa ocorreria no jardim afetivo de Pedro. Mal Alejandra se acostumara com a musicalidade da língua portuguesa por aqui e outra mudança de território linguístico a esperava.

Bocas que aperfeiçoam deslizamentos, encaixes e velocidades haveriam de separar-se? Que dor é esta que se anuncia ao som do mar indo e vindo pelos fluidos do beijo?

– Não pode ser. Isso não pode acontecer – dizia Pedro, chorando.

– Já aconteceu. Meu pai irá daqui a duas semanas. Nós, em dois meses, assim que o ano letivo acabar. Passaremos o Natal lá. Chorei muito ontem quando minha mãe me deu a notícia. Mas nós não vamos desistir, *no es cierto*? O que vemos no horizonte pode indicar grande probabilidade de sofrimento, de *dolor, pero todo puede cambiar*. Além disso, temos chances reais porque, se mantivermos nosso amor aceso, protegido desse vento anunciado, poderemos nos encontrar de novo. Daqui a um ano podemos estar juntos, seja em qual país for. Seremos adultos, universitários.

– Não quero ficar um ano longe! Quantas coisas podem acontecer em um ano? Que chances teria o nosso amor de manter-se vivo e florescer novamente depois desse tempo todo?

– Nem eu quero correr esse risco de expor as flores que cultivamos ao rigor do inverno, mas nada podemos fazer. A amendoeira aparentemente não se recuperaria, mas, contrariamente aos indicadores visuais, ao primeiro plano da observação, ela não só resistiu ao inverno mais rigoroso de sua vida como ressurgiu com mais força vital.

Apesar de parecer mais conformada do que Pedro, talvez porque tivera mais tempo para assimilar o golpe do que ele, Alejandra estava bastante triste. O mito de fênix no revigoramento da amendoeira vinha em seu socorro não como um conforto paliativo, mas como potência que se revela no cenário adverso. Os que tinham pouco conhecimento de botânica não tinham visto probabilidade razoável de aquela árvore se recuperar e a haviam dado por morta; analogamente, pensava Alejandra, não conhecemos todo o espectro de possibilidades que se abrem para este namoro, mas as que agora se fecham nos fazem prisioneiros da ideia do fim do relacionamento. Mas nem tudo há de estar perdido, repetia.

Era novamente noite de sábado. Com a janela aberta, ouviam o rádio da Variant do professor ligado no programa do radialista Jonas Belo. O programa se chamava "Nunca mais é sábado". Em silêncio por alguns minutos, apenas digerindo a conversa que haviam tido, Pedro e Alejandra se ligaram no som do rádio:

– "Nunca mais é sábado", um programa sem entrada e sem juros – anunciava Belo.

– Por falar em entrada, o porteiro da noite é Bob Dylan!

– No final desta emissão do "Nunca mais é sábado", um especial sobre Lupicínio Rodrigues!

– "Nunca mais é sábado", duas horas com o patrocínio exclusivo da *Nova Gente*, a revista que comenta a gente da sociedade: moda, beleza, decoração; e, ainda, o que vemos e veremos na TV. *Nova Gente*, a revista da atualidade. *Nova Gente*, às terças-feiras, sempre nas bancas.

– Gel-T: lubrificação e eficiência. Gel-T, a "lubrificiência".

Adormeceram.

Domingo pela manhã, estava o professor sentado num banquinho sob a nova sombra da amendoeira, mas com os pés descalços fora dela, sentindo o calor da luz do Sol entre os dedos.

– Pé quente, cabeça fria – disse a Pedro, que atravessava a rua para encontrar-se com ele.

– Não sei o que fazer, nem se há algo que eu possa fazer – disse Pedro ao professor depois de relatar a cilada que o amor lhe armara.

Impotente para dizer algo que fosse fazer a diferença, o professor foi buscar três moedas e o *Livro das mutações* ou *I Ching*. O professor havia ganhado o livro de seu Olavo e o lia à medida que "sorteava" com as moedas os hexagramas deste que é um dos mais antigos textos chineses.

Seu Olavo já havia ensinado como fazer o ritual: segurar as moedas nas mãos durante algum tempo, pensando na questão para a qual se deseja uma opinião, uma resposta ou uma metáfora que a dissolva; jogar, então, as três moedas ao mesmo tempo.

Dependendo da combinação de caras e coroas sorteadas, traça-se uma linha cheia ou interrompida, segundo algumas regras que não vêm ao caso neste momento. O processo se repete mais duas vezes, de modo que três linhas, cheias ou interrompidas, irão compor um trigrama, chamado "trigrama inferior". Três novos lançamentos das moedas são feitos e três novas linhas, cheias ou interrompidas, determinam o "trigrama superior".

– Pedro! Jogue as moedas e vamos ver o que sai – disse o professor em tom imperativo.

– Está bem!

Pedro jogou seis vezes o conjunto de três moedas e obteve o hexagrama número 3, *Chun*:

Figura 59: Hexagrama *Chun*

A probabilidade de o hexagrama acima ser "sorteado" pode ser calculada: cada linha tem 50% de chance de ser "cheia" ou "interrompida". Como são 6 linhas, a possibilidade de elas se combinarem para formar este hexagrama é $(1/2)^6 = 1/64$. De fato, são 64 os hexagramas do *I Ching* que revelam movimentos regidos no tempo.

Ao lado do professor com seu bloquinho onde desenhava as linhas indicadas pelas moedas, a banalização daquele ritual de uma cultura milenar não impediu que Pedro encontrasse certo aconchego para sua inquietação.

Trigrama superior → / inferior ↓	☰ qián Céu	☳ zhèn Trovão	☵ kǎn Água	☶ gèn Montanha	☷ kūn Terra	☴ xùn Vento	☲ lí Fogo	☱ duì Lago
☰ qián Céu	1	34	5	26	11	09	14	43
☳ zhèn Trovão	25	51	3	27	24	42	21	17
☵ kǎn Água	6	40	29	4	7	59	64	47
☶ gèn Montanha	33	62	39	52	15	53	56	31
☷ kūn Terra	12	16	8	23	2	20	35	45
☴ xùn Vento	44	32	48	18	46	57	50	28
☲ lí Fogo	13	55	63	22	36	37	30	49
☱ duì Lago	10	54	60	41	19	61	38	58

Figura 60: Hexagramas do *I Ching*

O hexagrama sorteado se chama *Chun* ou "Dificuldade Inicial". Dizem que não se deve interpretar ao pé da letra o texto do *I Ching*, mas vejamos o que nele se lê sobre este hexagrama:

> O nome do hexagrama, *Chun*, representa propriamente um talo de grama que, no seu esforço de crescimento, encontra um obstáculo. Disso resulta o significado de Dificuldade Inicial. (...) Tempos de crescimento indicam dificuldades. Assemelham-se a um primeiro nascimento. Mas essas dificuldades surgem da profusão de seres que lutam por adquirir forma. Tudo está em movimento; assim, com perseverança, há perspectivas de grande sucesso, apesar do perigo. Quando tais épocas aparecem na vida dos homens, tudo encontra-se ainda informe e obscuro. Portanto, é preciso esperar, pois qualquer movimento prematuro poderia ocasionar infortúnio. É também de grande importância não permanecer sozinho. Devem-se convocar ajudantes, para com eles superar o caos. Isso não significa que se devam contemplar passivamente os acontecimentos. É necessário cooperar e participar, encorajando e orientando.

A probabilidade de calhar esse hexagrama após os lançamentos das moedas é, como vimos, de 1 em 64. Na banalidade desse fato, não há qualquer influência do calor das mãos de quem segura e joga as moedas ou daquilo em que se concentra essa pessoa. Podemos ver a consulta ao *I Ching* como um jogo divertido sem perder de vista que o resultado é determinado apenas pelo frio acaso, mas há que levar em conta que, assim, estamos derramando sobre uma cultura oriental milenar o olhar dirigido pelas lentes da cultura ocidental, ou seja, sem incorporar na pura análise elementos culturais tão repletos de sentido quanto a própria análise das relações entre causa e efeito.

No Brasil, a convivência de muitas culturas e de diferentes povos é um atenuante para os vícios do olhar. Talvez esteja aí a maior virtude deste país para responder às questões que se impõem no nosso tempo.

Logo que chegou ao Brasil, Alejandra havia se aproximado de uma senhora que morava em frente à praça do bairro, numa casa simples, mas relativamente grande, construída provavelmente nos anos 60 do século passado. Era lavadeira, muito procurada por sua diversificada freguesia. Morava com o marido, hábil mecânico que deixara o emprego numa concessionária de veículos para tocar uma oficina em sociedade com o cunhado e com o filho.

Dona Guilhermina dava conta de lavar uma montanha de roupas e tinha um tempo de sobra para jogar búzios, pelo que era bastante conhecida. O candomblé ocupava posição central na sua vida. No entanto, o sincretismo religioso revelado nas imagens de santos e santas penduradas nas paredes, provavelmente oriundas das igrejas das redondezas, chamava a atenção de Alejandra.

Sempre que ia bater papo com as meninas que também moravam em frente à praça, quase ao lado de dona Guilhermina, Alejandra dava uma espiada ao passar pela casa da lavadeira. Vez ou outra, trocavam um dedo de prosa através do portão feito de barras finas de ferro com pontas em forma de lança. Vez ou outra, entrava.

Naquela manhã de domingo, a conversa já se estendia por algum tempo entre os vãos do portão.

– Entra, minha filha – dizia a senhora com voz límpida, num tom entre a permissão e a ordenação.

Pela manhã, o já impregnado cheiro de defumador se misturava ao de feijão e ao de sabão em pó. O papo que havia começado no portão pulou para dentro da casa. O som da máquina de lavar batendo a roupa se encaixava no fungar da panela de pressão, compondo um ruído de fundo contínuo para a conversa entre elas.

Alejandra fora à casa de dona Guilhermina motivada pela dificuldade em que se encontrava. A moça estava convicta de que não deveria sucumbir diante da situação que a vida lhe impunha e fora buscar ali a força que daquele contato brotava desde o dia em que haviam trocado as primeiras palavras.

– Gostaria muito de saber o que dizem as conchas – disse Alejandra, com uma ponta de suplício após compartilhar com o olhar doce e misterioso de dona Guilhermina sua angústia por ter que partir.

Dona Guilhermina passou pela cortina que separava a sala da cozinha fazendo sinal para que a moça e sua aflição fizessem o mesmo. Entraram num quartinho que dava para a lavanderia, onde uma mesa quadrada com duas cadeiras dispostas em lados opostos esperava por elas. Sobre uma toalha de renda branca estava a peneira. Dona Guilhermina já tinha as conchas em mãos.

Figura 61: Conchas do jogo de búzios

Os búzios deram a Alejandra uma dica aparentemente desconexa de tudo o que ela estava vivendo naquele momento, mas que, mais tarde, fez sentido para ela. A interpretação de dona Guilhermina sobre as posições das conchas trouxe consigo os elementos culturais que fascinavam Alejandra mais do que o significado literal das palavras. O lançamento aleatório, que pode fazer as conchas caírem com a parte aberta para cima ou para baixo, nos remete às possíveis combinações que as 16 conchas podem formar e à probabilidade de cada uma delas ocorrer. Mas essa maneira exclusivamente quantitativa de enxergar o evento também é cultural, pois seu foco deixa de fora a essência do jogo, seus significados mais profundos.

Olhando, por exemplo, apenas a probabilidade de ganhar na loteria, desprezando a "fezinha", pouquíssimas pessoas teriam coragem de apostar. O fetiche do dinheiro, as manobras do *marketing* e a cultura centrada no indivíduo são capazes de distorcer a racionalidade do apostador diante dos números que indicam suas chances de ganhar. Impregnado pela cultura do consumo, empurrado pela pressão de ser "vitorioso", o apostador empenha uma soma de dinheiro num jogo em que a derrota é quase certa. Apesar das tentativas de racionalizar essa prática, ela é mais viva por motivos culturais do que racionais. No entanto, é fácil pensarmos erroneamente que apenas o jogo de búzios ou a consulta ao *I Ching* são práticas culturalmente revestidas.

Os lançamentos de moedas e de conchas podem resultar, respectivamente, em "cara ou coroa" e em "aberto ou fechado". São sistemas binários, com bases em 0 e 1, números que, combinados em sequências, podem representar qualquer informação por meio de sua digitalização. A essência da tecnologia informacional está na combinação de dois algarismos que codificam imagens, sons ou qualquer conjunto de dados que possam veicular e ser decodificados. As moedas e os búzios também transmitem informações codificadas e decodificadas ao longo de séculos pela via da cultura.

Cortar uma árvore daquela rua do Chapadão pode ser apenas reduzir uma unidade na pasta de dados estatísticos do município, mas pode representar também a decapitação de uma série de agenciamentos que se davam num fluxo de vida vegetal.

Cortar uma árvore na floresta amazônica é contabilizar mais uma perda na vegetação, maior redução no nível de sequestro de carbono etc. Se, com cada uma das inúmeras árvores que são derrubadas a cada hora na floresta, cai também parte da cosmologia *yanomami* é uma questão que precisa ser levada em conta, sob pena de estarmos perdendo muito mais do que imaginamos; sob pena de um dia vermos realizar a profecia da canção "Um índio", de Caetano Veloso:

Um índio descerá de uma estrela colorida e brilhante
De uma estrela que virá numa velocidade estonteante
E pousará no coração do hemisfério sul, na América, num claro instante

Depois de exterminada a última nação indígena
E o espírito dos pássaros das fontes de água límpida
Mais avançado que a mais avançada das mais avançadas das tecnologias
Virá, impávido que nem Muhammad Ali, virá que eu vi
Apaixonadamente como Peri, virá que eu vi
Tranquilo e infalível como Bruce Lee, virá que eu vi
O axé do afoxé, filhos de Ghandi, virá

Um índio preservado em pleno corpo físico
Em todo sólido, todo gás e todo líquido
Em átomos, palavras, alma, cor, em gesto e cheiro
Em sombra, em luz, em som magnífico

Num ponto equidistante entre o Atlântico e o Pacífico
Do objeto, sim, resplandecente descerá o índio
E as coisas que eu sei que ele dirá, fará, não sei dizer
Assim, de um modo explícito

E aquilo que nesse momento se revelará aos povos
Surpreenderá a todos, não por ser exótico
Mas pelo fato de poder ter sempre estado oculto
Quando terá sido o óbvio.

5. GEOMETRIA

Afirmo que a Biblioteca é interminável. Os idealistas arguem que as salas hexagonais são uma forma necessária do espaço absoluto ou, pelo menos, de nossa intuição do espaço. Alegam que é inconcebível uma sala triangular ou pentagonal. (Os místicos pretendem que o êxtase lhes revele uma câmara circular com um grande livro circular de lombada contínua, que siga toda a volta das paredes; mas seu testemunho é suspeito; suas palavras, obscuras. Esse livro cíclico é Deus.) Basta-me, por ora, repetir o preceito clássico: "A Biblioteca é uma esfera cujo centro cabal é qualquer hexágono, cuja circunferência é inacessível".
Jorge Luis Borges (1899-1986)

Uma hora da manhã. A lâmpada do poste ao lado da amendoeira não acendeu, mas a lua quase a pino, privilégio de quem vive entre os trópicos, derrama sua luz sobre os telhados. Vez ou outra, Pedro recebia a visita de um gato que, em sua ronda noturna, parava por alguns segundos em cima do muro à frente de sua janela. Contemplavam-se mutuamente antes de retomarem seus interesses.

Havia-se habituado a ficar até mais tarde da noite ouvindo *dub*, assistindo a vídeos de curta duração, jogando, ou mesmo ouvindo música clássica e ópera, descobertas feitas nas trocas de *links* dos mais variados temas e de mensagens *on-line* com amigos, principalmente com Alejandra.

A jovem argentina vivia agora em San Diego, costa oeste dos Estados Unidos, e costumava conectar-se à internet às 19 horas do horário local, já tarde da noite por aqui. Pedro incorporara em sua rotina noturna a hora de conversar com Alejandra. Ambos vivenciavam novas experiências que trocavam por necessidade mútua de submetê-las aos referenciais que tinham em comum e, em certa medida, desafiá-los. As trocas de informações e de conteúdos que buscavam na rede eram estimuladas pelas mensagens entre um clique e outro no *mouse*.

Fazia seis meses que estavam fisicamente separados. Apesar de poderem conversar em "viva voz" e vendo cada um a imagem do outro em "tempo real", utilizavam pouco estes recursos. Talvez por sentirem-se mais à vontade sem a presença incômoda da câmera, talvez para serem mais cuidadosos com as palavras, sobre elas pensando enquanto digitavam e apagando-as quando necessário, preferiam usar o formato de *chat* por digitação, falando com os dedos no teclado e ouvindo com os olhos fixos na tela.

A conversa diária no *ciberespaço* durava cerca de três ou quatro horas contínuas e não tinham o hábito de conversar nas outras horas do dia. Apenas digitando as frases e lendo as respostas, tinham a oportunidade de fazer outras coisas simultaneamente, como olhar outras páginas na internet etc. Com imagem e som, a conversa seria mais "real", mas limitaria tanto as outras ações que, por isso, tenderia a durar menos. Após desconectar-se da máquina, Pedro levava ainda algum tempo para pegar no sono por causa da reverberação do diálogo virtual em sua mente.

Vinte anos atrás, a comunicação entre duas pessoas vivendo em continentes diferentes seria feita principalmente por carta: o tempo entre o envio e o recebimento da resposta era de uns 20 dias. Falar com os dedos e ouvir com os olhos, portanto, não é novidade, mas a velocidade com que esta sinestesia se realiza aumentou vertiginosamente. Hoje, com a mediação da máquina informática, a distância entre dois cômodos de uma casa, entre dois bairros de uma cidade ou entre dois continentes do globo terrestre é a mesma, e determinada na instantaneidade de um *enter*.

Situada no extremo sul do estado da Califórnia, San Diego apresentou-se para Alejandra com um sorriso. A moça ficou fascinada com o céu sobre o Pacífico, cuja amplidão se propaga pela cidade. Pelas largas e impecavelmente pavimentadas ruas e avenidas, observava enormes caminhonetes a puxar barcos ainda mais exagerados no tamanho. O sonho norte-americano de prosperidade e de consumo ilimitado seduzia e repugnava a um só tempo.

Tijuana, cidade mexicana separada de San Diego por um constrangedor muro fronteiriço, soprava um caloroso vento nos ouvidos de Alejandra nos deslocamentos de ar produzidos pelo espanhol dos imigrantes.

Aguardando por alguns meses o início de seu ano letivo, Alejandra estava trabalhando em tempo parcial como garçonete num restaurante japonês, emprego que conseguira no quinto estabelecimento em que tentara ocupar um posto de trabalho vago. Na verdade, havia conseguido em segunda tentativa, numa *steakhouse* especializada em hambúrgueres, mas não gostara do estilo de atendimento que teria que prestar aos clientes, circulando por aquele ambiente decorado com muita madeira e objetos forçadamente exóticos; e sempre com um sorriso pronto a ser disparado enquanto andava num cenário salpicado de aparelhos de televisão. Preferira a sobriedade do restaurante japonês e a monotonia de seus aquários.

Alejandra voltava do trabalho caminhando pela Shelter Island Drive, avenida à beira da Baía de San Diego cuja brisa constante arejava seus pensamentos. Tomava um banho, levava um lanche para o quarto e entrava na rede para contar as novidades do dia a Pedro, as músicas que compartilhava com Helena, sua vizinha, e, assim, varavam as madrugadas de Pedro que, fazendo um curso pré-vestibular no período da tarde, acordava às 11 horas todas as manhãs.

Pedro levantava-se da cama, conferia suas mensagens eletrônicas, apagava os rastros da madrugada e logo almoçava; ia para a aula, voltava e esperava estudando as aulas do dia até chegar a hora de se conectar com Alejandra, de conectar sua consciência na dimensão da realidade virtual.

Havia sido aprovado em dois exames vestibulares: para o curso de matemática numa universidade pública e para o curso de engenharia mecânica numa universidade privada. Apesar de gostar de matemática e ter optado por começar o curso na pública, não conseguia engatar no mesmo movimento dos outros que tinham ingressado na universidade.

Estava afetivamente preso à fase escolar anterior. Pedro não havia ainda conseguido fazer a transição da vida que tinha no ensino médio para a nova etapa escolar. Sem que ele percebesse, a partida de Alejandra o paralisara.

Seus colegas de turma, a maioria vinda de outras cidades, se articulavam em repúblicas e estavam começando a experimentar a vida universitária de uma forma da qual Pedro não conseguia compartilhar. As aulas da universidade nada tinham a ver com as do colégio, os professores tinham posturas muito diferentes, as quais ele custava a compreender. Mesmo a matemática que começara a aprender na universidade parecia ter um "sotaque" diferente daquele com que estava acostumado.

Desistiu da graduação em matemática no meio do primeiro semestre e resolver fazer um curso pré-vestibular para tentar outra carreira, que pretendia escolher até o final daquele ano. Tivesse tentado um pouco mais, certamente conseguiria fazer a passagem diante da qual hesitava, mas não encontrava forças nem sentido nos afetos que o mundo lhe oferecia naquele momento.

Estar num curso pré-vestibular é estar no vão entre o ensino médio e a universidade, ou seja, fora da progressão na vida escolar. A palavra "vestíbulo" significa "portal de entrada": os exames vestibulares são uma espécie de ritual de passagem, tal como os que ocorrem em muitas sociedades quando os jovens atingem a maturidade e passam por uma provação antes de entrar na vida adulta.

Os cursos pré-vestibulares marcam a vida dos estudantes que estão nessa travessia: se, por um lado, é um período angustiante pela indefinição do futuro, por outro, é repleto de possibilidades que acenam no horizonte próximo. Se no *chat* diário com Alejandra experimentava a "dimensão da realidade virtual", no ambiente do "cursinho" Pedro vivia a "dimensão virtual da realidade".[1]

---

1. No contexto que aqui apresentamos, a "dimensão virtual da realidade" significa as inúmeras possibilidades que cada instante presente esboça para o futuro. São virtuais, porque ainda não se realizaram, não se atualizaram, ou seja, estão em estado "potencial". A dimensão virtual da realidade é diferente da "dimensão da realidade virtual", esta indicando as interações no *ciberespaço*.

As conversas com Alejandra eram intensas. No começo da separação, sentiram muita falta da proximidade física que tinham antes, mas ao longo de alguns meses aprenderam a lidar com a distância substituindo o vigor afetivo que brotava do contato entre seus corpos pelo fascínio de compartilhar a vida com alguém num ambiente virtual. Como agora a troca entre eles era por intermédio das máquinas, os cheiros e os toques cediam espaço para a ampliação das trocas de novas ideias, pensamentos e conteúdos que cada um descobria nas experiências que a vida lhes apresentava.

Levou algum tempo até que Pedro e Alejandra se adaptassem à relação a distância. Se primeiro tivessem se relacionado pela internet e depois seus corpos se conhecessem, os estranhamentos seriam outros, talvez mais fáceis de ser superados; se seus corpos e seus computadores tivessem sido apresentados concomitantemente, quase não haveria estranhamentos.

A princípio, Pedro e Alejandra pensaram várias vezes em romper o fio que os prendia, em eliminar de vez o engate virtual que os mantinha conectados, em sacrificar o que sobrara do antigo namoro para aliviar a contrapartida do sentimento de perda que, por vezes, inflamava em dor. Mas resistiram à fase aguda inicial e se ajeitaram de acordo com os limites e com as novas possibilidades que a distância colocava.

À medida que o diálogo ganhava o formato digital, outra relação foi se construindo entre eles. Em alguns aspectos, apesar de toda a perda em outros, perceberam ganho de qualidade no relacionamento, e alguns sentimentos de alteridade abriram-se na fineza com que calibravam as palavras ao digitá-las, especialmente quando sentiam se aproximar o instante de desconectarem suas máquinas da rede.

Geometria e realidade

Pedro e Alejandra estavam mais amigos do que namorados. O amor, tal como culturalmente o vivenciamos, com os ímãs das paixões a manipular situações, afetos e comportamentos, por vezes não permite concessões que a amizade leva as pessoas a fazer. A distância os obrigou a diminuir a luminosidade da paixão, mas a amizade começou a reluzir na madrugada de Pedro e no fim do dia de Alejandra.

Quando estavam fisicamente juntos nas noites quentes daquela rua do Chapadão, brincavam de telepatia: "Triângulo, quadrado ou circunferência?", perguntava Pedro enquanto ela tentava adivinhar em qual dessas formas geométricas ele estava pensando. Em outros termos, com a licença que a brincadeira concede, ela tentava receber telepaticamente a figura que Pedro imaginava e "transmitia" a ela. A probabilidade de ela acertar era de uma em três, mas às vezes conseguiam uma sequência de acertos que desafiava a indiferença do acaso.

Agora, faziam a mesma brincadeira, mas a distância e *on-line* no *chat* de uma rede social, digitando a pergunta e aguardando a respectiva resposta. Era igualmente divertido, já que as "formas puras" do triângulo, do quadrado e da circunferência não reconhecem distâncias. Tais figuras derivavam provavelmente dos objetos reais que representavam.

Com o desenvolvimento da geometria, a ligação entre os objetos e as formas geométricas tornou-se menos importante, de modo que, quando Pedro e Alejandra pensam numa circunferência, por exemplo, não pensam na lua cheia ou no pneu de um carro, mas na forma mais pura possível da circunferência. Como escreveu Henri Poincaré (1854-1912) em *Science et méthode*, trabalho publicado em 1908, "a matemática é a arte de dar o mesmo nome a coisas diferentes" (trad. nossa).

As noções fundamentais da geometria estão relacionadas aos objetos que percebemos no mundo exterior; com elas são construídos os axiomas ditos "verdadeiros". No século XX, em *La géométrie et l'expérience*, Albert Einstein escreveu:

> (...) a ideia expressa pela palavra *verdade* não convém às afirmações da geometria pura porque temos o hábito de designar esta palavra àquilo que corresponde aos objetos reais. (...) É fácil explicar porque somos levados a considerar as proposições da geometria como verdades: existem na natureza objetos que correspondem mais ou menos exatamente às noções da geometria e que certamente são sua origem. (1921, p. 2; trad. nossa)

A geometria surge provavelmente no Egito Antigo, embora seja considerável a hipótese de que os babilônicos já a utilizavam. A necessidade de aumentar a arrecadação de impostos com a precisa demarcação das terras levou os egípcios a desenvolver o estudo da geometria, palavra cuja etimologia revela sua origem: *geo* significa "terra"; *metria* é "medida".

Se a geometria nasce de uma necessidade prática, seja para medir áreas, seja para construir pirâmides, a abstração matemática permite que dos objetos materiais se passe às formas de pura representação. Assim, um objeto triangular pode ser representado por um triângulo, mas o triângulo adquire um *status* independente das coisas que ele é capaz de representar. A Lua e o Sol vistos no céu são circulares e representamos esses astros com o círculo, cuja forma geométrica é concebida idealmente.

Os filósofos da Grécia Antiga, herdeiros intelectuais dos geômetras egípcios, alavancaram o estudo da geometria desviando-o de sua ligação direta com os problemas práticos em benefício de sua sistematização idealista.

A obra de Platão (428 a.C.-347 a.C.) não é considerada uma ciência sistemática tal como temos hoje em dia. Em seus *Diálogos*, Platão faz especulações filosóficas e utiliza várias alegorias, imagens e metáforas. Na filosofia de Platão, a virtude, a verdade e o belo aparecem associados aos céus, às alturas que a alma humana pode atingir através da libertação das necessidades e vicissitudes às quais a carne está sujeita.

Os *Diálogos* revelam um duplo movimento do desejo:[2] de um lado, o da libertação, ou seja, o da "ascensão da alma" na direção de sua condição originária; de outro lado, encontramos o "apetite do corpo" para uma satisfação imediata, o que aprisiona a alma no plano terreno.

Segundo o filósofo grego, a alma humana pode ascender até a região supraceleste e aceder ao bem, ao belo e ao verdadeiro, mas não consegue lá permanecer. Em outras palavras, a verdade, a beleza e o bem podem ser contemplados e vividos no movimento ascensional da alma, mas apenas um lampejo do mundo ideal nos é permitido conhecer e experimentar, pois logo somos trazidos de volta pelos apetites do corpo.

---

2. De acordo com José Américo Motta Pessanha em "A água e o mel". Texto publicado na coletânea *O desejo*, organizada por Adauto Novaes, pp. 91-124. Cf. Referências bibliográficas.

A alma humana seria, para usarmos uma metáfora do próprio Platão, conduzida por uma parelha de dois cavalos, um de raça nobre e outro de raça inferior: o primeiro é capaz de conduzir a alma à região supraceleste, mas o outro rapidamente se encarrega de trazê-la de volta à sua condição terrena.[3]

Quando, por exemplo, pensamos num quadrado, sabemos que se trata de uma figura geométrica com quatro lados iguais etc. Mas, se tentamos representá-lo numa folha de papel, ele jamais será perfeito, jamais terá os quatro lados exatamente iguais, embora sejamos capazes de idealizá-lo mentalmente. O quadrado perfeito só existe, portanto, no "mundo das ideias", assim como a justiça perfeita e o amor perfeito. Daí provavelmente a origem da expressão de "amor platônico", aquele que só se realiza num plano ideal, isento de degenerações de todo tipo. Por melhores que sejam as intenções dos amantes, por mais preciso e justo que seja um conjunto de leis, a justiça e o amor terrenos serão aproximações de ideais inatingíveis.

Pensemos numa reta. Todos sabem que a reta não tem espessura. Então, como representá-la com um lápis num pedaço de papel, no chão com um pedaço de giz ou na tela de um computador sem que essa representação tenha uma espessura?

Tracemos numa dessas superfícies uma linha tão fina quanto possível e façamos a concessão de considerá-la unidimensional. Por mais que reduzíssemos a espessura dessa reta, não conseguiríamos representar a reta ideal, pois ela desapareceria dos nossos olhos muito antes de sua espessura reduzir-se a zero.

Admitimos que essa reta, sem espessura, existe apenas no "mundo das ideias", na "região supraceleste". O mesmo vale para o quadrado, a justiça e o amor: temos as noções do que seriam a reta, o quadrado, o amor e a justiça ideais, mas, trazidos para a prática terrena, não atingirão a perfeição idealizada.

A geometria, com suas retas, seus pontos, seus quadrados etc., aparece na Antiguidade nesse ambiente filosófico de distinção entre a idealidade e a realidade. Euclides, um jovem discípulo de Platão, sistematizou a

---

3.   Podemos, assim, facilmente suspeitar de que a distinção entre céu e terra na concepção cristã de "Paraíso" foi inspirada na filosofia platônica.

geometria no século III a.C. por meio de conceitos primitivos e intuitivos (a reta, o ponto, o plano) e hipóteses básicas (verdades básicas ou postulados), como o fundamental Postulado das Paralelas.[4]

Séculos depois, a partir do Renascimento, a física, em sua tentativa de representar em leis matemáticas a verdade do funcionamento do universo, encontrou na geometria euclidiana o veículo ideal. A mecânica de Newton, por exemplo, apoia-se nessa geometria: as trajetórias dos corpos celestes previstas na lei de Newton da atração gravitacional podem ser reconhecidas nas secções cônicas.

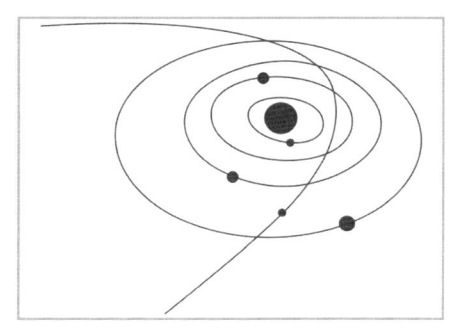

Figura 62: Trajetória de corpos celestes ao redor do Sol

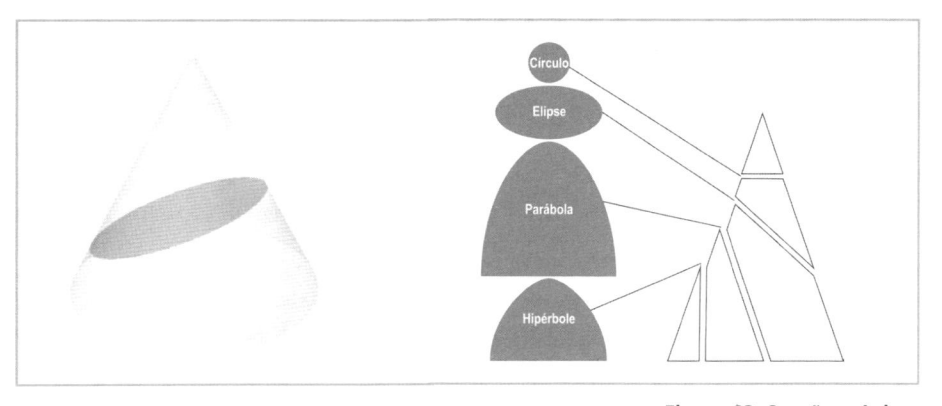

Figura 63: Secções cônicas

---

4. O Primeiro Postulado afirma que por dois pontos não coincidentes passa uma única linha reta. O quinto, o Postulado das Paralelas, pode ser enunciado da seguinte forma: "Se uma linha reta cai em duas linhas retas de forma que os dois ângulos internos de um mesmo lado sejam (em conjunto, ou soma) menores que dois ângulos retos, então as duas linhas retas, se forem prolongadas indefinidamente, encontram-se num ponto no mesmo lado em que os dois ângulos são menores que dois ângulos retos".

No universo mecânico newtoniano, são elípticas as trajetórias dos planetas ao redor do Sol, parabólicos os movimentos de corpos lançados obliquamente à superfície de um planeta, e alguns cometas descrevem hipérboles no espaço. Mesmo tendo sido, ao lado de Leibniz, um dos criadores do cálculo diferencial e integral, Newton utiliza a geometria para sustentar as leis do movimento e a lei da atração gravitacional em sua obra mais conhecida, os *Principia*, publicada em 1687.

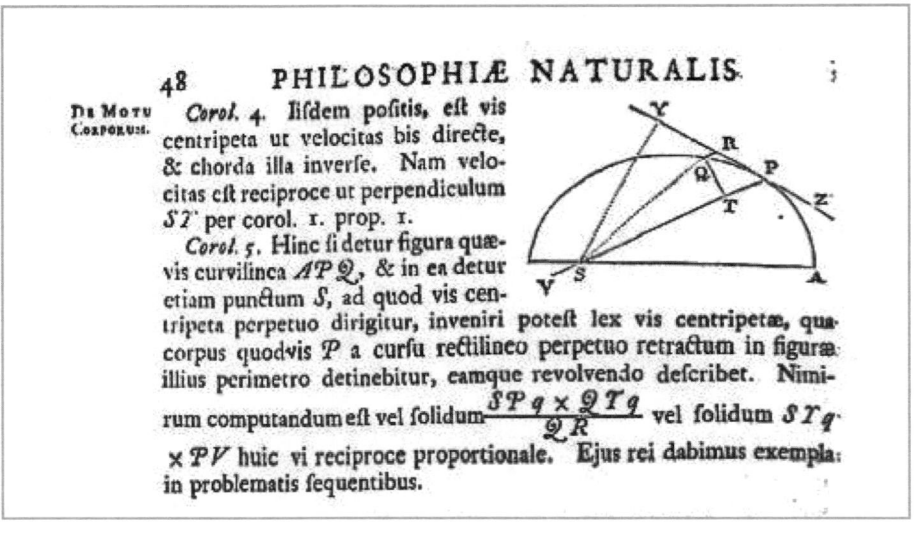

Figura 64: Página do *Principia*, de Isaac Newton.

Outras geometrias não euclidianas se desenvolveram ao longo da história, as quais abandonaram algumas certezas expressas pelos axiomas euclidianos. Lobachevsky, Bolyai e Riemann, no século XIX, criaram novas concepções geométricas que permitiam representar a realidade dos fenômenos naturais de maneira mais precisa do que o fazia a antiga geometria de Euclides.

A Teoria da Relatividade de Einstein só pôde ser satisfatoriamente formulada com o emprego da geometria *riemanniana*.[5] Uma pequena anomalia no movimento de Mercúrio intrigou Einstein mais de dois séculos após a publicação dos *Principia* de Newton, pois o modelo

---

5. Geometria desenvolvida pelo matemático alemão Bernhard Riemann (1826-1866).

newtoniano não era suficiente para explicá-la. No começo, pensou-se haver um planeta oculto que explicasse a aparente incompatibilidade entre a teoria e a observação, mas Einstein percebeu que uma nova geometria seria necessária para dar conta do que se via, ainda que essa geometria implicasse abrir mão daquilo que nossos sentidos podem captar, ou seja, ainda que uma quarta dimensão do espaço fosse viabilizada pela nova geometria de Riemann; ainda que a realidade não pudesse mais ser representada ao alcance de nossa percepção.

A tensão entre realidade e representação da realidade se revela com mais intensidade a partir do início do século XX. Além do cinema, que acelerou o processo de interpenetração entre a realidade e sua representação, a física alcançou novas possibilidades de tradução do real quando a verdade geométrica tornou-se mais complexa e independente daquilo que concebemos como realidade sensível.

A geometria de Riemann, na medida em que superou em complexidade a geometria euclidiana, impulsionou a física à superação de conceitos newtonianos. Em 1921, o inglês Arthur Eddington afirmou que a complexidade da geometria implica a simplificação da física, e que "parece mesmo que a geometria terminará por absorver a física" (p. 225; trad. nossa).

De uma perspectiva lógico-matemática, o início do século XX é marcado por uma desvinculação entre a noção de verdade e a realidade sensível. Como escreveu o físico e historiador francês Louis De Broglie (1892-1987), Einstein

> (...) nos obriga a abandonar a visão tradicional, desde Newton, da absoluta natureza do espaço e do tempo, estabelecendo entre estes dois elementos do esquema, nos quais nossas percepções estão ordenadas, uma inesperada relação totalmente contrária aos dados imediatos das nossas intuições. (*Apud* Capek 1971, p. 147)

As aplicações da geometria de Riemann na concepção do espaço-tempo quadridimensional transformaram a realidade desse espaço-tempo em algo inapreensível aos nossos sentidos. A física de hoje especula a existência de mais de uma dezena de dimensões e, na matemática, não há problema algum em trabalhar com relações que se dão em mais de três dimensões (R^4, R^5, R^6...).

O triângulo retângulo

A geometria era um dos assuntos preferidos de seu Olavo. Gostava de se lembrar de um professor que tivera nos tempos de colégio, pessoa aparentemente sistemática e hábil no manuseio do giz e dos instrumentos de lousa, como compasso, esquadro e régua, todos tão precisamente calibrados quanto possível.

Com um compasso de lousa, desses de madeira com uma ponta de prego e a outra onde se encaixa um pedaço de giz, seu Olavo imitava seu antigo professor riscando no chão liso uma circunferência e construindo, a partir dela, figuras geométricas que a repartiam.

O hexágono era bem simples de ser feito: bastava pôr a ponta seca do compasso em qualquer ponto da circunferência, manter a sua abertura na mesma posição que gerou a circunferência e marcar nela os pontos separados por uma distância igual ao referido raio.

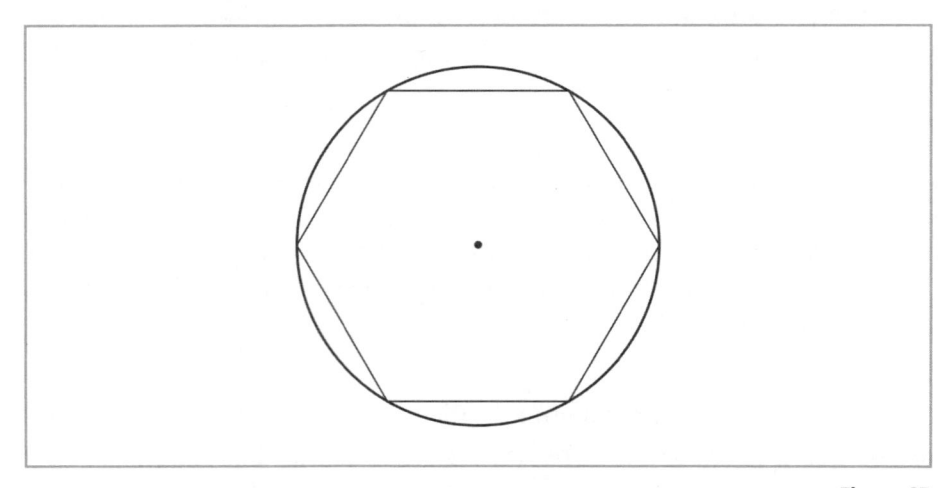

Figura 65

O triângulo equilátero era obtido de maneira semelhante. O quadrado, dividindo-se a circunferência em quatro partes. O pentágono era mais complexo de ser feito, mas seu Olavo ainda lembrava-se da técnica.

– Dois pontos não coincidentes definem uma reta; uma reta e um ponto exterior a ela definem um plano, assim como duas retas paralelas ou duas retas concorrentes – dizia seu Olavo reproduzindo as palavras do antigo professor e também seus gestos.

Numa dessas *performances* como professor de geometria, seu Olavo escolheu um pedaço de vareta de pipa dentre as que estavam jogadas na varanda da casa do marceneiro para representar uma reta e, como ponto, usou a ponta do seu indicador direito; para representar o plano, escolheu um pedaço de papelão aproximadamente do tamanho de uma folha de caderno.

Pediu para alguém segurar a vareta sobre a qual apoiava o papelão, como se aquela vareta fosse uma reta que pertencesse ao plano do papelão. Girando um pouco o papelão em torno do eixo da vareta, mostrou que muitos planos poderiam conter uma reta como aquela. A reta, sozinha, não definia um único plano. Aí entrava o dedo indicador, ou seja, o ponto: apoiado sobre a vareta fixa e sobre o dedo indicador, o papelão não podia mais girar em torno daquela reta. Agora, com uma reta e um ponto não pertinente a ela, apenas um plano era determinado.

Era desta maneira que o professor de seu Olavo lhe ensinara, fosse para explicar como um ponto e uma reta definem um plano, fosse para deixar visível como duas retas paralelas ou duas retas concorrentes também o fazem.

O antigo professor de seu Olavo desenhava triângulos na lousa com a precisão dos que entenderam até que ponto se pode chegar quando se tenta representar uma figura geométrica ideal. Repetindo que num triângulo qualquer a soma dos ângulos internos é de $180°$ e que um ângulo externo é igual à soma dos ângulos internos não adjacentes, marcava com uma cor diferente cada ângulo que caracterizasse o triângulo desenhado.

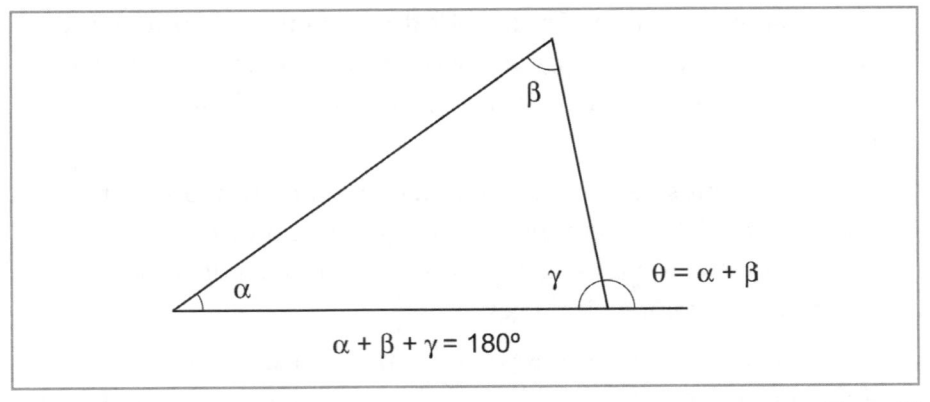

Figura 66

Os triângulos equiláteros têm os três lados congruentes. Os isósceles, apenas dois, e os escalenos têm lados com medidas diferentes entre si. Num triângulo equilátero, os ângulos internos são também congruentes (60^c cada um). Nos isósceles, apenas dois ângulos têm medidas iguais entre si.

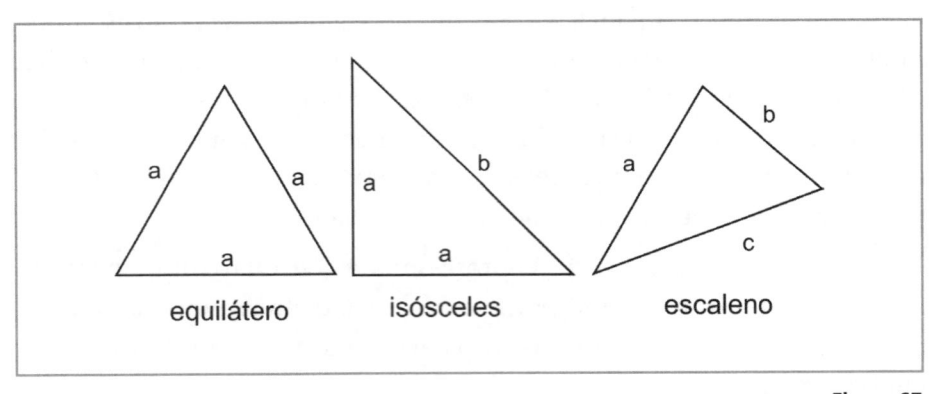

Figura 67

Os triângulos ainda são classificados pelos seus ângulos internos: retângulo (quando um dos ângulos é reto), acutângulo (se as medidas de todos os ângulos internos são inferiores à do ângulo reto) e obtusângulo (quando um dos ângulos é maior do que $90°$).

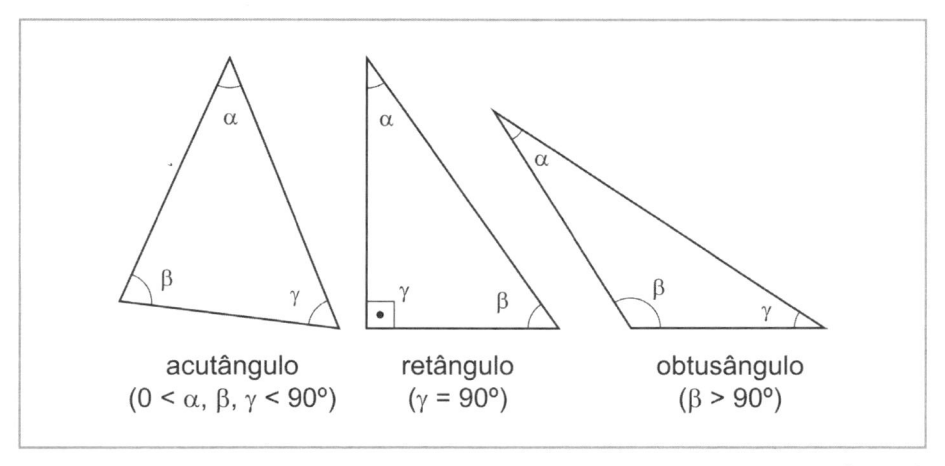

acutângulo
$(0 < \alpha, \beta, \gamma < 90°)$

retângulo
$(\gamma = 90°)$

obtusângulo
$(\beta > 90°)$

Figura 68

O triângulo retângulo tem destaque na geometria euclidiana. Um dos seus ângulos é reto, de modo que a soma dos outros dois é igual a $90°$. Num triângulo qualquer, a soma dos ângulos internos é de $180°$, mas em geometrias não euclidianas isso não é uma verdade absoluta.

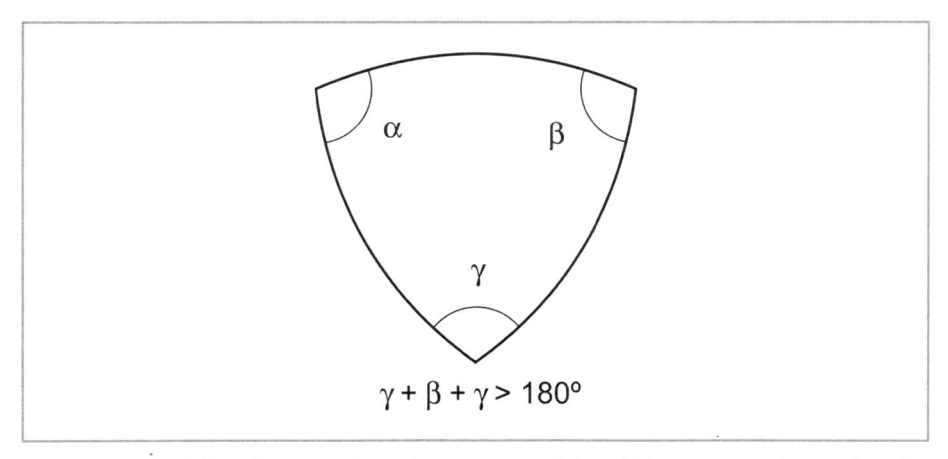

$$\gamma + \beta + \gamma > 180°$$

Figura 69: Triângulo construído sobre uma superfície esférica – a soma de seus ângulos internos é maior do que $180°$

Quando apresentamos a trigonometria no Capítulo 3, nós o fizemos pela via do círculo trigonométrico, sem explicitar que a trigonometria é, como o próprio nome indica, o estudo das medidas do triângulo, notadamente do triângulo retângulo, no qual os lados que compõem o ângulo reto são chamados de "catetos" e o lado oposto ao ângulo reto é chamado de "hipotenusa".

Naquele capítulo, introduzimos o conceito de "seno" de um ângulo, sem dar ênfase à razão entre o cateto oposto a um ângulo num triângulo retângulo e a hipotenusa:

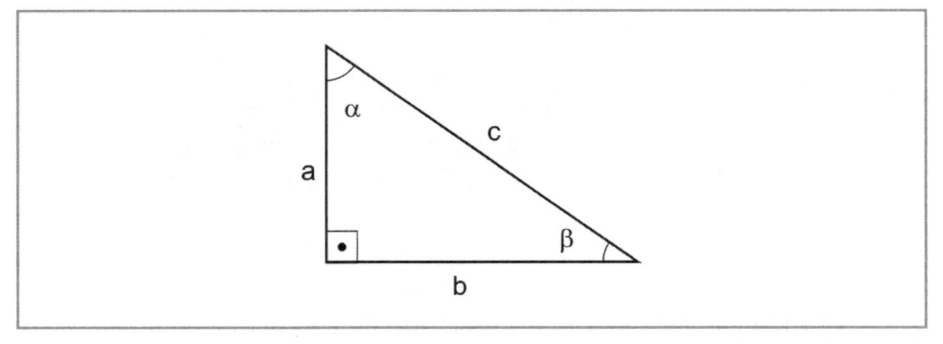

Figura 70

$$\text{sen } \alpha = b/c$$

O cateto b é oposto ao ângulo α, mas se tomarmos o ângulo β, o cateto a será o oposto a ele:

$$\text{sen } \beta = a/c$$

O cosseno de um ângulo do triângulo retângulo, por sua vez, é definido como a razão entre o cateto adjacente ao referido ângulo e a hipotenusa. Assim,

$$\cos \alpha = a/c$$
$$\cos \beta = b/c$$

Os ângulos α e β são complementares ($\alpha + \beta = 90°$). Como previsto no círculo trigonométrico, o seno de um ângulo do primeiro quadrante corresponde ao cosseno de seu complementar. A tangente e a cotangente também são razões entre lados do triângulo retângulo:

tg α = cateto oposto a α / cateto adjacente a α

tg α = b/a

tg β cateto oposto a β / cateto adjacente a β

tg β = a/b

A partir das relações acima, facilmente se deduz que a tangente de um ângulo é a relação entre o seno e o cosseno desse ângulo:

tg α = sen α / cos α

tg β = sen β / cos β

Para as cotangentes, a razão é inversa, ou seja:

cotg α = a/b

cotg β = b/a

As primeiras aulas de geometria que temos na escola geralmente dizem respeito às formas básicas como circunferência (lugar geométrico dos pontos do plano que equidistam de um ponto dado), triângulo, retângulo etc.

O teorema de Pitágoras faz parte desse início de estudo da geometria euclidiana: num triângulo retângulo, a soma dos quadrados dos lados menores é igual ao quadrado do lado maior. Em outras palavras, o quadrado da hipotenusa é igual à soma dos quadrados dos catetos.

Para o nosso triângulo retângulo, $a^2 + b^2 = c^2$.

No entanto:

a = c.sen α

b = c.cos α

Se usarmos as relações acima em $a^2 + b^2 = c^2$, teremos:

$(c.sen\ α)^2 + (c.cos\ α)^2 = c^2$

Ou seja, $(\text{sen } \alpha)^2 + (\cos \alpha)^2 = 1$. Esta é relação fundamental da trigonometria, à qual, por outras vias, chegamos no Capítulo 3.

Tal como o artista francês Marcel Duchamp (1887-1968), que via no jogo de xadrez a beleza criada pela insinuação do movimento sobre o tabuleiro, o professor de geometria de seu Olavo nos tempos de colégio fazia da lousa uma espécie de tabuleiro sobre o qual acreditava criar uma espécie de "arte visual" ligada à sistemática da geometria euclidiana.

O quadro-negro parece um instrumento que pouco a pouco cai em desuso. No entanto, ainda hoje há os que defendem seu uso como eficaz ferramenta de trabalho docente. Um importante matemático francês, Cédric Villani, começa e termina sua participação no filme documentário *Au bonheur des maths* (2011),[6] exaltando a importância da lousa para o processo ensino-aprendizagem. Poderíamos suspeitar de certa nostalgia de quem não vive mais o cotidiano acadêmico, mas o professor Villani, além de bastante jovem para os cargos que ocupa, é atualmente professor na Universidade de Lyon e diretor do Instituto Poincaré de Paris.

Com um giz branco nas mãos, Villani desenha um triângulo retângulo sobre um quadro-negro e se recorda de quando aprendeu o teorema de Pitágoras olhando para uma lousa como aquela.

Em seguida, ele enuncia o mesmo teorema de outra maneira: se traçarmos as duas diagonais de um retângulo, a soma dos quadrados das diagonais é igual à soma dos quadrados dos seus quatro lados.

---

6. Filme de Raymond Depardon e Claudine Nougaret, realizado por iniciativa da Fondation Cartier pour l' art contemporain. Cf. Referências bibliográficas.

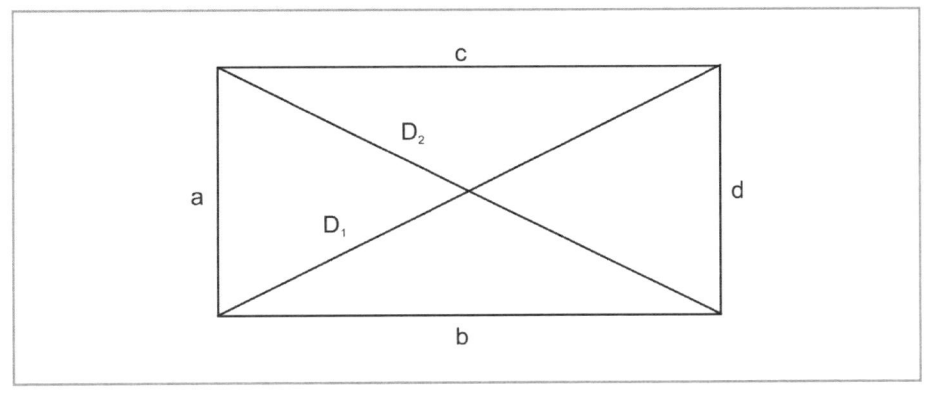

$$D_1^2 + D_2^2 = a^2 + b^2 + c^2 + d^2$$

Recorda-se então de quando, ainda no ensino médio, descobriu com entusiasmo que a mesma propriedade verificada no retângulo também se aplicava ao paralelogramo:[7] $D_1^2 + D_2^2 = a^2 + b^2 + c^2 + d^2$.

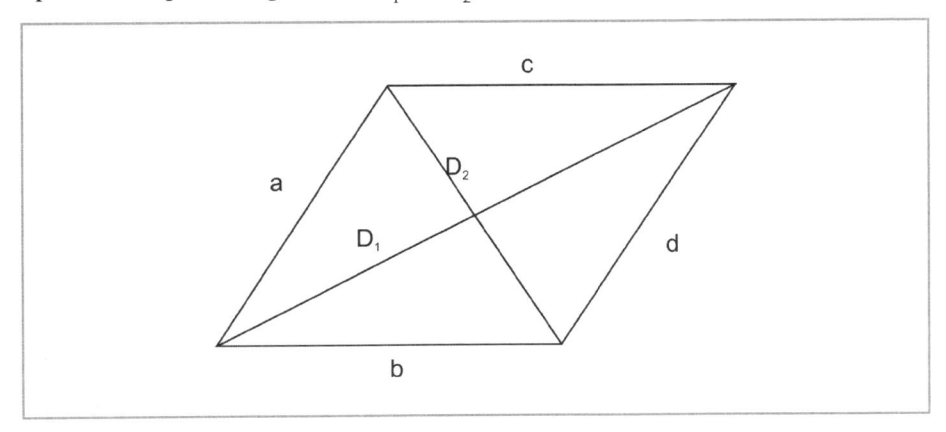

Cédric Villani tornou-se matemático profissional e foi trabalhar na análise de dados do comportamento de gases, tendo como pano de fundo as equações deduzidas pelos físicos no século XIX e o conceito de entropia de Ludwig Boltzmann.

---

7. Com a fórmula da diagonal do paralelogramo (obtida com base na lei dos cossenos), demonstra-se essa afirmação com relativa facilidade.

Em 2004, tendo sido professor convidado em Berkeley (Califórnia, Estados Unidos), foi surpreendido por um pesquisador norte-americano que bateu à porta de seu escritório e começou a discutir com ele, num quadro-negro instalado numa das paredes, as propriedades dos triângulos "gordos" e "magros" da geometria não euclidiana e a relação entre essas propriedades e o comportamento dos gases, especialmente os chamados "gases preguiçosos".

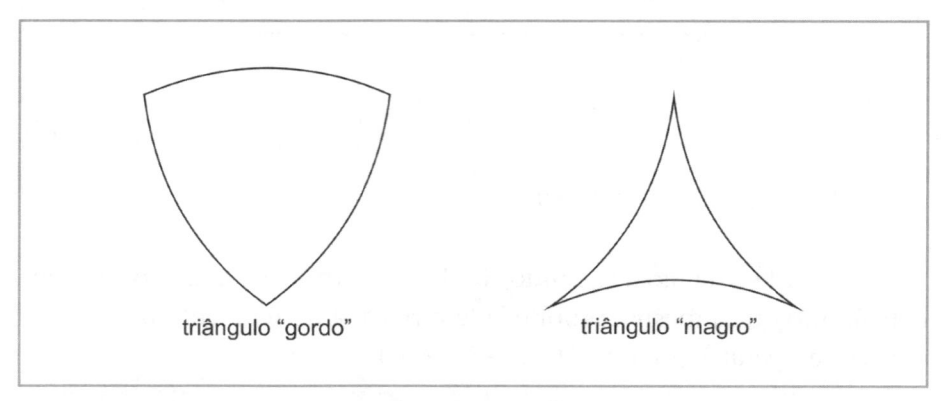

triângulo "gordo"   triângulo "magro"

Figura 73: Nesses triângulos, a soma dos ângulos internos não é igual a 180°, como na geometria euclidiana

Concluíram, após uma série de estudos, que o comportamento de tais gases, no que diz respeito às suas entropias,[8] pode ser mais bem explicado se admitirmos que vivemos num espaço de curvatura positiva, ou seja, num mundo em que todos os triângulos são "gordos".

Com traços fortes sobre o quadro-negro, Cédric Villani faz as demonstrações de suas descobertas para alunos e pesquisadores ao redor do mundo, sempre com o auxílio do que considera ser o melhor instrumento para ensinar e aprender: a boa e velha lousa.[9]

---

8. Muito simplificadamente, a entropia dos gases refere-se ao nível de desordem de suas moléculas.
9. Não deixa de ser curioso: numa apresentação sobre seu trabalho, o matemático francês, mais do que falar sobre triângulos e modelos matemáticos oriundos de geometrias não euclidianas, faz uma apologia do quadro-negro, elevando esse instrumento didático ao *status* de "território" do pensamento. Atualmente, analistas financeiros têm feito semelhante apologia ao uso da lousa para calcular e visualizar as tendências de mercado. Há, no entanto, outros territórios possibilitados pelas tecnologias da informação em que o conhecimento, o conascimento podem brotar, especialmente quando explorados no processo ensino-aprendizagem. O uso da internet em sala de aula, os espaços de educação não formais, como museus e cinemas, e as alternativas

Voltemos à geometria euclidiana para resolver alguns problemas clássicos. Um problema bastante conhecido é o da determinação da altura de uma torre ou de um poste medindo-se o tamanho da respectiva sombra produzida pela luz solar.

Imaginemos uma torre cuja sombra, numa determinada hora do dia, seja de 20 metros. Para determinarmos a altura dessa torre, sem precisar medi-la diretamente, devemos conhecer a altura de outro objeto e o comprimento de sua sombra naquela mesma hora do dia. Por exemplo, se a pessoa que deseja saber o comprimento da torre tem altura de 1,80 metro e sua sombra mede 1,00 metro, basta notar a semelhança entre os triângulos formados pelas sombras e pelas alturas da torre e da pessoa. Como a inclinação (α) dos raios de luz é a mesma para determinar as duas sombras, os ângulos das bases dos dois triângulos são respectivamente congruentes.

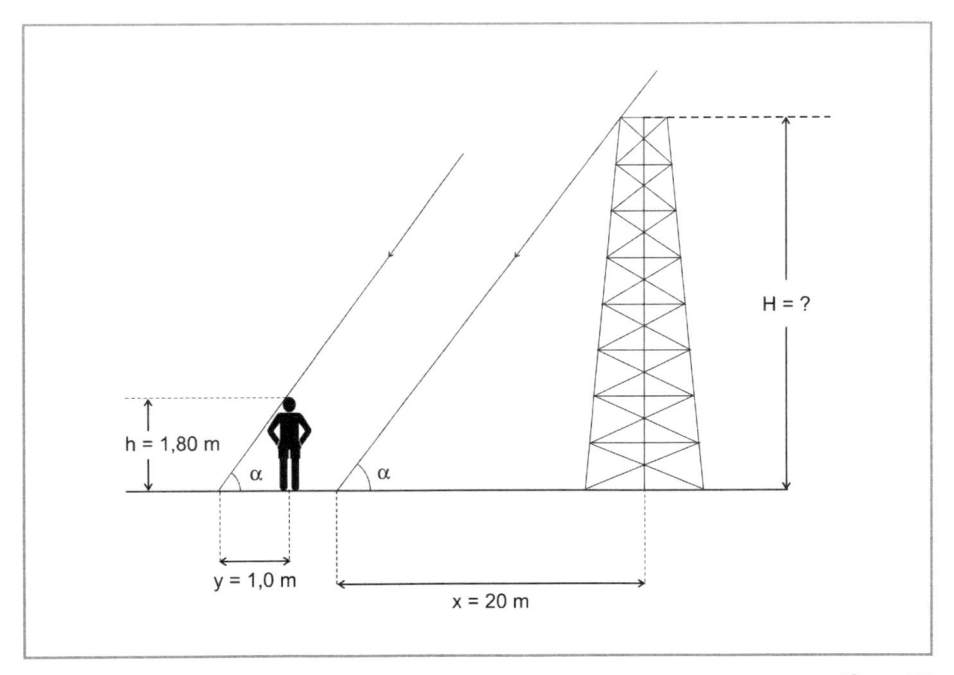

Figura 74

tecnológicas à lousa são importantes catalisadores desse processo. Villani certamente sabe disso, mas faz uma provocação àqueles que fazem do emprego da tecnologia na educação um fim em si mesmo, sacrificando a simplicidade dos instrumentos disponíveis mesmo quando eles se mostram suficientes e, por vezes, mais eficazes.

Trata-se de um caso de semelhança de triângulos, cujos lados, portanto, são respectivamente proporcionais. Aliás, é nisso que consiste a trigonometria: quando dizemos que a tangente do ângulo α é a mesma nos dois triângulos, estamos dizendo que a razão entre os catetos opostos e adjacentes é a mesma nos dois triângulos: tg α = H /x = h/y

Assim, H/20,00 = 1,80/1,00

H = 36,00 metros.

Vejamos uma questão adaptada de um exame vestibular da Unesp:

A figura representa o perfil de uma escada cujos degraus têm a mesma extensão, além da mesma altura. Se $\overline{AB}$ = 2 m e o ângulo BĈA mede 30°, qual a medida da extensão de cada degrau?

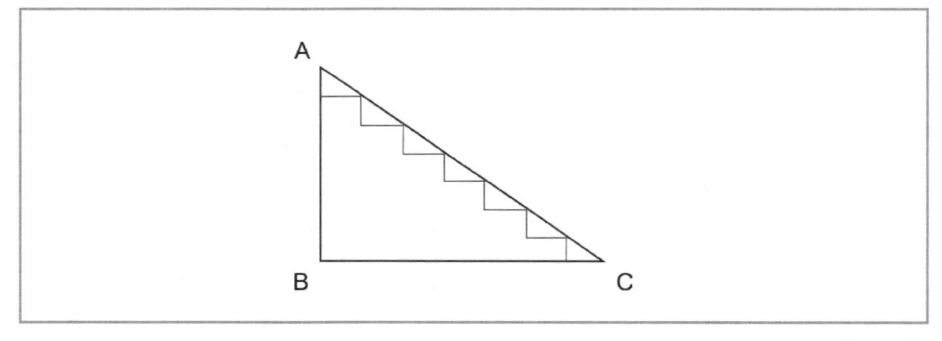

Figura 75

Sendo a tangente de 30° = $\sqrt{3}/3$ (valor fornecido por uma tabela anexa à prova), temos:

$\sqrt{3}/3$ = cateto oposto/cateto adjacente = 2 / $\overline{BC}$
$\overline{BC}$ = 2$\sqrt{3}$.

Como a figura mostra 6 espaços de extensão entre B e C, concluímos que a medida da extensão de cada degrau é igual a $\sqrt{3}/3$ m.

Num exame vestibular da Universidade Federal do Rio Grande do Sul (UFRS) apareceu a seguinte questão:

Um barco parte de A para atravessar o rio em linha reta até o ponto B, conforme a figura abaixo. Sendo de 60 metros a largura do rio, a distância percorrida pelo barco durante a travessia foi de:

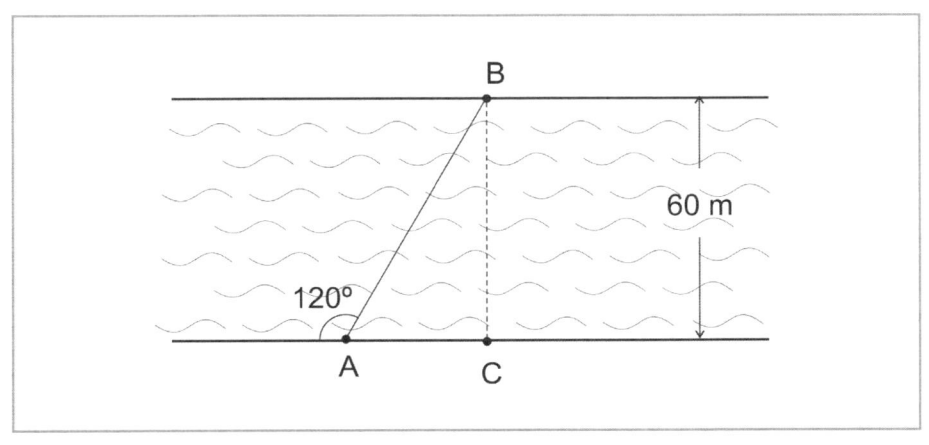

Figura 76

a) $40\sqrt{2}$ b) $40\sqrt{3}$ c) $45\sqrt{3}$ d) $50\sqrt{3}$ e) $60\sqrt{3}$

Podemos tomar o triângulo ABC, considerando que o ângulo entre BÂC é de $60°$, ou seja, o suplementar de $120°$.

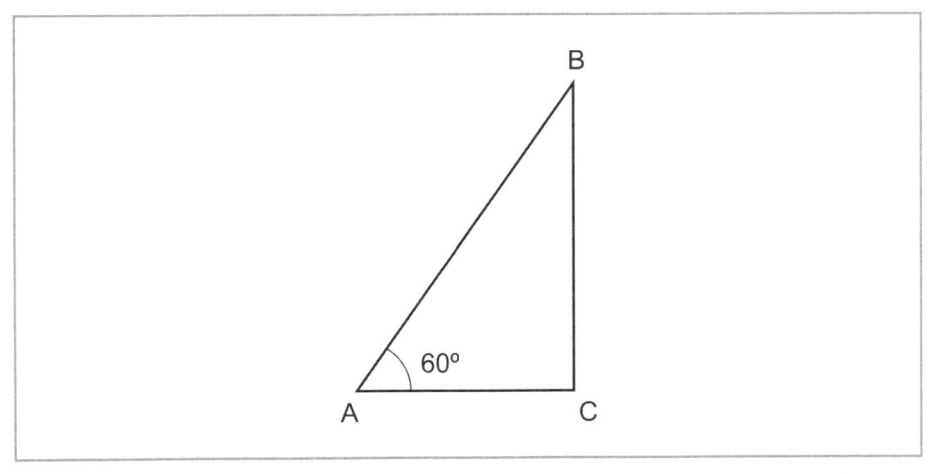

Figura 77

Se tomarmos o seno de 60°, teremos:

seno 60° = $\overline{BC}$ / $\overline{AB}$

$\sqrt{3/2}$ = 60 / $\overline{AB}$

$\overline{AB}$ = 120 / $\sqrt{3}$ = 40 $\sqrt{3}$

Alternativa "b".

Mais uma questão sobre triângulos, agora adaptada do exame vestibular da Faculdade de Engenharia de São Paulo (FEI): na figura abaixo, $\overline{BD}$ mede 9 cm, $\overline{CD}$ tem 5 cm e $\overline{AD}$ mede 13 cm. Qual o valor da tangente do ângulo α?

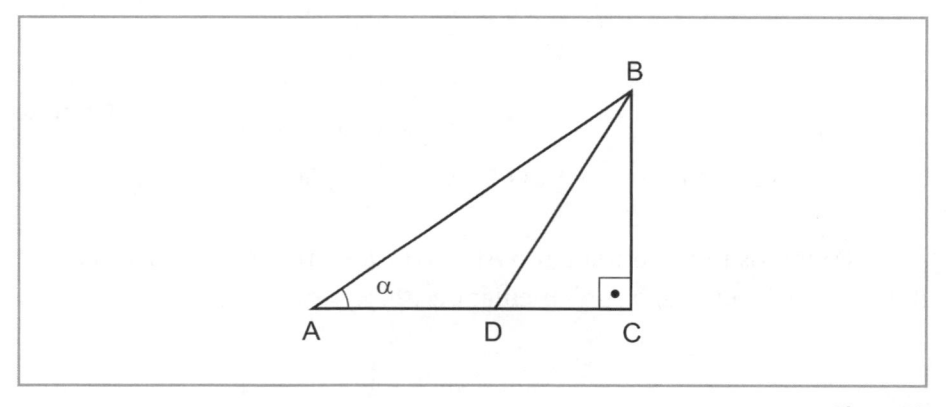

Podemos calcular a tangente de α fazendo $\overline{AC}/\overline{BC}$.

$\overline{BC}$ = 9 + 5 = 14 cm. Para calcularmos o valor de $\overline{AC}$, tomemos o triângulo ACD e apliquemos nele o teorema de Pitágoras: $13^2 = 5^2 + \overline{AC}^2$

$\overline{AC}$ = 12 cm.

Portanto, *tg* α = *12 / 14 = 6/7*.

A geometria euclidiana encantava seu Olavo. Gostava de propor desafios a ela relacionados. Numa noite de solstício de verão,[10] com a vizinhança toda na calçada brincando e rindo como numa festa pagã, retirou seis palitos de uma caixa de fósforos diante dos demais, que faziam uma roda perto do poste cuja lâmpada contava com uma nuvem de insetos voadores. Propôs aos presentes que tentassem formar, com os seis palitos, o maior número possível de triângulos equiláteros.

Apareceram algumas soluções como as abaixo representadas:

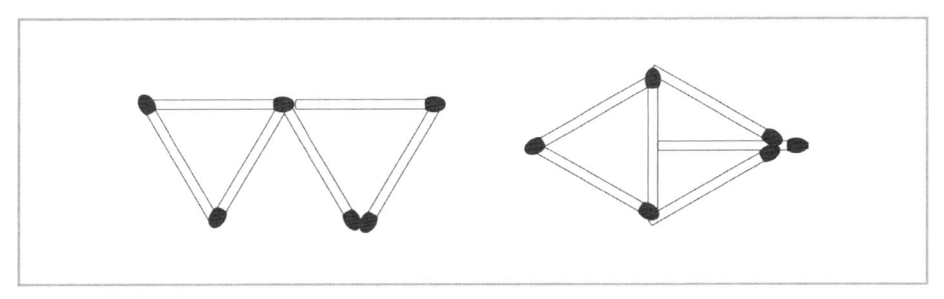

Figura 79

No entanto, ninguém teve a ideia de sair do plano do chão, ou seja, de passar do bidimensional para o tridimensional, solução esperada por seu Olavo: uma pirâmide de base triangular.

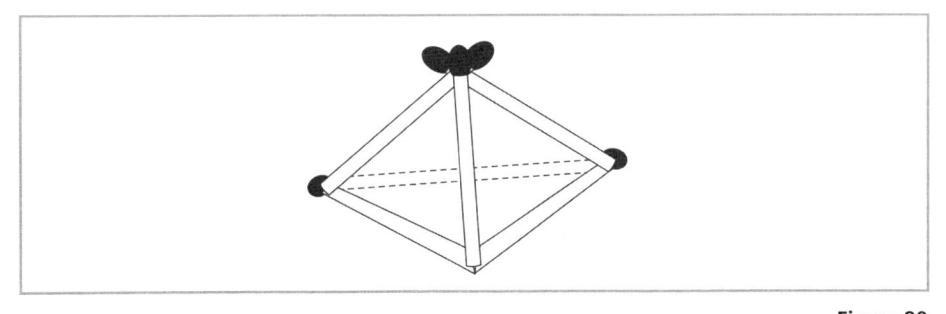

Figura 80

---

10. O solstício de verão ocorre, no hemisfério sul, no dia 21 de dezembro; é o dia de maior duração e, consequentemente, a noite de menor duração. No solstício de inverno, em junho, ocorre o inverso.

Pedro apresentou uma solução criativa: usou três palitos para fazer um triângulo e com os outros três fez o número 11 em algarismos romanos (XI), de modo que obteve mais do que os quatro que aparecem no tetraedro esperado por seu Olavo. Se a solução de Pedro era válida ou não foi motivo de discussão entre os que participavam do desafio, mas o que importava naquele momento era o fato de que ninguém tivera a visão espacial, ninguém havia se libertado do plano, nem mesmo Pedro.

Até o final da década de 1970, era frequente nos currículos das escolas de segundo grau (equivalente ao atual ensino médio) uma disciplina chamada "geometria descritiva", cuja principal virtude era a de estimular a imaginação espacial e a representação em duas dimensões de sólidos tridimensionais, método desenvolvido pelo matemático francês Gaspard Monge (1746-1818).

Na memória de seu Olavo permanecia nítida a lembrança dos diedros feitos de cartolina utilizados pelo seu antigo professor dos tempos de colégio. Um diedro é a região compreendida entre dois semiplanos (α e β) que formam um ângulo entre si.

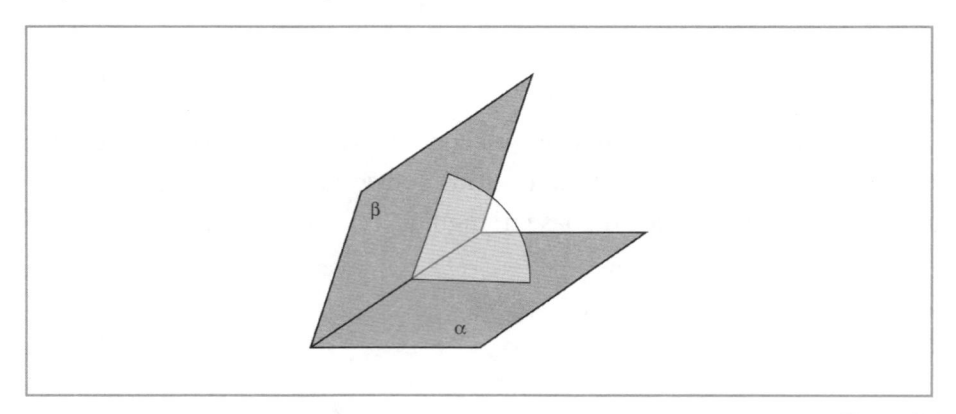

Figura 81

Para estudar a geometria descritiva, os alunos recortavam dois retângulos de cartolina que se encaixavam perpendicularmente para determinar quatro diedros. A interseção entre o plano vertical (PV) e o plano horizontal (PH) é chamada de "linha de terra".

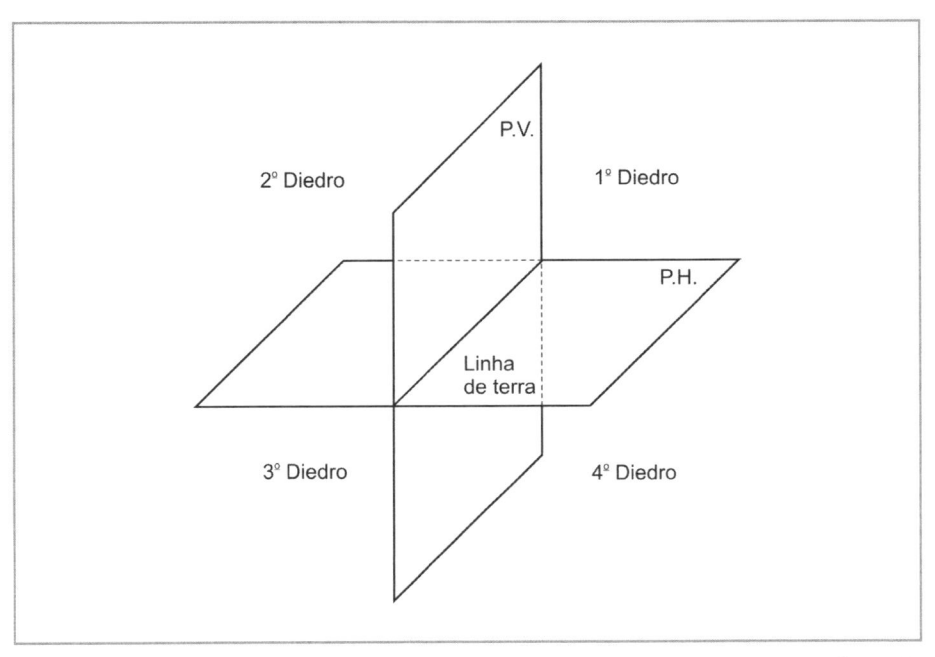

Figura 82

Nas quatro regiões do espaço determinadas pelos diedros, um ponto, uma reta, um polígono ou um corpo sólido podem ser colocados para ter suas imagens projetadas ortogonalmente nos semiplanos, horizontal e vertical, do respectivo diedro. Essas projeções aparecem numa figura plana chamada "épura", resultado de um giro de $90°$ do plano horizontal no sentido horário (um rebatimento do plano horizontal sobre o vertical).

Um segmento de reta $\overline{AB}$, paralelo ao plano horizontal e oblíquo em relação ao plano vertical, terá suas projeções ortogonais de acordo com as figuras que se seguem:

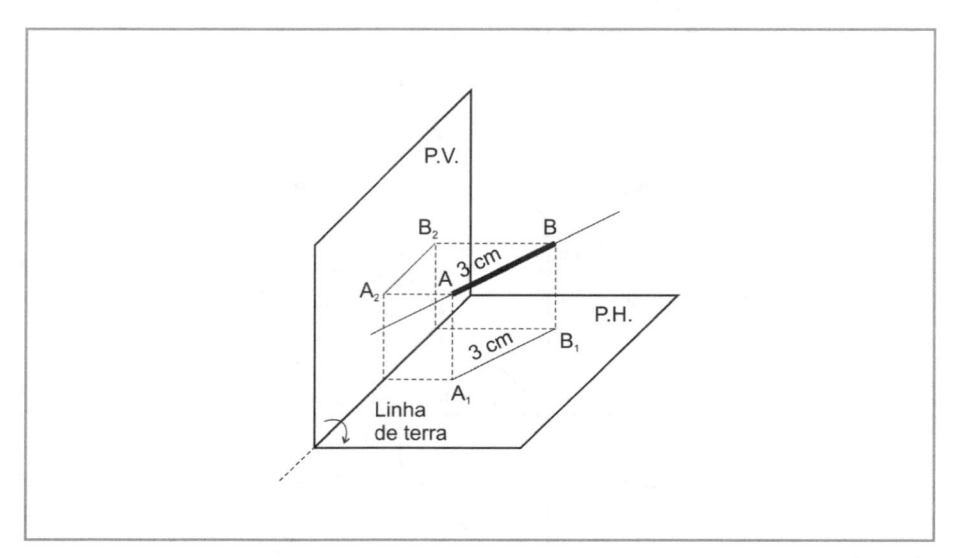

Do lado esquerdo da figura acima, o segmento de reta $\overline{AB}$ aparece representado em três dimensões. Girando o plano horizontal em torno da linha de terra e no sentido horário até que ele coincida com o plano vertical, teremos a representação em épura de duas dimensões.

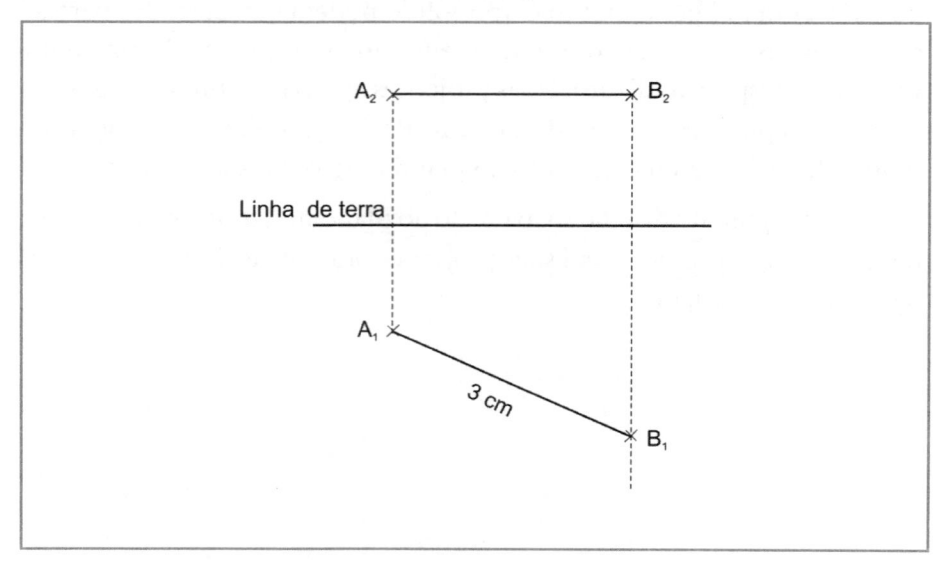

Figura 84

Repare que a projeção no plano horizontal $(\overline{A_1B_1})$ é em "verdadeira grandeza", ou seja, por ser paralela a este plano, a projeção terá o mesmo comprimento (3 cm) do segmento $\overline{AB}$.

Vejamos outros exemplos de épuras obtidas com as projeções ortogonais nos planos horizontal e vertical, seguidas da notação em épura, resultado da rotação do P.H. em torno da linha de terra e no sentido horário até que este encontre o P.V.

Um ponto no terceiro diedro:

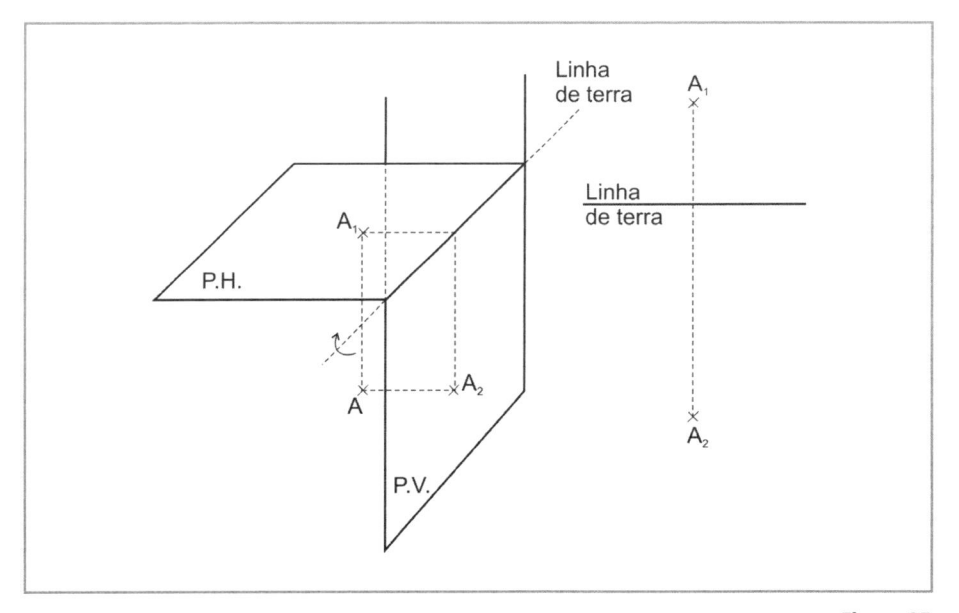

Figura 85

Um segmento de reta no primeiro diedro paralelo ao plano vertical e perpendicular ao plano horizontal:

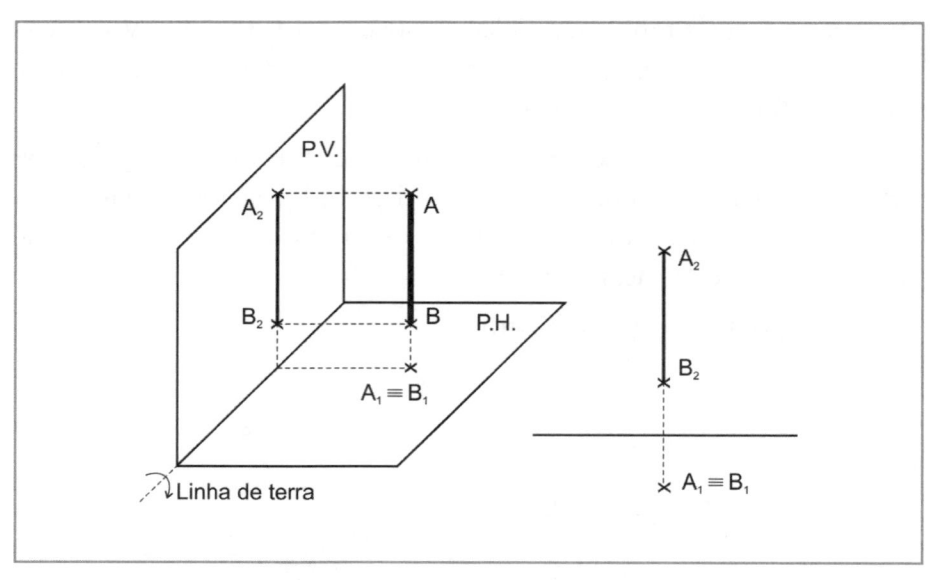

Figura 86

Um segmento de reta no segundo diedro e paralelo à linha de terra:

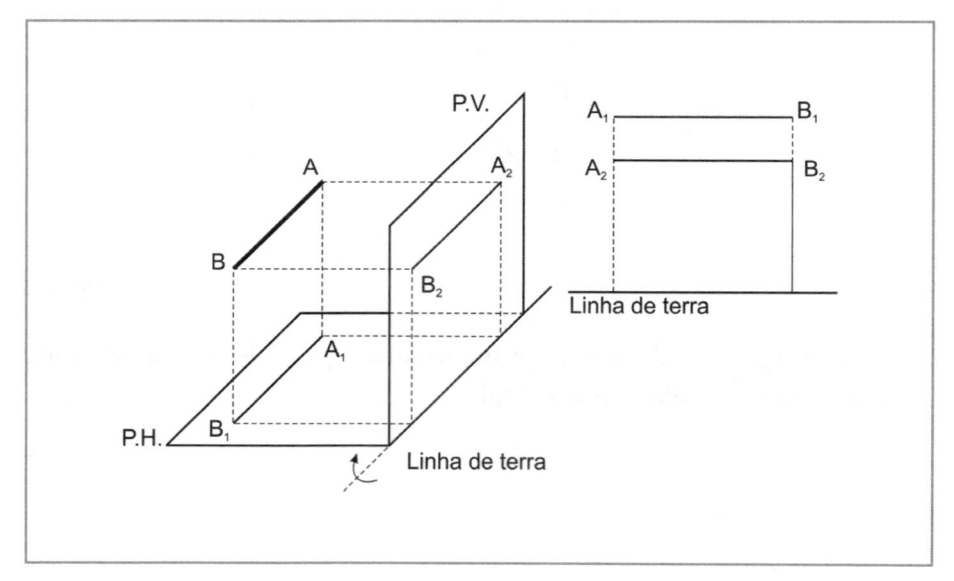

Figura 87

Não apenas pontos, retas e planos podem ser representados em épura de duas dimensões, mas também sólidos geométricos:

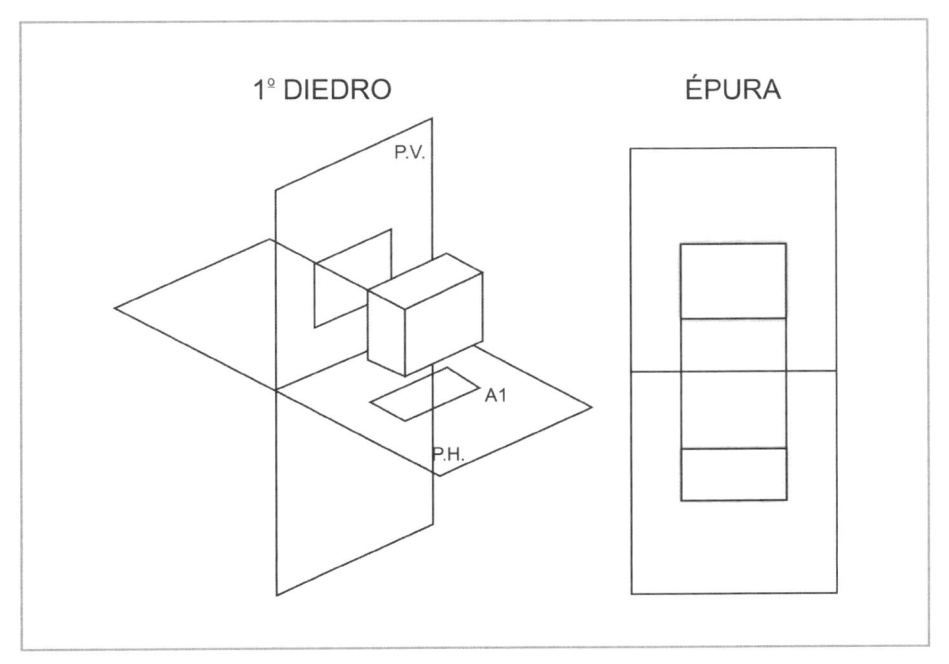

Figura 88

As dimensões do espaço

A geometria descritiva é fundamental para as artes visuais, para a arquitetura, para a engenharia e para o desenho de *softwares* do tipo *CAD* (sigla em inglês para "desenho assistido por computador"). Os alunos do ensino médio podem se beneficiar do estudo da geometria descritiva na medida em que ele estimula a imaginação tridimensional. Era justamente para a transição do pensamento entre o espaço de duas para o espaço de três dimensões que seu Olavo chamava a atenção dos presentes quando apresentou a solução do desafio de construir triângulos com seis palitos de fósforos.

Um livro muito interessante que pode colaborar significativamente no desenvolvimento da habilidade de fazer o pensamento transitar entre universos de diferentes dimensões chama-se *Planolândia: Um romance de muitas dimensões*, escrito por Edwin Abbott e publicado pela primeira vez em 1884.

Talvez ironizando o autoritarismo da sociedade vitoriana, Abbott descreve o poder que algumas formas poligonais possuem num mundo plano, bidimensional, no qual habitam essas criaturas igualmente planas, formas geométricas como triângulos, hexágonos, retas etc.

Esses seres não têm a capacidade de perceber mais do que duas dimensões. Como fazê-los, então, chegar à conclusão de que o mundo em que habitam, na verdade, tem uma dimensão a mais do que as duas que percebem?

Há trechos interessantíssimos nesse livro; num deles, uma esfera (tridimensional) atravessa o mundo plano para provar que existe uma dimensão a mais, para demonstrar que o universo é tridimensional, embora o habitante de Planolândia não se dê conta disso.

A estratégia da esfera para convencer o habitante de Planolândia de que existe uma dimensão a mais do que as duas que ele é capaz de perceber é a de, ao atravessar o plano, fazer o habitante se dar conta de que o raio da circunferência determinada na interseção entre a esfera e o plano varia.

> (...) seu país de duas dimensões não é espaçoso o suficiente para que eu, um ser de três dimensões, seja representado e só pode exibir uma fatia, ou secção minha, que é o que o senhor chama de círculo. O brilho reduzido dos seus olhos indica incredulidade. Mas agora se prepare para receber uma prova da verdade de minha afirmação. O senhor não pode de fato ver mais do que uma das minhas secções, ou círculos, por vez, já que não tem como levantar os olhos para fora de Planolândia. Mas o senhor pode ao menos ver que, à medida que eu subo no espaço, minhas secções ficam menores. Veja agora, vou subir. E aos seus olhos o efeito será que meu círculo ficará cada vez menor até se reduzir a um ponto e finalmente desaparecer. (Abbott 2002, p. 94)

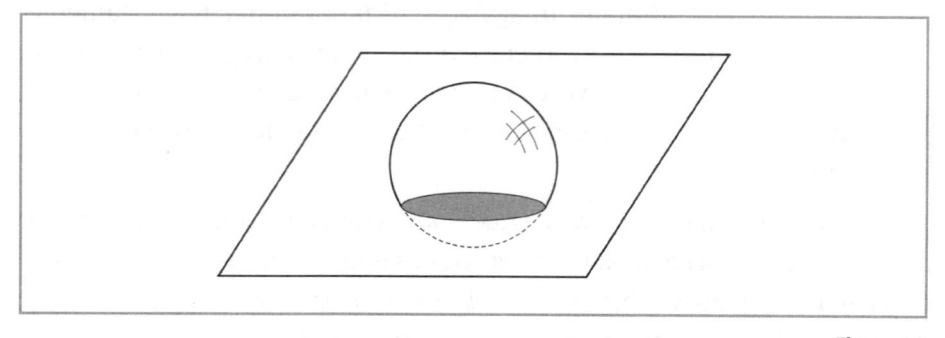

Figura 89

Continua a esfera:

"O que o senhor chama de coisas sólidas são na verdade superficiais. O que o senhor chama de espaço não passa de um grande plano. Eu estou no espaço, e olho para cima para o interior das coisas das quais o senhor só vê o lado de fora" (*ibidem*, p. 99).

A ficção de Abbott foi profética, pois, durante a primeira década do século XX, a noção de "quarta dimensão" introduzida pela Teoria da Relatividade de Einstein se espalhou por centenas de jornais, revistas, artigos e romances. O público em geral parecia perceber que estavam ocorrendo enormes mudanças na compreensão do mundo físico e muitos artistas deixaram-se levar pelo impulso de tentar captar o "imperceptível".

O cubismo de Picasso e Braque era acima de tudo uma arte conceitual, uma tentativa de pintar o que não se vê, mas que se sabe que está lá. Como muitas pessoas da época, os cubistas ficaram interessados no conceito teórico de quarta dimensão.

Einstein impressionou a imaginação de sua época sugerindo a transcendência de uma visão ordinária do senso comum para um plano matemático imperceptível. O editorial do *New York Times* de 28 de janeiro de 1928, "A mystic universe", deixa transparecer um pouco desse fascínio e um pouco de protesto em relação à proposta de uma realidade cujas dimensões não podemos perceber completamente.

> A nova física está perigosamente no ponto de provar o que a maioria de nós não pode crer. (...) A boa e velha física newtoniana, bem mais simples, já não era compreensível ao senso comum. Aparentemente, compreender a nova física é apenas para *la crème de la crème* dos matemáticos. Não podemos captá-la com um pensamento contínuo. (*Apud* Holton 1996, p. 179)

Em 1916, após ter chegado às equações básicas da Relatividade, Einstein escreveu um livro destinado ao público não especializado. Muito provavelmente, inspirou-se no livro de Abbott para nos demonstrar que, apesar de concebermos o espaço com três dimensões, isto não significa que não haja outras que escapam da nossa percepção. Intitulado originalmente *Über die spezialle und die allgemeine Relativitätstheorie (Gemeinverstandlich)*, esse ótimo livro foi lançado no Brasil com o título *A Teoria da Relatividade especial e geral (uma exposição popular)* (Einstein 1999).

Para termos uma ideia melhor de como Einstein constrói a ponte que liga o senso comum às teorias científicas, tomemos o Capítulo XXXI dessa obra de divulgação científica, "A possibilidade de um universo finito e, no entanto, ilimitado".

Einstein tenta mostrar nesse capítulo que, apesar da impossibilidade de nossa percepção de captar um universo de quatro dimensões, é possível constatar que estamos nele mergulhados. Claro que a tarefa não é fácil, mas vejamos como ele a realizou por meio do que chamava de "experimento mental".

Einstein pede que imaginemos um universo plano, cujos habitantes são seres também planos, e cujas percepções limitam-se a apenas duas dimensões, tal como prescrevia Abbott em seu livro. De acordo com a nossa maneira de perceber o espaço, podemos dizer que esses seres têm a noção de comprimento e de largura, mas falta-lhes a percepção de uma terceira dimensão que nos permite conhecer o volume dos objetos no espaço. As criaturas que habitam num universo plano são, portanto, capazes de perceber apenas duas dimensões.

Nesse universo imaginário, se tomarmos dois pontos consideravelmente afastados um do outro, poderemos certamente uni-los por uma linha reta: portanto, teríamos nesse universo uma geometria euclidiana.

Uma forma de provar que esses seres habitam num plano seria a seguinte: marca-se um ponto na superfície desse universo a partir do qual são traçadas "linhas retas de mesmo comprimento" e em todas as direções. Se unirmos as "extremidades das linhas" traçadas teremos uma "circunferência de raio igual ao tamanho dessas linhas". De acordo com a geometria euclidiana, para que fique comprovada a presença de um espaço plano bidimensional, o perímetro dessa circunferência dividido pelo raio deverá ser *igual a 2p*. No entanto, se o resultado der diferente de 2p, estará acontecendo algo imperceptível aos habitantes.

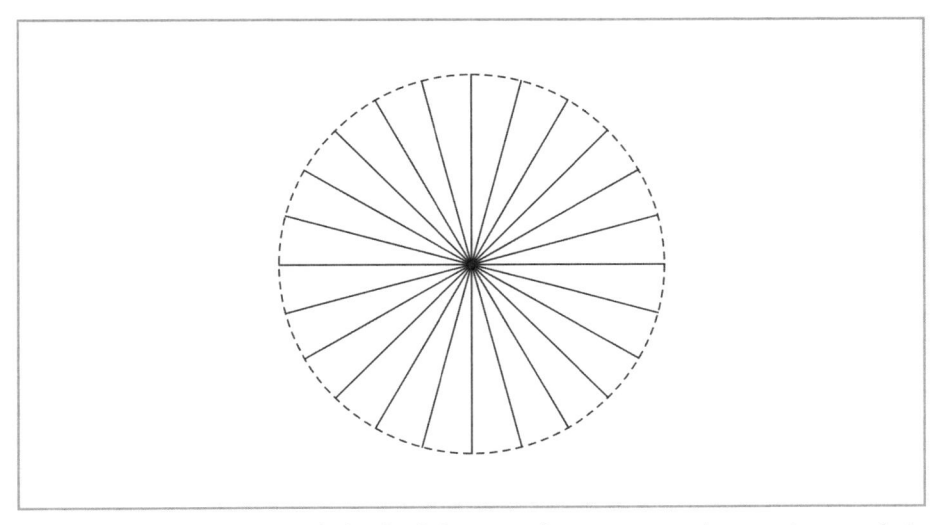

Figura 90: As extremidades das linhas retas de mesmo tamanho traçadas a partir de um ponto formam uma circunferência, cujo comprimento dividido pelo raio é igual a 2π. O raio da circunferência é obviamente igual ao comprimento das linhas.

Imaginemos que, em vez de plano, esse universo habitado por seres de duas dimensões seja curvo: a "superfície de uma enorme esfera", por exemplo. As criaturas que habitam esse universo limitam-se à sua superfície e não podem perceber sua esfericidade porque não têm a noção de volume. Apenas nós podemos notar seu volume esférico.

Einstein coloca a seguinte questão: "Podem estas criaturas considerar a geometria de seu mundo euclidiana a duas dimensões como construtoras de uma distância em linha reta?". Ou seja, se unirem dois pontos distantes com uma linha, poderá essa linha ser uma reta?

A resposta a essa questão é negativa, pois a linha reta, observada do nosso ponto de vista tridimensional, será uma curva. Se tomarmos dois pontos distantes um do outro, mas ambos na superfície esférica, não poderemos uni-los com uma linha reta sobre essa superfície, pois ela acompanhará a curvatura da esfera.

No entanto, Einstein demonstra que há uma maneira pela qual as criaturas limitadas desse universo concluem que se encontram num espaço com mais dimensões do que as duas que percebem. Basta que os habitantes adotem o mesmo procedimento de traçar linhas de mesmo tamanho em todas as direções e a partir de um ponto central.

As linhas partem de um ponto – que podemos chamar de "polo" da esfera – e determinam "em suas extremidades" uma "circunferência" cujo "raio" será "menor" que o comprimento das linhas. Isso ocorrerá porque as linhas são curvas; é como se tomássemos o raio da circunferência formada pelas pontas das varetas de um guarda-chuva aberto: estando as varetas curvadas por uma força tensora, os pontos de sua extremidade conjugam uma circunferência de raio menor do que o comprimento das varetas.

Assim, ao unirem as "extremidades dessas linhas curvas", encontrarão uma circunferência cujo "perímetro, dividido pelo respectivo raio", resultará num valor *inferior a 2p*. Se, em vez de esférica, a superfície fosse plana, o valor obtido seria *2p*.

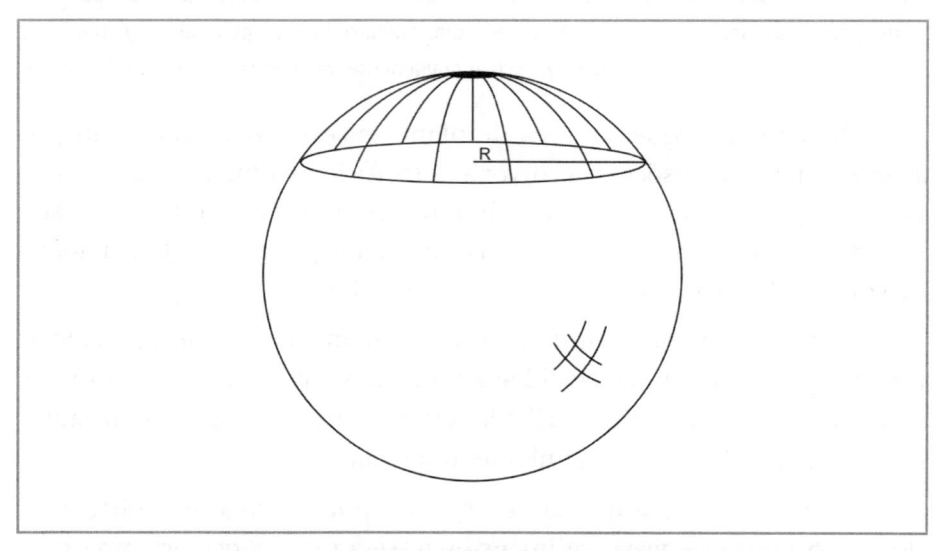

Figura 91: A circunferência formada pelas pontas das linhas possui raio *menor* do que o comprimento das linhas, pois as linhas estão envergadas.

Diz Einstein no referido capítulo:

As criaturas sobre a esfera podem concluir que habitam um mundo não euclidiano: elas traçam a partir de um ponto, em todas as direções, "linhas retas" (as quais do nosso ponto de vista são arcos de circunferência) de mesmo comprimento. A linha que une as extremidades livres destas "linhas retas" será um círculo. De acordo com a geometria euclidiana, o comprimento desta circunferência dividido pelo seu raio é *igual* a 2p. Mas as criaturas encontrarão um valor *inferior* a 2p! (1999, p. 90)

A diferença em relação ao valor esperado é tão maior quanto maiores forem os comprimentos das linhas traçadas pelas criaturas da esfera; e será desprezível quando esses comprimentos forem muito pequenos. Apesar de sempre menor que o comprimento das linhas, o valor do raio da tal circunferência cresce até que as linhas curvas atinjam a metade "equatorial" da esfera; a partir daí, o raio dessa circunferência começa a diminuir.

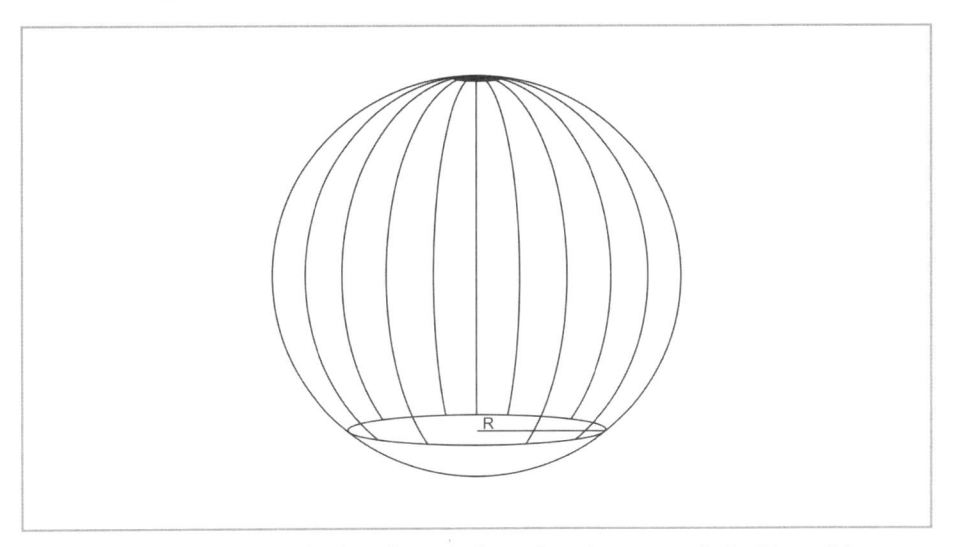

Figura 92: O raio da circunferência formada pelas pontas diminui à medida que as linhas avançam para além da metade da esfera.

Os habitantes planos de nossa experiência mental poderão tirar conclusões do universo em que vivem, conclusões que escapam às suas percepções. As criaturas poderão concluir que seu mundo (esférico) é algo finito, embora ilimitado; poderão calcular o raio R da esfera que habitam (que será igual ao raio da maior circunferência conjugada pelas extremidades das linhas curvas, ou seja, o raio do "equador" da superfície esférica); e ainda conceberem uma verdadeira terceira dimensão que escapa às suas percepções bidimensionais de espaço.

Assim como as criaturas desse mundo imaginário têm a possibilidade de conceber uma espécie de deformação esférica do universo plano que habitam, Einstein afirma que, se procedermos de maneira análoga à deles, chegaremos à conclusão de que nosso universo possui dimensões que não percebemos. Ele pede que tracemos, a partir de um ponto e em todas as direções, várias retas no espaço tridimensional, como fizeram os habitantes do espaço bidimensional, só que agora as retas ocupam um volume no espaço semelhante a um "ouriço esférico".

Unindo-se as pontas dessas retas teremos uma superfície esférica (e não uma circunferência). Se nosso universo for mesmo tridimensional, a área da superfície dessa esfera deverá ser, como sabemos da geometria euclidiana, igual a $4\pi r^2$. No entanto, Einstein insinua que, à medida que o comprimento das retas traçadas cresce, a área da superfície determinada pelas pontas das retas vai se revelando inferior a $4\pi r^2$.

Diz Einstein:

> Tracemos, a partir de um ponto qualquer e em todas as direções, linhas retas que tenham o mesmo comprimento r. As extremidades livres destas linhas encontram-se sobre a superfície de uma esfera cuja superfície, de acordo com a geometria euclidiana, deveria ter área igual a $4\pi r^2$. Mas como o nosso universo a três dimensões possui uma esfericidade, o valor encontrado é inferior a $4\pi r^2$. (*Ibidem*, p. 91)

Assim, ele conclui que "o espaço esférico a três dimensões é totalmente análogo àquele de duas dimensões. *Ele é finito (de volume finito) sem ter limites*" (*ibidem*, p. 92). A esfera terá área inferior a $4\pi r^2$, tal como a circunferência no espaço curvo de duas dimensões tem perímetro inferior a $2\pi r$.

É evidente que não podemos considerar um espaço a quatro dimensões como acessível aos sentidos, mas Einstein afirma que nossas faculdades mentais não estão de forma alguma obrigadas a capitular diante da geometria não euclidiana. Não podemos perceber outras dimensões além das três ordinárias, mas podemos, assim como os habitantes de Planolândia, concluir matematicamente que há mais do que as dimensões que percebemos. Numa carta endereçada em 1918 a seu amigo Besso,

Einstein disse que "não podemos admitir que os resultados de Riemann sejam considerados pura especulação".

Walter Isaacson, biógrafo de Einstein, conta que quando o filho mais novo de Einstein (Eduard) perguntou por que ele era tão famoso, a resposta foi a seguinte: "Quando um besouro cego anda sobre um galho curvo, ele não percebe que o caminho é uma curva. Eu tive a sorte de perceber o que o besouro não percebeu" (Einstein e Besso 1972, p. 141).

6. GEOMETRIA ANALÍTICA

Iremos fingir por um instante que não conhecemos nada das teorias da matéria e das teorias do espírito, nada das discussões sobre a realidade ou a idealidade do mundo exterior. Eis-me portanto em presença de imagens, no sentido mais vago em que se possa tomar essa palavra, imagens percebidas quando abro meus sentidos, despercebidas quando os fecho. (...) No entanto, há uma que prevalece sobre as demais na medida em que não a conheço apenas de fora, mediante percepções, mas também de dentro, mediante afecções: é meu corpo.
Henri Bergson (1859-1941)

No início do ano letivo do curso de matemática, Pedro conheceu alguns alunos veteranos que moravam numa república, uma casa em cujo terraço frontal havia uma lâmpada alaranjada. Os que viviam nessa moradia coletiva haviam combinado entre si que, se a lâmpada estivesse acesa, a casa estaria imprópria para receber parentes e amigos; caso contrário, os que ali chegassem com visitas poderiam adentrar ao lar sem passar vergonha com a desarrumação ou com o estado de limpeza da casa.

Ora, a lâmpada acesa ou apagada é um código obtido pela informação do estado da lâmpada (acesa ou apagada), um *bit*, a menor unidade de informação que pode ser armazenada ou transmitida, tal como o "zero" e o "um" que tornam viável a linguagem binária dos computadores. Nisso consiste a codificação de dados na informática: combinações de "sim e não", de "acesos e apagados", de "zeros e uns". Uma combinação de oito *bits* é chamada de *byte*: 1 *byte* = 8 *bits*.[1] Se a casa tivesse oito lâmpadas perfiladas para o mesmo fim, as combinações entre as acesas e as apagadas poderiam adquirir múltiplos significados, cada uma com seu código. Que diríamos, então, de um computador de muitos *terabytes*?[2]

Em linguagem técnica muito simplificada, diremos que uma imagem digitalizada é convertida em sequências de "zeros" e "uns" que são transmitidas a longas distâncias do ponto onde foram coletadas para ser decodificadas nos aparelhos que a exibem em seus monitores.

Dado a devaneios, Pedro refletia sobre o relacionamento com alguém que, pouco a pouco, ganhava a forma de um ícone na tela de cristal líquido. Alejandra ia se transformando, para ele, numa representação dela mesma, uma imagem animada de movimento quando abria sua *webcam* ou a imagem estática de sua foto quando se comunicavam escrevendo e lendo mensagens instantâneas nas redes sociais. O que intrigava Pedro era a diferença, se é que ela existe, entre o real e sua representação. Ou isso se trata de uma separação sem fundamento, de um hábito do pensamento analítico-científico em sua pretensão de definir o que é a realidade?

Pedro e Alejandra haviam mudado forçosa e radicalmente a forma de se relacionar. Afastados, apenas trocando frases digitadas e lidas na outra extremidade da conexão, estavam vivendo emoções e compartilhando suas vidas num solo virtual. A distância que os separava, em contraste com a intimidade do namoro que se prolongava em suas consciências, desestabilizava Pedro, como se a proximidade propiciada pela tecnologia informática realçasse o distanciamento real.

Uma pessoa que vemos na televisão, mesmo em transmissões "ao vivo", obviamente não está dentro do aparelho, mas sua representação, sua imagem que foi digitalizada, codificada e enviada em ondas eletromagnéticas, é decodificada, reconstruída diante de nós, telespectadores.

---

1. Um *bit* é a mais simples unidade de informação armazenável ou transmissível. Um *bit* pode assumir um de apenas dois valores: 0 ou 1. Um *byte* é a codificação padronizada de 8 *bits*. Portanto, o número de codificações possíveis em um *byte* é de $2^8 = 256$ *bits*. Se no terraço da casa houvesse oito lâmpadas perfiladas ao invés de apenas uma, 256 significados poderiam ser atribuídos pelos moradores para as possíveis sequências de lâmpadas acesas ou apagadas.
2. Um *terabyte* = 10^{12} *bytes*.

Portanto, o que vemos na tela do aparelho televisor não é o real, mas sua representação, embora façamos a concessão de fazê-los coincidir em nossa observação.

Representação da realidade e realidade cultivam certa polaridade desde a Antiguidade, pelo menos. Em *A república*, Platão apresenta a conhecida "alegoria da caverna": seus habitantes desconhecem a luz abundante do mundo exterior, mas percebem as sombras projetadas na parede do fundo da caverna e as tomam como a realidade; ao sair da caverna, o homem salta da ilusão para o real que as sombras apenas representavam. Quando vamos ao cinema fazemos o caminho inverso: por algumas horas, deixamo-nos levar pelas emoções que aquele jogo de sombra e luz constrói fazendo a concessão de tomar a ilusão como realidade.

A percepção da realidade está, portanto, na maneira como somos afetados por ela. A 28 de dezembro de 1895, os irmãos Lumière realizaram, em Paris, a primeira exibição pública de cinema, com o filme *A chegada do trem à estação Ciotat*, de aproximadamente 45 segundos de duração. Relatos da época retratam um público totalmente afetado pela imagem de um trem que se aproximava vertiginosamente para o primeiro plano: as pessoas, num ato reflexo, correram para o fundo da sala. Hoje, quando assistimos a um filme em 3D, por vezes nos surpreendemos ao perceber que reagimos às cenas, que fazemos movimentos com o corpo de acordo com o que ocorre no filme, ou seja, como o público de 1895, somos afetados pelas imagens cinematográficas como se fossem "reais".

Podemos estender o raciocínio (oscilando entre o que é real e o que é representação do real) para a fotografia, capaz de nos arrebatar na imobilização de um instante; para as artes plásticas, para os quadros da Renascença, nos quais a perspectiva teve efeito semelhante ao que tem hoje o cinema em três dimensões nos espectadores; para a escultura que Michelangelo fez de Moisés, cuja perfeição teria arrancado do seu criador a expressão "Parla!", e, assim, até chegarmos às representações das artes rupestres.

Estaríamos, portanto, fazendo a separação entre uma imagem que é real e outra que é sua representação. Mas se pensarmos que as imagens reais e artificiais (que aqui chamamos de representações) podem igualmente nos afetar, parte da distinção entre elas se dissolve. Resta, obviamente, a diferença entre o que é "pintado", seja na tela de um quadro ou de um monitor, e aquilo que está fisicamente diante de nós. Essa diferença só é estabelecida quando o foco não está na maneira como as imagens nos afetam e sim na sua "materialidade", por assim dizer.

Oscar Wilde escreveu, no final do século XIX, um livro chamado *O retrato de Dorian Gray*. O jovem Dorian declara para seu retrato sua vontade de não envelhecer. A partir de então, apenas o retrato envelhece, o que tem desdobramentos interessantes no romance. Ao estabelecer profunda relação entre o personagem e sua representação na parede, Wilde levou ao extremo o jogo em que a realidade e a sua representação interpenetram-se.

Figura 93: Cena do filme *O retrato de Dorian Gray*, dirigido por Oliver Park (Reino Unido, 2009)

Os filmes *Avatar* (EUA, 2010) e *Matrix* (EUA – Austrália, 2009) lidam também com a passagem do que comumente chamamos de mundo real para o mundo da representação virtual, no qual as sensações do corpo físico são vividas no ambiente imaterial.[3]

---

3. Embora o termo *avatar* insinue o sentido inverso (imaterial-material): na religião hindu, *avatar* é a manifestação "corporal" de um ser "imortal" e, em sânscrito, significa "descida".

Na passagem do século XX para o século XXI, a criação de um *avatar* num ambiente virtual tem sido prática habitual. A "febre" da *second life* que há alguns anos atraiu muitas pessoas de todas as partes do planeta é um exemplo: num ambiente virtual, cria-se um personagem cuja vida é alimentada pelos comandos da pessoa "real".

As imagens e a maneira como elas nos afetam têm uma importância central em nossos dias. Nas redes sociais, somos tentados a construir uma imagem que nos represente, e as estratégias da mídia para capturar nossos desejos estão fundadas no poder da imagem de nos afetar.

A imagem da publicidade afeta o comportamento das pessoas induzindo-as a cultuar marcas e a venerar celebridades num jogo de imagens cuja alquimia enfeitiça. A partir do século XVII, objetos (natureza-morta) e cenas de comércio entraram nas artes plásticas ocupando o espaço antes reservado às imagens de nobres, de santos e de heróis mitológicos.

Figura 94: *A criação de Vênus* (Sandro Botticelli, 1485)

Enquanto a ciência moderna foi retirando o caráter sagrado e todos os traços de misticismo daquilo que concebe como verdade, o capitalismo foi habilmente substituindo todas as antigas crenças por aquilo que Karl Marx (1818-1883) chamou de "fetiche da mercadoria".

Figura 95: Natureza-morta com queijos, amêndoas e *pretzels*
(pintura de Clara Peeters, Holanda, 1615)

Figura 96

No mundo em que vivemos, as imagens não se restringem ao plano da representação, pois já transcenderam para o plano "operatório": câmeras de vigilância, robôs que captam imagens e recebem, a partir delas, comandos de ação, cirurgias realizadas com microcâmeras instaladas no interior do corpo dos pacientes, entre outros, são exemplos de que a imagem deixa de apenas "representar" a realidade e passa também a afetá-la diretamente, a "agir" sobre ela.

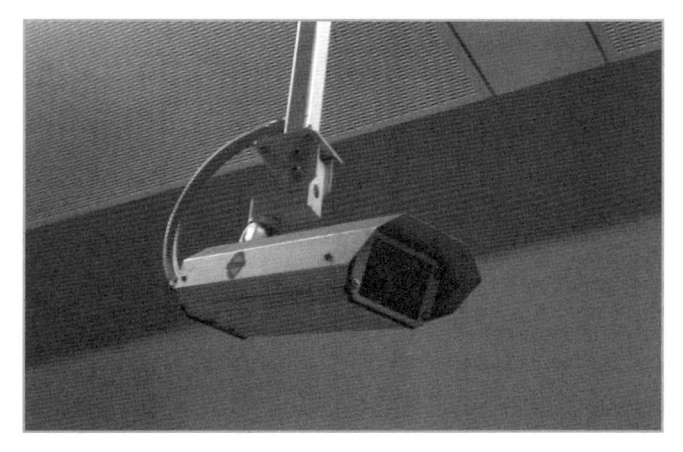

Figura 97

É possível compreender, portanto, como essa tênue e borrada linha que separa a realidade de sua representação virtual atormentou a vida de Pedro após a separação de Alejandra.

Foi uma foto que Alejandra postou em seu álbum numa rede social a centelha que provocou em Pedro a eclosão de um processo que nele vinha sendo engendrado havia algum tempo, embora não o percebesse.

O ciúme, a insegurança, a sensação de perda, a impotência diante da situação em que se via, a sensação de estar só, todos esses sentimentos vieram à tona quando Pedro viu aquela imagem, e ele não conseguiu mais reprimi-los.

Alejandra havia mudado de cidade, de estado, de país. Pedro ficara na mesma rua, com todas as imagens do cenário que estimulavam em sua memória as vivências ao lado dela. Alejandra havia se encantado com sua nova cidade, com as perspectivas que a ela se abriam. Além disso, seu espírito havia adquirido flexibilidade e capacidade de adaptação, graças às várias mudanças de país, de língua e de hábitos com as quais desde pequena se acostumara. Sua maneira de sentir a dor da separação era diferente, embora não menos intensa.

A calma do relacionamento a distância, que suavemente se deslocava entre a amizade e o amor, desmoronou. A estrutura que sustentava o equilíbrio de Pedro foi implodida. A desistência do curso de matemática, a introspecção excessiva diante da tela do computador nas madrugadas e o relativo afastamento da convivência com as pessoas que frequentavam a sombra da amendoeira eram indícios de que essa implosão era iminente. A foto que Pedro viu no álbum virtual de Alejandra despertou sua ira, seus pensamentos viciosos e seu comportamento descontrolado.

Agora, não esperava ansioso pelo momento de "encontrar" Alejandra na tela do computador, mas pelo momento de "brigar" com ela, de interrogá-la, de acusá-la, de destruí-la, de com ela se relacionar pela via do conflito. Alejandra percebia que Pedro havia se perdido. A ele ainda estava ligada, de modo que o sofrimento do rapaz a comovia e a irritava a um só tempo.

Por exigência de Pedro, passaram a usar a câmera durante alguns períodos das conversas. A expressão na face de Pedro não era nada simpática quando se conectou numa daquelas noites.

– Que cara é essa, Pedro?

– É a minha cara; aliás, a única que tenho.

– Você tem sido muito agressivo comigo.

– Você acha que meu comportamento com você tem mudado?

– Acho! Você era um amor!

Subitamente, lembrou-se de quando mal havia se mudado para o Chapadão e uma senhora dentro do ônibus lhe dissera: "Você é um amor", logo após ele ceder a ela seu assento. Naquela ocasião, por leveza do pensamento, equacionara mentalmente: você = 1 amor. Agora, Alejandra dizia a mesma frase no passado e não havia sutilezas suficientes na formulação matemática que permitissem equacioná-la no tempo pretérito. O símbolo de igual só se aplica ao presente.

De fato, Pedro estava prisioneiro de suas paixões. Tinha consciência de que, num passado recente, suas reações aos afetos das situações em que se metia eram mais equilibradas. A virtude da temperança estava em baixa, tal como quando ficamos de mau humor por conta de uma dor física da qual não conseguimos nos livrar; ou quando o mundo parece tingido de cores tristes se alguém querido nos causa um desgosto. Tentava erguer-se dessa espécie de atração para baixo, mas parecia estar sem forças para tanto.

Havia, porém, situações em que seu estado passional e suas consequentes emoções corrosivas davam-lhe trégua. As histórias que o jovem professor da casa em frente contava tinham a propriedade de interromper o ciclo vicioso de seus pensamentos que, ultimamente, estavam como um cachorro girando atrás do próprio rabo.

No final de uma manhã quente de domingo, enquanto o cheiro de um churrasco desafiava a vizinhança a adivinhar sua origem, o professor voltava de um jogo de futebol em sua Variant vermelha. Desceu do bólide vestindo um uniforme branco manchado de terra e grama e parecia cansado para todo o mês. Tinha na pele o suor já seco do jogo e gotas brilhantes de nova transpiração no trajeto até ali. Pedro estava na laje sobre a garagem.

Começaram a conversar "tipo assim" de passagem, sem a intenção de travar longo diálogo, mas acabaram estendendo o papo à beira da torneira da frente da casa de Pedro, onde o professor matava sua sede a cada três ou quatro minutos.

Talvez sob efeito da endorfina liberada em seu corpo pelo esforço físico desproporcional à sua condição atlética que fizera correndo atrás da bola, talvez em razão dos sentimentos ruins que Pedro havia contado estarem a tomar conta de sua alma, o professor narrou uma situação que vivera anos atrás. O estado emocional de Pedro remeteu o professor a um período de sua vida no qual havia igualmente se perdido no fluxo de uma paixão descontrolada.

Em seu primeiro emprego como professor, estava no andar superior do colégio a observar uma de suas turmas que fazia uma prova. Tinha, na época, uma namorada que fora visitá-lo. Enquanto aguardavam o término da prova para ir embora juntos, os dois ficaram conversando baixinho, na porta da sala de aula, para não atrapalhar os alunos.

Estavam num grande corredor do andar superior que funcionava como varanda comum a todas as salas de aula e que tinha, de um lado, as paredes e as portas das classes e, do outro, uma parede de 1,5 metro de altura, acima da qual a ampla abertura até o telhado permitia contemplar a cidade ao fundo ou o que se passava no pátio do colégio.

De dentro de um dos cadernos que a moça empunhava, caiu uma folha que parecia ser, segundo o relato do professor, um bilhete escrito por não se sabe quem. Ao pedir para ver o bilhete, ela negou-se a mostrá-lo, o que gerou nele um sentimento nada positivo. Insistiu em vê-lo. A moça amassou e jogou a bola de papel para o lado oposto ao da porta da sala de aula, pela larga abertura que dava para o pátio.

A bolinha de papel caiu sobre o telhado da cantina da escola, que ficava no térreo, ocupando uma pequena parte do pátio, bem no prumo em que fora arremessado. Sem mais palavras, a moça foi embora.

Acabou a prova. Era hora do almoço e o professor, entorpecido pelos efeitos indesejáveis da paixão, resolveu subir no telhado da cantina para resgatar o papel. Pisando cuidadosamente sobre as frágeis telhas de cimento-amianto,[4] pegou o papel atirado do andar superior, mas não teve tempo para lê-lo: um buraco se abriu sob seus pés e seu corpo caiu de uma altura de quatro metros, bem no meio da cantina.

Durante a queda, viu passar a chapa onde os lanches eram preparados, a geladeira de refrigerantes e a cara de espanto das pessoas que lotavam a cantina naquele horário. Caiu, meio sentado, meio de costas, e logo uma roda de pessoas formou-se em torno dele. Do chão, ouviu uma voz vinda do círculo de cabeças lá do alto:

– O que aconteceu?

Respondeu mentalmente, pois o impacto com o piso de cimento interrompeu sua respiração por alguns segundos e, consequentemente, sua voz: "Não sei, acabo de chegar".

De onde havia tirado humor naquela hora era um mistério para ele próprio. Mistério ainda maior foi o fato de não ter fraturado osso algum.

---

4. Na época muito utilizadas sem que se levassem em conta os danos que o amianto provoca à saúde.

Certamente, um anjo que por ali passava amortecera sua queda. Teve alguns problemas na bexiga, que ficou sem funcionar por alguns dias, durante os quais permaneceu em observação no hospital.

Exceto pelo incômodo da sonda, sentiu-se bem melhor após um par de dias e teve alta do hospital com um carimbo de "acidente de trabalho" em sua carteira profissional. Envergonhado com o motivo pelo qual havia subido no telhado da cantina, afirmou estar em busca de uma das provas de seus alunos que o vento arrancara de suas mãos quando saía da sala.

A história do professor confortou o espírito de Pedro, aquietou seu pensamento, não só pela percepção de que tais desequilíbrios destrutivos não eram exclusividade da situação em que se encontrava, mas também pela habilidade que o professor tinha de, ao contar suas histórias, tirar o seu interlocutor do chão pelas asas da imaginação.

Outro momento em que a dor e a consequente palidez do pensamento de Pedro tinham uma trégua era quando estudava "geometria analítica". A geometria analítica traduz algebricamente as figuras geométricas. Pedro se interessava particularmente pelas funções que representam as figuras e pela linguagem que permite essas representações.

A habilidade de transitar, por exemplo, entre a forma geométrica da circunferência e a equação que a representa desviava sua atenção da dificuldade que estava tendo para lidar com a diferença entre a Alejandra "real", latente em sua memória, e a Alejandra "virtual", representada no canto superior direito do seu monitor.

Em 1637, foi publicado *O discurso do método*, de René Descartes (1596-1650). Um dos anexos desse livro se chama "A geometria", ensaio no qual Descartes estabelece as bases de seu método, que consiste em "dois eixos fixos" que se interceptam num ponto chamado de "origem do sistema". Esse sistema de eixos fornece as coordenadas de um ponto e permite que sejam determinadas as expressões das figuras geométricas.

Pedro encontrava conforto no pensamento cartesiano, na passagem da geometria à álgebra e da álgebra à geometria, diferentes linguagens para expressar figuras geométricas. A mesma racionalidade que lhe armava arapucas mentais libertava-o quando exercida no universo fantasioso da matemática. Não conseguia expressar "você *era* um amor" em linguagem matemática, mas evitava o açoite dessa frase em sua mente ao traduzir a esfera, a reta, a elipse ou a circunferência para suas expressões algébricas.

A reta

Num sistema cartesiano ortogonal, podemos localizar, através de suas coordenadas, qualquer ponto do plano $\mathbb{R} \times \mathbb{R}$ (plano determinado pelos eixos x e y). O ponto A, por exemplo, de coordenadas x = 3 e y = 2, é denotado por A (3, 2). Na figura abaixo, além do ponto A, estão representados os pontos B (-2, 4), C (-3, -3), D (0, 4) e E (4, -5).

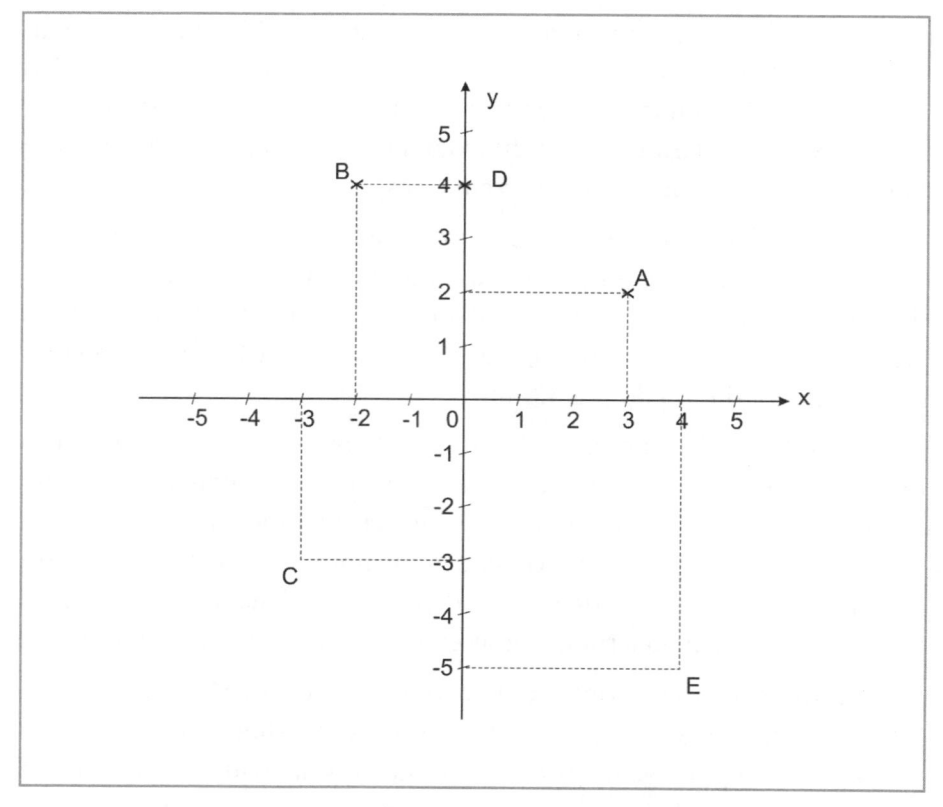

Figura 98

Com a ajuda do teorema de Pitágoras, facilmente demonstramos uma fórmula para o cálculo da distância entre dois pontos, A e B.

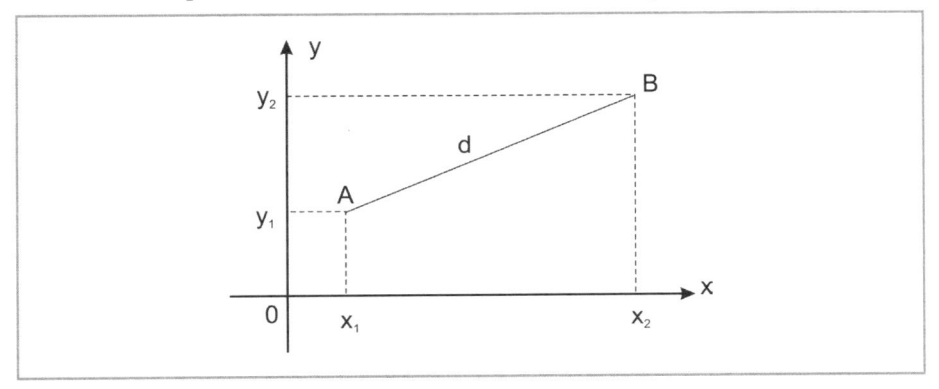

Figura 99

Se o ponto A tem coordenadas (x_1, y_1) e o ponto B, (x_2, y_2), então a distância entre A e B, indicada por d (A, B), é dada por:

$$[d(A, B)]^2 = (x_2 - x_1)^2 + (y_2 - y_1)^2$$

Tomemos os pontos A (3, 1) e B (7, 4). A distância entre eles será:

$$[d(A, B)]^2 = (7 - 3)^2 + (4 - 1)^2$$
$$[d(A, B)]^2 = (4)^2 + (3)^2 = 16 + 9$$
$$[d(A, B)]^2 = 25$$
$$d(A, B) = 5$$

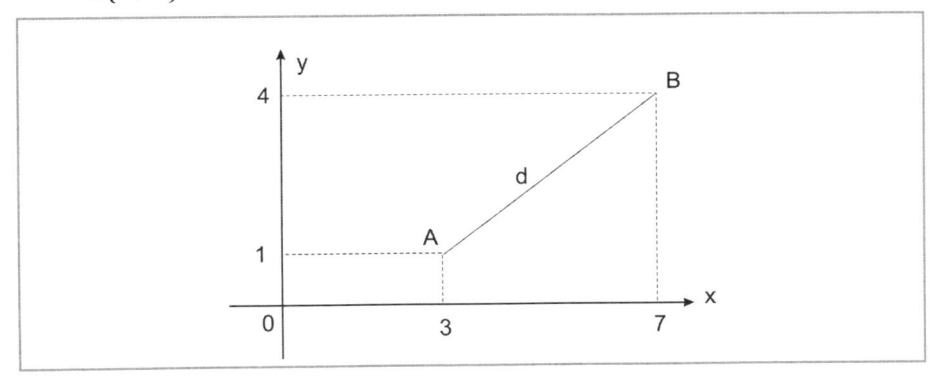

Figura 100

Na figura anterior, podemos calcular o que se chama de "coeficiente angular" da reta que une os pontos A e B. O coeficiente angular (m) nada mais é do que a tangente do ângulo α, obtida por meio do triângulo retângulo.

$m = tg\alpha = $ cateto oposto/cateto adjacente $= (y_2 - y_1) / (x_2 - x_1)$

No exemplo acima, m = 4 -1 / 7 -3

m = 3/4

O conceito de coeficiente angular é importante porque ajuda a equacionar algebricamente uma reta no plano cartesiano. Dados um ponto do plano (de coordenadas x_1, y_1) e um valor para o coeficiente angular (m), é possível demonstrar facilmente que uma reta é representada por:

$$(y - y_1) = m \ (x - x_1)$$

Vejamos um exemplo:

Determinemos a equação de uma reta que passa pelo ponto A (-1, 5) e tem coeficiente angular igual a 2:

$(y - 5) = 2 \ [x - (-1)]$

$y - 5 = 2 \ (x + 1)$

$y - 5 = 2x + 2$

$y = 2x + 7$

Esta é a equação da reta proposta. Repare que se trata de uma função: y = f(x). Poderíamos escrever: f(x) = 2x + 7. Aí residia o fascínio de Pedro: uma função que traduzia uma figura geométrica, uma função de $\mathbb{R}$ em $\mathbb{R}$ representada no plano cartesiano.

y = 2x + 7 representa todos os pares ordenados do plano cartesiano que, assim como o ponto A (-1, 5), satisfazem essa igualdade. Assim, teremos a representação de uma reta.

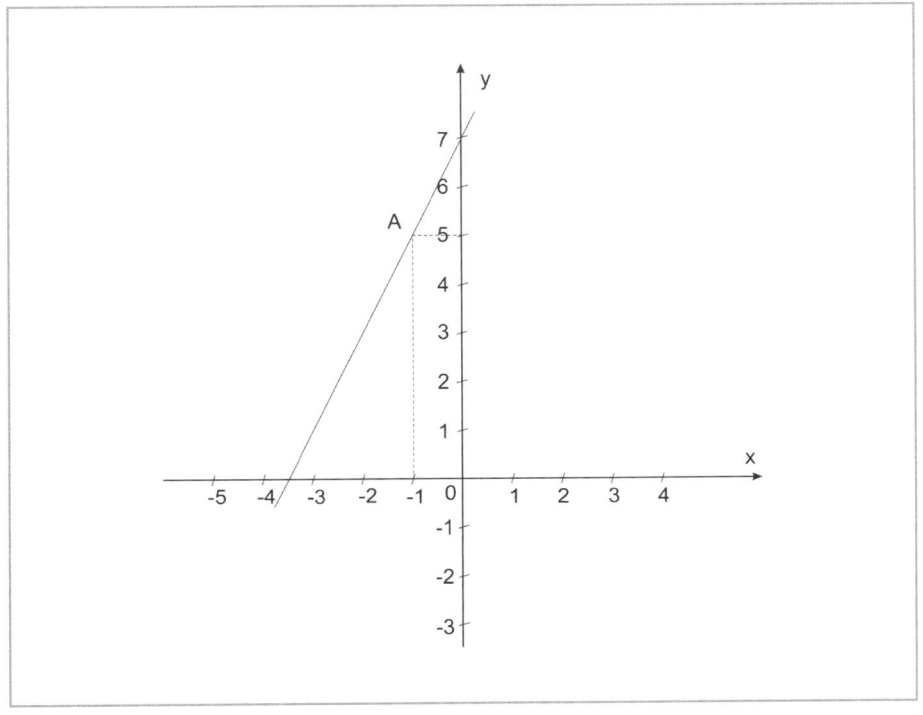

Na função $y = 2x + 7$, o número 2 denota o coeficiente angular da reta (m) e o número 7 indica o ponto do eixo y em que a reta o intercepta (também chamado de coeficiente linear da reta, n). Assim, a equação da reta pode ser expressa genericamente em sua forma simplificada: $y = mx + n$.

A partir daí, não é difícil concluir que duas retas serão paralelas se tiverem o mesmo i angular (mesma inclinação, afinal o coeficiente vem da tangente do ângulo α). Por exemplo, a reta representada por $y = 2x + 7$ é paralela à reta representada por $y = 2x - 5$.

Com um esforço um pouco maior, poderíamos demonstrar que duas retas perpendiculares têm coeficientes angulares inversos e opostos.

Portanto, duas retas de coeficientes angulares repectivamente iguais a m_1 e m_2 serão:

Paralelas, se $m_1 = m_2$.

Perpendiculares, se $m_1 = -1/m_2$ (sendo m_1, $m_2 \neq 0$).

Vejamos em alguns exercícios como as formas geométricas passam para a linguagem algébrica.

Se podemos expressar algebricamente uma reta, então podemos igualmente expressar três retas e, assim, determinar um triângulo; com quatro retas, um quadrilátero, e assim por diante. Tomemos um triângulo formado pelos eixos (abscissas e ordenadas, "x" e "y") do plano cartesiano e pela reta de equação y = -3x + 6. Pela equação, percebemos que o coeficiente angular da reta é negativo e, fazendo $x = 0$, que ela intercepta o eixo das ordenadas em $y = 6$. Para encontrarmos o ponto em que ela intercepta o eixo das abscissas, basta fazermos y = 0. Assim, 0 = -3x + 6; x = 2.

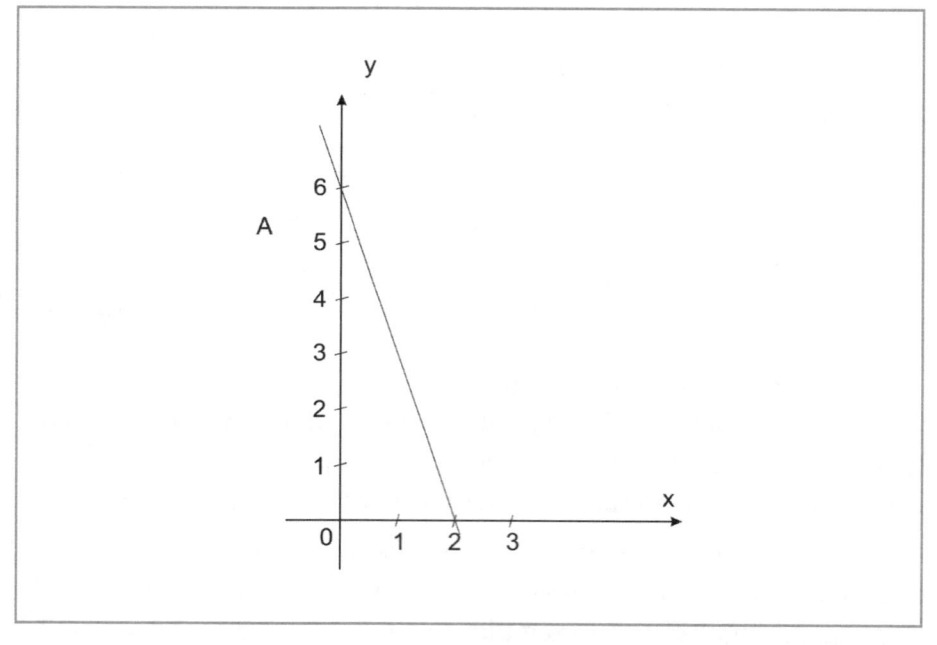

Figura 102

A área de um triângulo é calculada multiplicando-se o valor da sua base pela metade do valor da sua altura: A = b . h /2.

A = 2. 6 / 2 = 6 unidades de área.

Como poderíamos determinar a distância entre um ponto e uma reta? Para tanto, temos que traçar uma reta passando pelo ponto e que seja perpendicular à reta dada. A distância entre a reta e o ponto é a distância entre o referido ponto e o ponto onde as duas retas se interceptam.

Tomemos o ponto P (3, 5) e a reta (r) de equação y = -x/2 + 4.

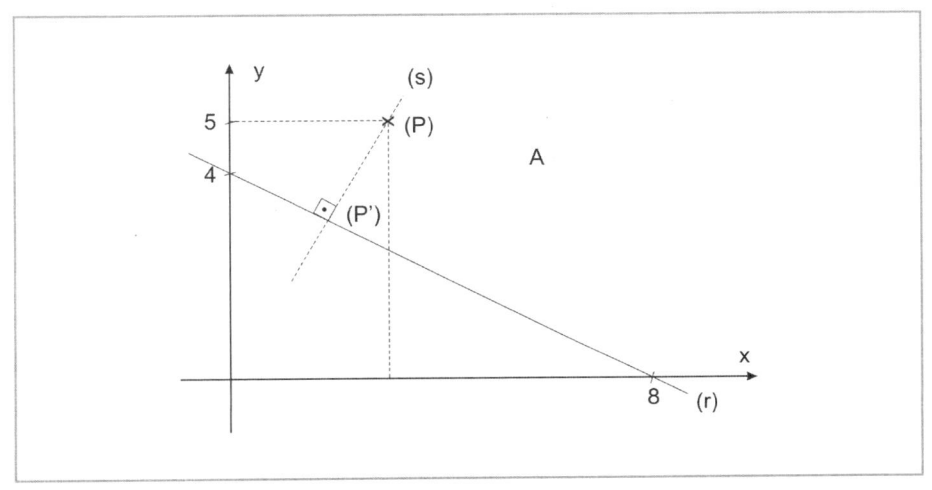

Figura 103

O coeficiente angular da reta dada é m = -1/2. Portanto, qualquer reta perpendicular a esta terá coeficiente angular m′ = 2. Neste caso, a nova reta (s) deverá ainda passar pelo ponto P (3, 5). Basta, então, usarmos a equação da reta para determinar a reta perpendicular à reta dada:

$$(y - y_1) = m \ (x - x_1)$$
$$y - 5 = 2 \ (x - 3)$$
$$y = 2x - 1$$

Temos duas retas perpendiculares e precisamos agora determinar o ponto em que se encontram. Será um ponto (par ordenado) que satisfaz às duas equações: *y = -x/2 + 4* e *y = 2x -1*.

Temos que resolver um sistema de equações:

$$y = -x/2 + 4 \qquad y = 2x -1$$
$$2x - 1 = -x/2 + 4$$

Concluímos, portanto, que x = 2 e y = 3. Assim, o ponto P', projeção ortogonal de P sobre a reta dada, tem coordenadas (2, 3). A distância entre o ponto P e a reta dada será a distância entre P (3, 5) e P' (2, 3), obtida, como vimos anteriormente, por:

$$[d(A, B)]^2 = (x_2 - x_1)^2 + (y_2 - y_1)^2$$
$$[d(A, B)]^2 = (2 - 3)^2 + (3 - 5)^2 = 1 + 4 = 5$$
$$d(A, B) = \sqrt{5}$$

O essencial da geometria analítica é o fato de podermos expressar algebricamente uma forma geométrica. Uma função pode representar uma reta:

y = 2x + 4, por exemplo, representa uma reta à qual o ponto (1, 6) pertence, pois, para x = 1, y = 6.

A circunferência

Uma circunferência também pode ser representada por uma expressão algébrica. Na geometria euclidiana, a circunferência é definida pelo conjunto de pontos que equidistam de um ponto dado. Esse ponto dado é o centro da circunferência e a referida distância é o raio dessa circunferência. Vimos há pouco que a distância entre dois pontos é dada por:

$$[d(A, B)]^2 = (x_2 - x_1)^2 + (y_2 - y_1)^2$$

Tomemos dois pontos (A e B), sendo A o centro da circunferência, de coordenadas (4, 7), por exemplo, e o ponto B [de coordenadas (x, y)] representando todos os pontos que estão, por exemplo, a uma distância igual a 5 unidades de medida do ponto A [d(A, B) = 5]. Isso quer dizer que o raio da circunferência é igual a 5 [d(A, B) = r]

$$5^2 = (x - 4)^2 + (y - 7)^2$$

Todos os pares ordenados (x, y) que satisfizerem a igualdade anterior serão coordenadas de pontos que pertencem a essa circunferência com centro em (4, 7) e raio igual a 5. Por exemplo, o ponto P (8, 10) pertence a essa circunferência: $5^2 = (8 - 4)^2 + (10 - 7)^2$.

Podemos desenvolver a expressão $5^2 = (x - 4)^2 + (y - 7)^2$:

$$25 = x^2 - 8x + 16 + y^2 - 14y + 49$$
$$x^2 + y^2 - 8x - 14y + 40 = 0$$

De uma forma geral, podemos deduzir a forma da equação da circunferência tomando um ponto C (a, b) como centro e a distância r como raio. Os pontos que equidistam de C serão representados por P (x, y). Assim, a equação da circunferência é obtida por meio da equação que dá a distância (raio da circunferência) entre os pontos P e C.

$$[d(P, C)]^2 = (x - a)^2 + (y - b)^2$$

Ou seja:

$$(x - a)^2 + (y - b)^2 = r^2$$

Vejamos alguns exercícios.

1 – (PUC-SP) – O ponto P (3, b) pertence à circunferência de centro no ponto C (0, 3) e raio igual a 5. Calcule o valor da coordenada b.

$$(x - a)^2 + (y - b)^2 = r^2$$
$$(x - 0)^2 + (y - 3)^2 = 5^2$$

Como P (3, b) pertence à circunferência,

$$(3 - 0)^2 + (b - 3)^2 = 5^2$$
$$(b - 3)^2 = 16$$
$$b^2 - 6b + 9 = 16$$
$$b^2 - 6b - 7 = 0$$
$$b = -1 \text{ ou } b = 7$$

2 – (Vunesp) – Considere o quadrado de lados paralelos aos eixos coordenados e circunscrito à circunferência de equação $x^2 + y^2 - 6x - 4y + 12 = 0$. Determine as equações das retas que contêm as diagonais desse quadrado.

Nesta questão, temos a oportunidade de perceber como a tradução das figuras matemáticas para as expressões algébricas é refinada.

Para começarmos a resolvê-la, vejamos como o enunciado da questão nos dá uma imagem geométrica. Ainda não sabemos a posição exata do quadrado, mas sejamos ao menos fiéis às informações mais evidentes no enunciado:

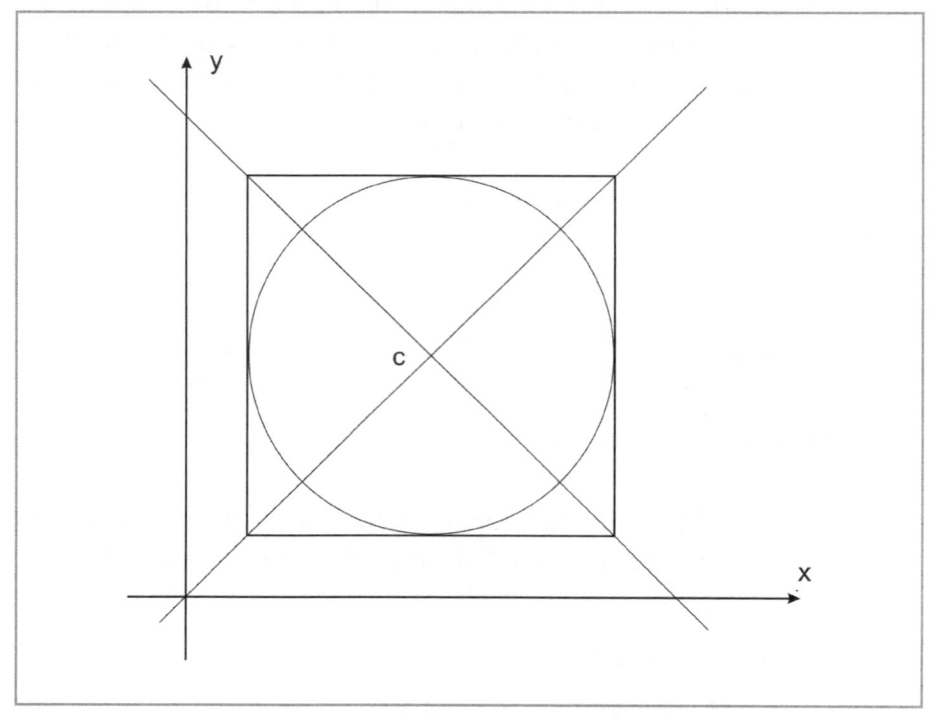

Figura 104

A circunferência é expressa por: $x^2 + y^2 - 6x - 4y + 12 = 0$. Podemos perceber que ela deriva da fatoração de: $(x - 3)^2 + (y - 2)^2 = 5^2$. Concluímos, portanto, que o raio da circunferência é igual a 5 e que o centro dela está no ponto de coordenadas $(3, 2)$.

A título de ilustração, podemos agora reproduzir a figura anterior com mais precisão, pois o centro e o raio já foram evidenciados:

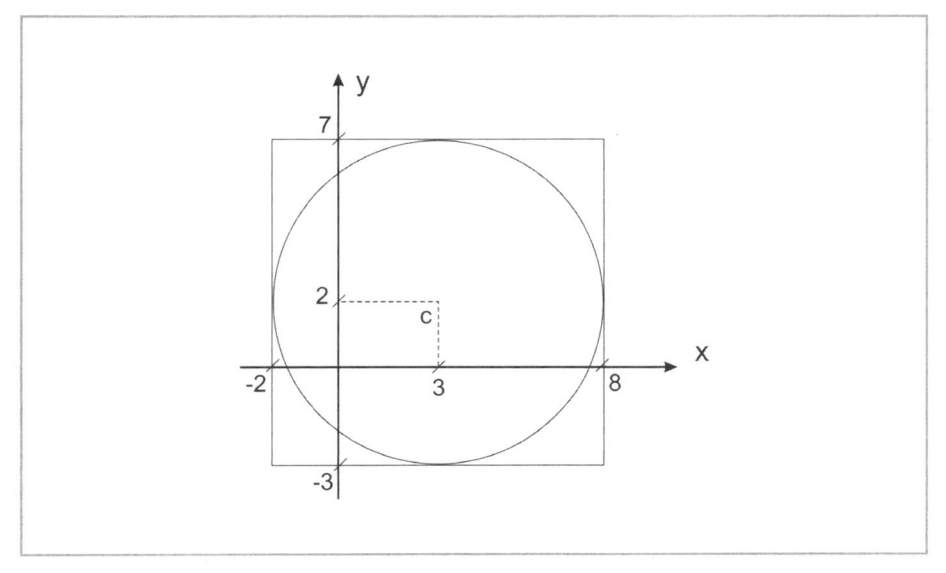

Figura 105

Chamemos este ponto de C, pelo qual passarão as duas diagonais. Uma das diagonais terá coeficiente angular igual a 1 (o coeficiente angular é igual à tangente do ângulo entre a reta e o eixo das abscissas), já que, em se tratando de um quadrado, sua inclinação é de 45°. A outra terá coeficiente inverso e oposto, pois será perpendicular à primeira (como vimos, $m_1 = -1/m_2$, sendo m_1, $m_2 \neq 0$).

Então, temos que as retas passam pelo ponto C e têm coeficientes iguais a 1 e a -1, respectivamente. Tomando a equação geral para as retas, $(y - y_1) = m (x - x_1)$, teremos as equações das diagonais do quadrado:

$(y - 2) = 1 (x - 3)$ e $(y - 2) = -1 (x - 3)$

Ou: $x - y - 1 = 0$ e $x + y - 5 = 0$

A geometria analítica permite, como vimos, que as formas geométricas sejam expressas em linguagem algébrica. Se uma reta é tangente, secante ou exterior a uma circunferência, podemos facilmente perceber por meio de uma representação geométrica, mas também podemos reconhecer a distinção entre as posições relativas de uma reta e uma circunferência na linguagem algébrica.

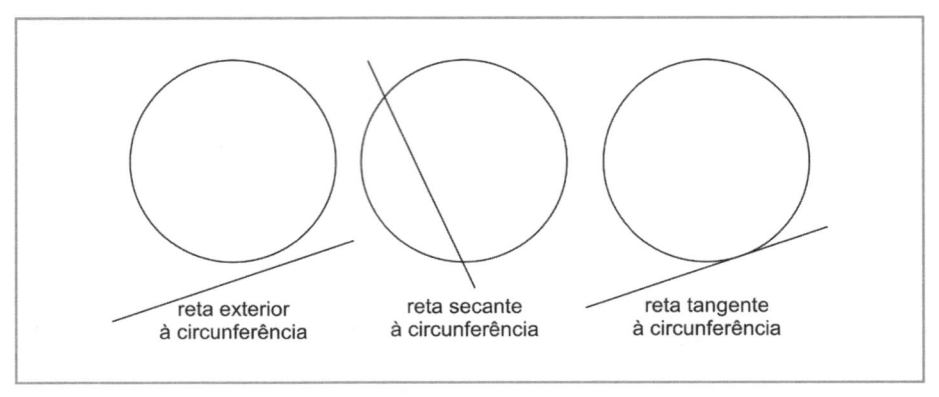

reta exterior
à circunferência

reta secante
à circunferência

reta tangente
à circunferência

Figura 106

Matemática e literatura se encontram sutilmente em muitos autores, como Italo Calvino, Júlio Verne e João Cabral de Melo Neto. Em outros, mais explicitamente, como é o caso de Eugène Guillevic, o poeta das figuras geométricas. Reproduzimos abaixo um poema de sua autoria em que uma reta, dirigindo-se a uma circunferência à qual é tangente, exclama:

Eu a tocarei uma única vez, nada mais
E você sabe que será fugaz
Inútil me chamar
Bem como me lembrar
Você terá todo o tempo
Para prolongar este momento
E tentar se convencer do fato
De que permanecemos em contato.[5]

Como identificar a posição da reta em relação à circunferência na geometria analítica? Basta tomarmos a distância (d) entre o centro da circunferência e a reta. Se essa distância for igual ao raio, então teremos

---

5. No original em francês: "Je ne toucherai/ qu'une fois/ Et vous saurez que/ c'est furtif/ Inutile de m'appeler/ Tout autant de me rappeler/ Vous aurez grandement le temps/ De vous redire ce moment/ Et d'essayer de vous convaincre/ Que nous restons l'un contre l'autre". *In: Tangente Hors* – série 28. Paris: Pole, 2006, p. 58.

uma situação em que a reta tangencia a circunferência. Se a distância for maior do que a medida do raio, a reta é externa à circunferência; e a ela será secante se a distância for menor que o raio.

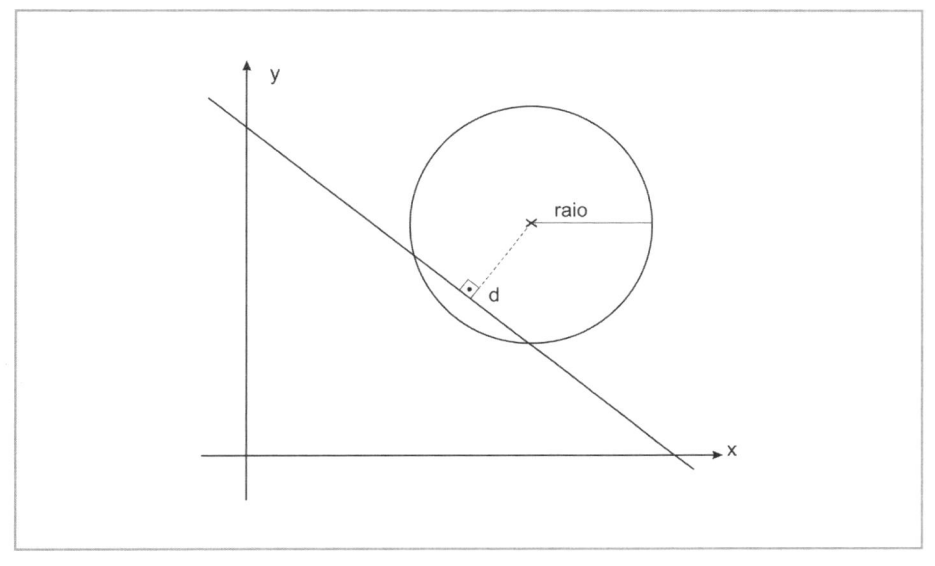

Figura 107

Vejamos um exemplo: tomemos a circunferência de equação $x^2 + y^2 + 6x - 8y = 0$ e a reta $y = -2x + 1$. Com recursos de fatoração, concluímos que a equação acima pode ser escrita da seguinte forma: $(x + 3)^2 + (y - 4)^2 = 25$; ou seja, concluímos que o raio da circunferência é igual a 5 e que seu centro (C) tem coordenadas (-3, 4).

Precisamos agora calcular a distância entre o centro (C) e a reta. Para tanto, temos que traçar, como vimos páginas atrás, uma reta perpendicular à reta dada e que passe por C. A reta dada tem coeficiente angular igual a -2. Portanto, a reta que procuramos terá coeficiente igual a 1/2 (ou 0,5). Como ela passa por C (-3, 4), vejamos como fica sua equação:

$$(y - y_1) = m (x - x_1)$$
$$(y - 4) = 0,5 (x + 3)$$
$$y - 4 = 0,5x + 1,5$$
$$y = 0,5x + 5,5$$

O ponto (P), em que essa reta se encontra com a reta dada pelo enunciado do problema, será obtido pela solução do sistema das equações das duas retas: $y = -2x + 1$ e $y = 0,5x + 5,5$. Ou seja, procuramos um par ordenado que satisfaça às duas igualdades. Para solucionar o sistema, basta fazermos: $-2x + 1 = 0,5x + 5,5$. Assim, $x = -1,8$. Substituindo esse valor em qualquer uma das equações, encontramos o valor de y:

$y = -2x + 1 = -2.(-1,8) + 1$

$y = 4,6$

$P (-1,8, 4,6)$

A distância que procuramos entre a reta e o centro da circunferência é, assim, a distância entre os pontos C (-3, 4) e P (-1,8, 4,6):

$[d(C, P)]^2 = (x_p - x_c)^2 + (y_p - y_c)^2$

$[d(C, P)]^2 = (-1,8 + 3)^2 + (4,6 - 4)^2 = (1,2)^2 + (0,6)^2.$

$[d(C, P)]^2 = 1,44 + 0,36 = 1,80.$

$d(C, P) = \sqrt{1,80} = 1,34$ (valor aproximado)

Como o raio da circunferência é igual a 5,00, ou seja, como d(C, P) ‹ r, concluímos que a reta é secante à circunferência. Há outras maneiras de solucionar esta questão, algumas que podem ser até consideradas mais fáceis, mas o que nos interessa aqui é a passagem da linguagem geométrica para a linguagem algébrica e vice-versa.

A parábola

Poderíamos nos estender no estudo das equações que representam, além da circunferência, outras figuras oriundas das secções cônicas, tais como a parábola e a elipse. A parábola é obtida com todos os pontos que se situam igualmente distantes de um ponto (foco) dado e de uma reta (diretriz).

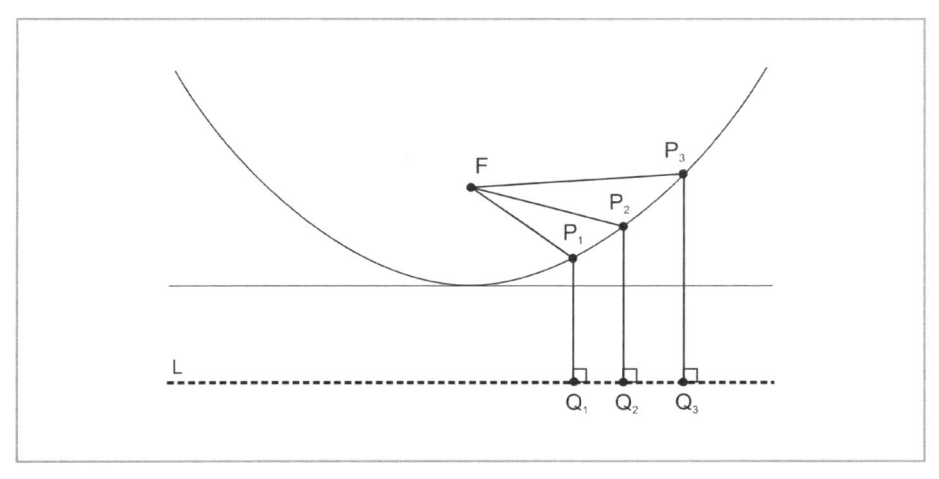

Uma parábola pode ser obtida também a partir da interseção entre a superfície de um cone e um plano que o seciona paralelamente à sua geratiz.

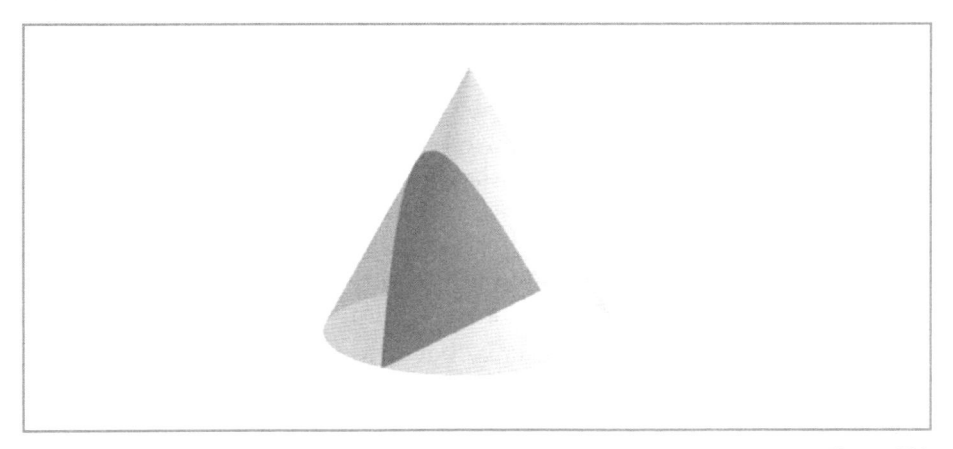

Uma parábola pode ser considerada a seção do segmento de uma elipse que tem um dos focos no infinito. Como se observa, diferentemente da circunferência e da elipse, a parábola é uma curva aberta. Na geometria analítica, ela é representada na forma algébrica por uma função do segundo grau, simplificadamente expressa por $y = ax^2 + bx + c$, onde a, b e c são coeficientes calculados de acordo com as respectivas posições do foco, da diretriz e do vértice.

Na literatura, uma parábola é um relato simbólico de onde, por analogia ou semelhança, se retira um ensinamento sobre um tema não explícito, como, por exemplo, "A parábola da caverna", de Platão, ou as parábolas narradas por Jesus Cristo conhecidas por meio dos escritos de seus apóstolos.

Pedro havia conhecido a ação paralisante de seus fantasmas, seu lado pouco virtuoso e o desespero de se ver desprotegido diante de adversidades. Vista por certos ângulos, a situação em que se encontrava nada tinha de grave, mas os fatos foram capazes de turvar seu espírito e de expor sua vulnerabilidade a eles. Embora já tivesse antes suportado momentos que o senso comum classificaria como mais difíceis, agora não encontrava um lugar, uma posição para aguentar a relativa dificuldade até que ela passasse.

As coisas diante de seus olhos, os movimentos que no mundo observava, a visão da rua, o ir e vir de seu próprio corpo, que obedecia a comandos sem o impulso de vida que anima os deslocamentos, estavam dopados pelo gás paralisante do ciúme. Nada lhe parecia fazer sentido. Fazer sentido não é apenas estabelecer uma relação entre causa e efeito, mas, principalmente, captar nessa relação a essência do que nos move, o lúdico que confere à vida um significado além da realidade dessacralizada pela palidez do pensamento compulsivo.

Andava por aí, estudava, mas andava como quem apenas conta passos e calorias consumidas, estudava como quem estivesse de castigo. A Lua, que tantas vezes o chamara para exibir seu corpo nu enquanto a cidade borbulhante não a notava, havia se transformado num astro distante, numa fotografia da antiga musa na parede do céu.

As coisas e suas representações, a ilusão e a realidade: polos que se confundiam no olhar de Pedro. Ao transitar entre uma e outra, perdera o controle quando uma única imagem despertara nele sentimentos com cujas forças não havia ainda lidado.

Foi nessa confusão que a vitalidade de Pedro baixou, que seu bom senso e seu equilíbrio sucumbiram. Pedro esboçava uma reação, mas faltava um evento que fizesse a diferença, uma centelha capaz de liberar a energia disponível e necessária para que essa reação triunfasse sobre a letargia que dele se apoderara.

Lutando como anticorpos contra o mal que enfrentava, havia lembranças das alegrias compartilhadas com Alejandra, dos amigos que o rodeavam, da própria Alejandra – que, mesmo envolvida no problema, se esforçava para que Pedro recuperasse seu prumo –, e, para sua surpresa, de seu pai.

O momento era de relativa sintonia na relação com sua mãe e com sua irmã, mas fazia um bom tempo que, na comunicação com o pai, havia muitos ruídos.

A madrugada estava insuportavelmente quente e o céu se carregava enquanto todos dormiam na casa, menos o pai de Pedro, que havia despertado e se ligado à tensão entre o céu e a terra quando uma tempestade se armava lá fora.

Entre o rufar dos tambores celestes e o silêncio introspectivo da terra, Pedro despertou de um pesadelo com um grito, seguido de incontrolável choro, cujos sons se propagaram pela escuridão da casa sem dificuldades.

Seu pai, sem pensar, levantou-se e foi ao encontro dele. Caminhou com passos firmes pelo corredor e entrou sem bater à porta do quarto onde Pedro se entregava ao fluxo das lágrimas. Acendeu a luz e, com objetividade e involuntária ternura, indagou o que se passava.

Pedro não respondeu coisa com coisa.

O pai, sem pensar, sem filtrar o que dizia, exclamou, num tom imperativo e dirigindo-se ao cerne das emoções do filho, que ele tinha de superar aquela dor, que tinha de aprender a lidar com as perdas, que tinha de entender que é preciso ser forte e que precisava reagir, pois tinha forças para isso e não o fazia por preguiça, por alimentar suas fraquezas e a elas se apegar.

– Todos nós somos bons e ruins, sujos e limpos, belos e feios. Achar que você será apenas bom, que não terá que lutar sempre para que o mal em você não viceje, é pretensão demais, é vaidade e ingenuidade infantis. A vida é um presente que teremos que devolver um dia. É emprestada. E não sabemos quando a terra reclamará o que é seu. Nossa fragilidade é imensa, mas precisamos extrair forças do milagre de estarmos vivos para defender nossa dádiva. É preciso aprender a lidar com os golpes do destino, ainda que eles por vezes nos derrubem. Temos que saber conviver com nossas falhas e com nossas virtudes. Se deixamos a fraqueza nos dominar, as virtudes sucumbem aos vícios. Reaja, rapaz!

Foi arriscada a atitude do pai. Se Pedro estivesse noutro estado de espírito, tais palavras poderiam soar agressivas para ele, como se o pai o estivesse chamando de fraco. Isso só agravaria a situação.

A intenção do pai não era, nem de longe, essa, mas tal interpretação é fácil nos tempos em que, com muita leviandade, rotulam-se as pessoas de "vencedoras" e de "perdedoras", estratégia usada pelo dito "mercado de trabalho" que, incapaz de gerar empregos suficientes, desvia as atenções de suas inconsistências sociais cultivando a ideia de que os dele excluídos são os próprios responsáveis por isso.

O risco valeu, pois a comunicação entre eles foi sem ruídos e o seu efeito, positivo. Pedro surpreendeu-se com a atitude do pai. O próprio pai surpreendeu-se, pois havia nele uma dificuldade em assumir aquela postura, preferindo tratar o filho como um igual. Havia nele a boa intenção de não fazer de sua autoridade um instrumento de dominação do filho, mas mais forte ainda era o seu temor de exercer qualquer autoridade.

Desta vez, venceu o medo de assumir o espírito mais calejado que tinha e fazer valer a autoridade que isso lhe conferia. Deu certo. Pedro sentiu a sacudida. Parou de chorar, olhou o pai com os olhos lavados e o viu sem a nebulosidade habitual. Entendeu rapidamente o recado e sentiu a confiança de que poderia superar a adversidade da armadilha em que seus sentimentos haviam-se metido.

Mal acabou o breve e incisivo discurso do pai, enquanto ainda se olhavam e as respirações tendiam para a frequência de cruzeiro, e um trovão ensurdecedor apagou a luz do bairro todo.

Os primeiros pingos retumbaram no chão, denunciando seus volumes. Um, dois, quatro, dez, o céu despencou deixando pai e filho em silêncio no acaso das faíscas de luz que relampejavam pelo corredor e pelas frestas da janela.

Permaneceram ali. Não falaram mais no assunto que os reunira naquele quarto, satisfeitos com a reverberação das palavras nas gotas da chuva. Em seus silêncios, lembraram-se de uma outra vez em que haviam estado juntos e a sós sob uma tromba d'água que os surpreendera num fim de tarde de uma cidade litorânea.

Quando a chuva se estabilizou num fluxo contínuo, os relâmpagos pararam e a terra se encharcou, o pai, depois de um "boa-noite" recíproco, voltou para o seu aposento na escuridão.

Pedro acordou tarde no dia seguinte.

A luz de seu quarto estava acesa.

Passados alguns meses, prestou os exames vestibulares. Entrou novamente no curso de matemática da universidade pública e, desta vez, não hesitou: a matemática entrara definitivamente em sua vida.

Ao contrário do que pode parecer, o raciocínio matemático não era alienante para ele. Certamente, representava uma linha de fuga para outros planos da consciência, mas uma linha em que não era movido pelo combustível do medo, mas pelo desejo de aventura. A abstração matemática o fortalecia, o inspirava, aquietava seus pensamentos de pálidos diálogos internos e ampliava sua conexão com as múltiplas dimensões da vida. Mais do que isso, Pedro percebeu na matemática um conhecimento que ia muito além do seu caráter utilitário e de suas técnicas de fatoração. Percebeu beleza, encantamento.

No século XIII, Mevlana Jalaluddin Rumi, que foi do Afeganistão ainda pequeno para a Turquia, ensinava filosofia em Konya. Numa de suas concorridas aulas, um homem desconhecido chamado Shams Tabrizi abre a porta da sala inesperadamente e, olhando para Rumi e para a pilha de livros ao seu lado, pergunta: "O que é isso?". Rumi, do alto de seus conhecimentos, responde: "Ignoras". Nesse momento, o amontoado de livros pega fogo e então é Rumi que pergunta: "O que é isso?". "Ignoras", responde Shams.

Rumi, então, se enamora dos mistérios de Shams e com ele descobre o sentido do conhecimento. Shams ensina Rumi durante um período de 40 dias de reclusão, após o qual retira-se às pressas para Damasco, fugindo da perseguição dos discípulos de Rumi.

Após a partida de Shams, Rumi entra em profunda introspecção mística e se entrega a uma dança esotérica na qual, muito antes de Copérnico, as pessoas giravam simbolizando planetas ao redor do Sol.

Rumi descobriu com Shams o conhecimento que vai além do mero acúmulo de informações; descobriu o conhecimento pela via do amor que nasce em nós e nos faz com ele nascer; descobriu a chama que pode brotar das palavras de um livro.

Num início de noite de outono, voltando para casa, Pedro ergueu os olhos com o entusiasmo do fogo que se lança na direção do céu e viu a Lua quase cheia, a meia altura acima da linha do horizonte. A vida chama e a parábola é curva que não se fecha num ponto final.

REFERÊNCIAS BIBLIOGRÁFICAS

ABBOTT, Edwin A. (2002). *Planolândia: Um romance de muitas dimensões*. São Paulo: Conrad.

BARRETO, Márcio (2002). *Física: Newton para o ensino médio*. Campinas: Papirus.

BELINA, Jean Pierre (2011). *Cantor*. São Paulo: Estação Liberdade.

BENJAMIN, Walter (1985). *Magia e técnica, arte e política. Ensaios sobre literatura e história da cultura*. São Paulo: Brasiliense.

BERGSON, Henri (1959). *Oeuvres*. Paris: Presses Universitaires de France.

_____ (1988). *Ensaio sobre os dados imediatos da consciência*. Lisboa: Edições 70.

_____ (1999). *Matéria e memória*. São Paulo: Martins Fontes.

BORGES, Jorge Luis (2007). *Ficções*. São Paulo: Companhia das Letras.

_____ (2009). *O livro de areia*. São Paulo: Companhia das Letras.

BOURGUIGNON, Jean Pierre (2011). *Mathématiques. Un dépaysement soudain*. Paris: Fondation Cartier pour l'art contemporaine.

CAPEK, Milic (1971). *Bergson and modern physics*. Ed. por Robert S. Cohen e Marx W. Wartofsky. Dordrecht: D. Reidel.

COSTA, Newton da (1999). *O conhecimento científico*. São Paulo: Discurso.

DANTE, Luiz Roberto (2000a). *Matemática: Conceitos e aplicações, v. 2*. São Paulo: Ática.

_____ (2000b). *Matemática: Conceitos e aplicações, v. 3*. São Paulo: Ática.

_____ (2010). *Matemática: Conceitos e aplicações, v. 1*. 4ª ed. São Paulo: Ática.

DESCARTES, René (2000). *Descartes: Oeuvres completes*. Paris: Vrin.

EDDINGTON, Arthur S. (1921). *Espace, temps et gravitation. La théorie de la relativité généralisée dans ses grandes lignes*. Paris: Librairie Scientifique J. Hermann.

EINSTEIN, Albert (1921). *La géométrie et l'expérience*. Paris: Gauthier Villars.

_____ (1999). *A Teoria da Relatividade especial e geral (uma exposição popular)*. São Paulo: Contraponto.

EINSTEIN, Albert e BESSO, Michele (1972). *Correspondance 1903-1955*. Paris: Hermann.

FULLER, R. Buckminster (1981). *Critical path*. Nova York: St. Martin's Press.

HILBERT, David (1926). "Über das Unendliche". *Mathematische Annalen*, 95, pp. 161-190. (Versão digitalizada)

HOLTON, Gerald (1996). *Science en glorie, science en procès: Entre Einstein et aujourd'hui*. Paris: Gallimard.

IEZZI, Gelson (2005). *Fundamentos de matemática elementar*. São Paulo: Atual.

MACHADO DE ASSIS (2007). *50 contos de Machado de Assis*. São Paulo: Companhia das Letras.

MOTTA PESSANHA, José Américo (1990). "A água e o mel". *In*: NOVAES, Adauto. *O desejo*. São Paulo: Companhia das Letras.

PIRSIG, Robert M. (2009). *Zen e a arte de manutenção de motocicletas*. São Paulo: WMF Martins Fontes.

POINCARÉ, Henri (1908). Science et méthode. [Disponível na internet: http://www.ac-nancy-metz.fr/enseign/philo/textesph/Scienceetmethode.pdf, acesso em 1/9/2012.]

_____ (1995). *O valor da ciência*. São Paulo: Contraponto.

RUMI, Mevlana Jalaludin (1983). *Masnavi: Versos espirituales*, tomo 1. Buenos Aires: Dervish International.

SANTOS, Laymert Garcia dos (2003). *Politizar as novas tecnologias*. São Paulo: Ed. 34.

SCHENBERG, Mário (1984). *Pensando a física*. São Paulo: Brasiliense.

SCHRÖDINGER, Erwin (2010). *Expanding universe*. Cambridge: Cambridge University Press.

VIVEIROS DE CASTRO, Eduardo (2007). "Diversidade socioambiental". *Almanaque Brasil Socioambiental*. São Paulo.

_____ (2008). "O Brasil é grande, mas o mundo é pequeno". *Revista Eletrônica Anthropopotame*. [Disponível na internet: http://anthropopotamie.typepad.

fr/anthropopotame/2008/06/position-de-eduardo-viveiros-de-castro.html, acesso em 1/9/2012.]

WILDE, Oscar (2011). *O retrato de Dorian Gray*. São Paulo: Bestbolso.

WILHELM, Richard (1989). *I Ching – O livro das mutações*. Trad. do chinês para o alemão de Richard Wilhelm. Trad. para o português de Alayde Mutzenbecher e Gustavo Alberto Corrêa Pinto. São Paulo: Pensamento.

WILSON, Edward (1999). *The diversity of life*. Nova York: W.W. Norton & Company.

ZALMANSKI, Alain (2006). *Mathématiques et littérature. Une fascination réciproque*. Paris: Pole.

Filmes citados no texto

A chegada do trem à estação Ciotat, Auguste Lumière e Louis Lumière. Paris, 1895.

Au bonheur des maths. Filme de Raymond Depardon e Claudine Nougaret, realizado por iniciativa da Fondation Cartier pour l'art contemporain. Produção: Palmeraie et désert. França, 2011.

Avatar. Direção: James Cameron. EUA, 2010.

Matrix. Direção: Andy Wachowski e Larry Wachowski. EUA, 1999.

O retrato de Dorian Gray. Direção: Oliver Park. Reino Unido, 2009.

Trama matemática 221

Especificações técnicas

Fonte: ITC Giovanni 11 p
Entrelinha: 15 p
Papel (miolo): Offset 75 g
Papel (capa): Supremo 250 g
Impressão e acabamento: Paym